金融发展权视角下农村金融法律制度研究

▣ 范知智 著

沈阳出版发行集团
沈阳出版社

图书在版编目（CIP）数据

金融发展权视角下农村金融法律制度研究 / 范知智著 . —— 沈阳 : 沈阳出版社 , 2020.4
 ISBN 978-7-5441-8000-9

Ⅰ . ①金… Ⅱ . ①范… Ⅲ . ①农村金融 – 金融法 – 法律制度 – 研究 – 中国 Ⅳ . ① D922.280.4

中国版本图书馆 CIP 数据核字 (2020) 第 040292 号

出版发行：	沈阳出版发行集团｜沈阳出版社
	（地址：沈阳市沈河区南翰林路 10 号　邮编：110011）
网　　址：	http://www.sycbs.com
印　　刷：	三河市华晨印务有限公司
幅面尺寸：	170mm×240mm
印　　张：	12.75
字　　数：	280 千字
出版时间：	2020 年 4 月第 1 版
印刷时间：	2020 年 4 月第 1 次印刷
责任编辑：	周　阳
封面设计：	优盛文化
版式设计：	优盛文化
责任校对：	赵秀霞
责任监印：	杨　旭
书　　号：	ISBN 978-7-5441-8000-9
定　　价：	49.00 元

联系电话：024-24112447
E – mail：sy24112447@163.com

本书若有印装质量问题，影响阅读，请与出版社联系调换。

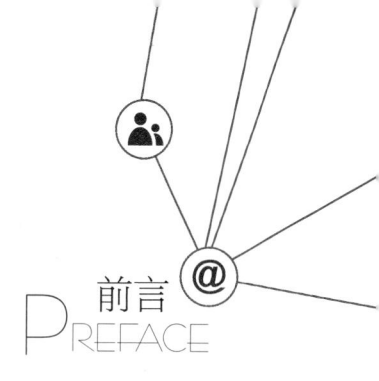

前言 PREFACE

随着时代的进步、经济的发展，农民的"金融需要"也应得到更大的关注。在此背景下，农民金融发展权的提出有效满足了当下的现实需求。随着金融全球化的发展和国内金融市场的逐渐繁荣，包括农民在内的社会主体参与金融活动的热度也在不断提升。同样，获得金融资源或者利用金融资本获益的呼声也越来越高，所以基于金融发展权的农村合作金融法律制度也应进一步完善，从而切实保障农民金融权利的实现，最大限度地满足农民的金融需求及逐渐构建更为普惠的金融体系，使处在农村弱势者地位的广大农民充分享受"全面发展农村"这一国家大政方针所带来的金融普惠。

目前，我国农村金融法律制度存在理念滞后、立法层次低、体系凌乱分散、实施效果差、配套制度不健全等问题，所以农村金融法律制度亟待创新。改革开放以来，农村经济得到快速发展，所以我国更应基于当下农村经济发展现状进行分析，并以普惠包容、金融公平的价值为引领，完善合作金融立法，推进农村合作金融市场的准入和退出、产权保护、内部治理结构、金融监管等法律制度的创新，进一步优化农村金融运行环境。

农村合作金融是指农村弱势者为改善其生产生活条件，自愿入股，实行民主管理，通过资金互助和联合增信从事货币信用活动，主要为社员提供互助性、非营利性的金融服务的金融组织形式和资金融通方式的总称。农村金融法律制度的完善对当下农村经济的改善与推进具有重要的意义。本书则是在农村金融天然具有普惠制的金融道德理性的基础上，致力于构建多层次、广覆盖、全功能等更为完善的农村合作金融法律制度，促进科学、有序的农村金融法律制度的运行。

基于此，本书采用理论分析、案例分析等形式为农村合作金融法律制度的进一步完善进行了深入思考。本书共分为八个章节：第一章、第二章对农民金融发展权的基础理论与现状分别进行简介，就农民金融发展权的缘起、概念等知识进行系统解说，为此书奠定理论基础；第三章、第四章对农村金融法律制度基础理论与现状进行分析，就农村金融法律制度发展沿革、内容、立法等理论进行系统阐述，并就当下农村金融法律制度所面临的困境进行探究；第五章是在农村合作金融法律制度理论知识的基础上，从"政策支持"角度就农村金融法律制度建设思路提出思考；第六章则从"金融监管"角度就农村金融法律的制度创新提出思考；第七章就金融发展权视角下农村金融法律制度立法层面的问题及法律制度存在缺陷的原因进行探究；第八章结合国内外金融制度立法经验，就金融发展权视角下农村金融法律制度提出更为科学、系统的革新路径。

  本书通过以上章节对农村金融等理论的系统阐释，以期构建更为普惠的农村金融法律体系。本书对农村金融法律制度的研究者、农村金融生态环境等方面的研究者与从业人员也具有学习与参考价值。

目录 CONTENTS

第一章　农民金融发展权基础理论探析 ……………………… 001

　　第一节　农民金融发展权的缘起　/　001
　　第二节　农民金融发展权的概念　/　005
　　第三节　农民金融发展权的属性与内涵　/　006

第二章　农民金融发展权的现状分析 ……………………… 013

　　第一节　实质正义观下的农民金融发展权　/　013
　　第二节　法律保障机制下的农民金融发展权　/　014
　　第三节　农民金融发展权的现实意义　/　016

第三章　农村金融法律制度基础理论探析 ……………………… 019

　　第一节　农村金融法律制度发展沿革　/　019
　　第二节　农村金融法律制度内容梳理　/　027
　　第三节　农村金融法律制度立法缺陷　/　035

第四章　农村金融法律制度的现状分析 ……………………… 040

　　第一节　财政政策支持下的农村金融法律制度　/　040
　　第二节　法制困境下的农村金融法律制度　/　044
　　第三节　融资担保困境下的农村金融法律制度　/　049

第五章　基于"政策支持"下的农村金融法律制度建设思路 ……………………… 054

　　第一节　农村金融法制建设思路重点的转向探究　/　054
　　第二节　农村金融法制度的政策支持策略　/　069

第三节　中国农业发展银行转型组织形式与结构创新策略分析　/　079

第四节　农村合作金融法律制度的协调探究　/　098

第六章　基于"金融监管"下的农村金融法律制度创新思考 ⦀⦀⦀⦀⦀⦀ 120

第一节　构建农村金融监管法律体系的必要性　/　120

第二节　农村金融监管法律体系构建策略　/　125

第三节　城乡统筹背景下农村金融监管制度完善建议　/　135

第七章　金融发展权视角下农村金融法律制度问题探讨 ⦀⦀⦀⦀⦀⦀ 147

第一节　金融发展权视角下农村金融法律制度立法层面问题分析　/　147

第二节　金融发展权视角下农村金融法律制度缺陷原因探究　/　154

第八章　金融发展权视角下农村金融法律制度革新路径 ⦀⦀⦀⦀⦀⦀ 158

第一节　基于国外农村金融制度立法经验的思考　/　158

第二节　结合国内农村金融制度立法问题的创新思考　/　176

参考文献 ⦀⦀⦀⦀⦀⦀⦀⦀⦀⦀⦀⦀⦀⦀⦀⦀⦀⦀⦀⦀⦀⦀⦀⦀⦀⦀⦀⦀⦀⦀ 197

第一章 农民金融发展权基础理论探析

发展权作为一项基本的、新型的人权,在初始意义和终极意义上体现为弱者的一项平衡性权利。发展权的核心是通过法律制度对社会资源占有关系和主体权利义务关系进行一种平衡性的配置,以突破个体理性为统摄的现代法学的局限,实现向人本主义精神为引领的后现代法学的跨越。在我国,农民群体在社会资源占有方面非常薄弱,并且处于弱势地位,这就使农民边缘化的现象更加严重,农民的权利受到侵害的问题时有发生。因此,农民需要以发展权为支撑满足自身的发展需要,维护自身的发展权益。金融在经济发展中的突出战略性意义和农民在现实生活中所面临的严重的金融排斥使农民金融发展权成为农民发展权体系的核心,也成为研究农村金融法制问题关注的一个焦点。

第一节 农民金融发展权的缘起

发展权是第三代人权的重要组成部分,与它并列的还有环境权、和平权等。在20世纪七八十年代,单纯地追求经济增长为人类的可持续发展带来了极大的隐患,也使人们不得不反思单纯地追求经济增长为人们带来的生态环境恶化、贫富差距加大、发展失衡严重等问题,人们也不得不认真思考工业文明为人类生活带来的巨大转变,而发展权也是在这一时期提出的。发展权最早在《国际法》中得以确认和保护,是发展中国家在发展问题上提出的新的法律概念,可以说,发展权属于一种全新的法律理念,反映了人类生活一体化的时代特征。

在20世纪七十年代,发展权的概念首次被提出,也经历了这样的过程:先是在《国际法》的条款中出现了关于发展权的内容,之后国内的一些法律中也出现了发展权的内容,发展权进一步发展成为法定的人权。之前的发展权只能作为一种观念,没有制度的保障,在不断地变化和延伸之后成为一种制度。在1979年和1986年,

金融发展权视角下农村金融法律制度研究

联合国又分别颁布了《关于发展权的决议》《发展权利宣言》，这两个法律制度具有一定的历史意义，使发展权作为一项新型人权被国际人权法律文件正式确认，并逐渐获得国际社会的认可。《发展权利宣言》中的第一条第一款规定，发展权是一项不可剥夺的人权，更是其他人权得以实现的根本保障，同时强调主体拥有享受发展成果的切实权利；第二条明确指出，发展权的权利主体是集体人权和个体人权的统一，而这里强调的集体是个人及个人构成的集体；第三条、第四条、第八条指出国家必须承担起保护公民发展权的义务以及责任，在法律制度的制定过程中明确发展权所处的地位，让广大公民都能够享受到发展权以及切实保护好发展权。第二次世界人权大会在1992年召开，大会通过了《维也纳宣言和行动纲领》，再一次对发展权精神进行重申，从中能够看到国际上对发展权实现一级保护的重视，同时使发展权的思想和发展权相关的制度不断丰富。联合国也同样在《21世纪议程》中对各个国家提出了要求，也就是必须重视环境和发展的问题，并将这些内容上升到国家高度，加强对政策的管理和支持，切实制定和严格落实可实施的综合性的法律法规来保障其实现。我国作为最大的发展中国家，对于人民的发展权、生存权高度重视，同时关注着其保护和实现的程度，积极响应政策要求，认真学习和领会《维也纳宣言和行动纲领》中的精神，并于2009年发表《国家人权行动计划（2009—2010年）》。从中我们能够清楚地发现，发展权由原本抽象的概念变得更加具体化，各国对发展权的重视程度也逐步提高，并将其作为一种法定上的人权进行保护。在不久的将来，发展权也一定会成为一个有着丰富内涵的人权规范，得到法律制度的保护和支持。

关于发展权国际层面的研究，世界人权大会、联合国起了非常关键的推动和促进作用。在我国，法学领域关于发展权的研究主要集中于国际法和法理学领域，法律研究代表人物有汪习根、姚建宗、姜素红等，他们对发展权的研究已经比较成熟。在吸收前辈的优秀思想的基础上，笔者提出了自己的思考和认识，供大家批评和指导：第一，地位方面。发展权属于宪法性的权利，更是基本人权，和生存权一样，不依赖于法律规定而存在。同时，发展权具有不可放弃性和不可让与性，任何人或组织，都不能任意剥夺，而个人更是不能随意放弃。第二，沿革方面。发展权是一项新型人权，是生存权的自然延伸和必然发展结果。主体拥有了发展权才能享有真正的生命尊严，充分发挥自身潜力，实现自我价值。第三，内容方面。发展权是一项综合性的人权。发展权包括经济发展权、政治发展权、社会发展权和文化发展权，缺少了任何一个方面，发展权都不完整。发展权表现为参与发展的权利、促进发展的权利和享受发展成果的权利，忽视了任何一个环节，发展权都不全面。第四，性

第一章 农民金融发展权基础理论探析

质方面。发展权是一项母体性的人权。发展权是对具有同一价值属性的权利的高度抽象和法理提炼，它孕育、繁衍、派生出一系列子权利，使发展权不断丰满。第五，主体方面。发展权既可以表现为国家权利，又可以表现为集体权利，还可以表现为个人权利。发展权的起点是一项国家权利，落脚点是一项个人权利，实现方式是一项集体权利。发展权丰富了人权法律制度，并成为人权法律制度的基石之一。

发展权是《国际法》和《人权法》重要的研究对象。但是，发展权概念界定的原则性、内容的广泛复杂性、救济制度的不完善性，使其在实践中极易被认为只具有抽象意义和宣誓意义而缺乏实质内涵和制度保障。如果没有国内法对发展权的确认和保障，没有部门法对发展权的丰富和具体，发展权的研究将仅仅停留在国际法层面和抽象的理论研究层面，无法纳入国内法层面和具体的制度研究层面。这必将造成公民对发展权认知的普遍模糊和漠视，阻碍发展权理论研究的不断丰富和深化，动摇维护和实现发展权的法制基础和社会基础。因此，发展权既是国际法的新兴研究对象，又是国内法的重要研究范畴。

无论法理学领域还是国际法学领域都对发展权展开了积极研究，而且相关的研究已经非常成熟，但在国内法和部门法领域对发展权的研究则略显不足，尤其是发展权具体类型化方面的研究。就国内学者的以往研究而言，站在发展权客体的角度对发展权具体类型化的研究主要集中于土地发展权，其中具有代表性的有刘国臻教授、臧俊海教授；朱谦、吴卫星教授提出环境权；王明远、杨泽伟教授经过研究提出碳排放权（同样是发展权的一个组成部分）并研究这一权力分配中涉及的法律问题；农民金融发展权理论和相关保障机制是王莹丽博士研究的重点。从主体的角度对发展权的研究则主要集中于弱势群体的发展权，代表人物是姜素红教授。其中，对于弱势群体发展权的研究重点是农民发展权，代表人物有单飞跃教授等，在研究过程中，对农民发展权的基础、发展权的实现和发展权的保护都进行了分析，涉及的内容非常广泛，如提到区域发展权、妇女发展权。从客体和主体维度展开分析，加强对发展权的保护都是应有之义。从主体维度分析，保护弱势群体和不发达群体的发展权是发展权的应有之义；从客体维度分析，保护发展权中的基础性和关键性权利是发展权的主要内容。

农民是中国社会一个特殊的利益主体和社会阶层，是最大的社会弱势群体。在国家建设初期，国家将经济赶超作为重要目标，一味强调经济的发展，强调工农要支持城市发展，这就使农村和城市之间的差距越来越大，从而造成权利分配不平等的问题。当前，我国在全面推进社会主义新农村建设，在这一关键时期，必须强调和坚持统筹城乡发展,并将其放在新的高度。站在法学的角度分析,实现城市和农村的统一协调发展能够切实体现国家保护农民发展权的意愿,也让农民发展权实现的可能性大大提高。金融是国家经济的命脉,与金融相关的一系列经济活动为国家经济的发展注入了新鲜血液,同时是一种关键的战略资源。金融往往被称为资源配置的杠杆和对象,它参与和引导了资源配置。与此同时,金融作为市场经济的核心和基础,能够通过优化资源配置,提升发展效率,能够通过引导资源配配置消解发展障碍。因此,有学者在研究中指出,金融发展权已经成为每一位公民基本的、生命线性的权利。但是,对于农民这一弱势的融资群体来说,他们受到国家信贷、正规金融市场及强势融资主体不同程度的限制和排挤。农民金融发展权属于农民发展权的核心内容,在实践中更是制约着农民发展权实现的关键要素。

虽然农民发展权是全面促进农民平等参与经济、社会、政治和文化活动并享有发展成果的一个高度抽象。但是,在整个发展权这一母体性权利所孕育的子权利中,各类权利的发展程度和作用是各不相同的。上层建筑是由经济基础决定的,毋庸置疑,其他权利之所以存在,是因为经济权利为其提供了基础条件。如同在生存权阶段,需要解决的首要问题是满足物质性权利一样,在继生存权之后的发展权中,物质经济的发展问题也是要解决的首要问题。

如今的社会是知识经济和资本经济的时代,在这样的时代背景下,实体经济的发展离不开金融给予的大力支持,而且金融使全球经济一体化及全球经济的变革进程大大加快。对处在国家弱势地位的群体和经济不发达的地区的金融权益给予更大的关注和保护,是金融行业深入发展必不可少的条件。在贫困地区,由于政策、体制等多种因素的影响,阻碍了金融体系的正常发展。正如麦金农理论中提到的要重视消除金融抑制,将重点锁定在放松金融管制方面,全面推进普惠制金融的实现。为了消除经济欠发达地区的金融抑制,让大量受到金融服务排斥的农民群体享受到应有的、平等的金融权益,就需要把普惠制金融理论作为重要指导,而这一理论也在国内外的实践应用中取得了良好成效。

通过对比我国城镇居民及农村居民的金融权益发展状况能够发现,城镇居民的金融权益发展良好,而农村则不尽如人意,甚至是根本不存在金融发展方面的权利。例如,我国在这方面做了一些统计,得到这样的数据:平均每万名农民拥有银行业金融服务人员15.89人,平均每万名农民拥有银行业金融机构1.54个。没有设置金融机构的乡镇数在2007年末是2 868个。此外,有2个县、8 901个乡镇只有1家金融机构。所以,必须将这一问题纳入国家法律管理的范畴,切实解决好农民金融发

第一章 农民金融发展权基础理论探析

展权的问题。基于发展权主要是弱势群体发展权的观点,金融发展权实际上是农民的金融发展权。就当前现状而言,农民金融发展权在当下和今后的实践中,不能明显地看到它的必要性,但是从发展的眼光看,未来当金融成为人们日常生活的基本内容之一,和衣食住行紧密联系的时候,就会发现,金融发展权作为基本人权的价值之所在,农民金融发展权在保障农民权益,实现农村现代化方面的意义巨甚。

农民金融发展权概念的提出实际上是将与发展权相关的内容进行深化,并将其进行具体的划分,是对农民发展权概念的支持。在当今社会,需要把农民金融发展权放到新的高度,使其真正成为一种人类的基本权利,提高对农村金融问题的重视程度,切实解决好农村金融的相关问题。农民金融发展权是从发展权中衍生而来的,也是发展权在国内法及部门法中的具体体现,符合发展权中强调的要切实保护好弱者权利的理念,更能够有效彰显金融社会化时代下发展权理论的时代品格。

第二节 农民金融发展权的概念

农民金融发展权是一个子概念,它存在的基础是发展权。发展权的核心和重点在于发展。《发展权利宣言》指出"发展是经济、社会、文化和政治的全面进程,其目的是在全体人民和所有个人积极、自由和有意义地参与发展及其带来的利益的公平分配的基础上,不断改善全体人民和所有个人的福利。从中可见发展是对基本人权状态的延伸,发展权是对基本人权的巩固和加深,是民众对社会各个方面的发展情况和结果所享有的一项权利"。作为发展权中经济权利的组成部分,金融发展权指全体公民对社会经济生活中的金融发展的情况和结果的所享有权利。在这个基础上,农民金融发展权是指农民对整个社会生活中金融发展状况和结果所应享有的权利。通过对当今世界金融发展的状况进行考量和分析能够发现,农民金融发展权应该包含以下几个方面的权利:

一、参与金融发展的权利

要想准确地理解这一权利内容,可以从两个方面入手来展开细致、全面的分析:宏观层面上,农民有在议会等利益表达机制中表达自己的金融意愿和要求,并将之立法确认、政策确立的权利。比如,要求国家提供专门的农村金融政策,制定专门的农村金融法规,提供专门的金融服务等。微观层面上,农民为了充分满足自身的生产和生活需求，拥有着参与一切金融活动来确保自身利益实现的权利，包括参与保险业务、使用银行体系等。

二、促进金融发展的权利

农民促进金融发展的权利是农民通过参与金融发展对整个金融活动带来的提高和推动，有权利将这种推动纳入整个金融体系中，并将之规范化、固定化。另外，农民通过参与金融活动，表达自己的金融需求，发表自己的意见和建议，对原有模式进行了有益的补充。农民有权要求把这些信息补充到与之相关的金融立法中，将其变成一种常态化的制度。

三、享受金融发展成果的权利

这一权利是农民金融发展权的核心内容，而且这一权利也迫切需要在农民金融发展权中体现出来，因为农民参与和促进了金融发展，享受金融发展成果的权利是应该的，虽然如此，但这一权利在实现方面遇到诸多问题。金融发展迅速，同时金融的创新力度不断增强，但是现实状况是农民极少有机会享受到便捷的融资服务。金融服务业的条件排斥、营销排斥、准入排斥、农民自我排斥等因素使农民在享受金融发展成果方面处于不利地位，与城市居民相比还存在一定的差距。因此，保障农民享受金融发展成果的权利意义巨大。

第三节 农民金融发展权的属性与内涵

一、农民金融发展权属性

农民金融发展权作为一项综合性和新型的权利，关乎农民的生存和发展，关涉法律的公平和正义。如何有效地把握农民金融发展权的权利属性？怎样正确地界定农民金融发展权的主体？如何恰当地安排农民金融发展权所包含的内容？以上问题的回答有助于我们更加全面地、细致地把握这一权利的本质，进而从农民金融发展权的角度出发，对我国农村的金融法律制度进行修正，使之更健全。

早在罗马法时期就有了公法和私法、公权和私权的划分，这也是早期法律研究中重点探讨的一个问题，之所以要做好权利的区分是要更加准确地确定权利的性质，

第一章 农民金融发展权基础理论探析

找准制度设计的角度,准确地判断司法诉讼程序及救济方式。公权有着明显的国家强制性,是从国家层面进行制度的设计和安排,保障权利的实现或者是使权利不受侵害。私权有着明显的私人性、自治性,和公权处在对立位置。但是,社会经济关系的发展和法律调整形态的变化,使公权和私权、公法和私法的界限逐渐模糊,金融发展权就是其中一个具有代表性的例子。

从公权的角度界定金融发展权的目的是建立起国家对社会整体金融资源的控制和调配机制;其法律价值取向关注金融安全,体现了浓厚的国家主义色彩;设计金融发展权制度的整体思路是从国家的角度出发的,突出国家在资源配置、市场干预等方面的作用,从而保障社会全体成员能够充分地享受金融权益,并且达到风险控制和资源优化配置的目的。金融发展权中公权性质的确定和行使有两个方面的作用:从积极的方面来看,有利于从宏观上发挥金融的杠杆作用,引导资源的合理配置,提高国家的金融收益,使国家主体的金融权益得到保护和满足;从消极方面来看,如果不能正确地行使金融发展权中的公权,或者是出现了权力错位问题,会在一定程度上让弱势群体本该享受的金融发展权在实现之路上受到各种各样的阻碍。从私权的角度界定金融发展权的目的是建立起金融市场主体自主选择金融发展方式和自由进行金融交易的激励机制,提高金融效率;其法律价值取向强调效率,体现了突出的个体理性和选择自由;其制度设计的思路是通过金融市场主体的自主交易和金融市场自身的资源配置促进个体金融发展权的有效实现。在金融发展权中私权性质的确定和行使有着积极和消极两个方面的作用:从积极方面来看,有利于促进金融资源的高效配置,推动整个金融市场的深化发展,切实维护和保护好个体的金融发展权;从消极方面来看,金融发展权中私权如果界定不当或者不受控制,会极大地提升金融风险的发生率,造成强势金融主体对弱势金融主体权利强烈的挤出效应。由此可见,在对金融发展权进行界定时,无论将其确定为公权还是私权,都有一定的局限性。那么,在界定这一权利时则需要从客观的角度出发,将其界定为兼具公权和私权特征的经济法上的权利。

农民金融发展权作为金融发展权项下的一项子权利,属于国家金融发展权,也是当前研究的重点内容,与国家金融发展权地位平等且产生博弈和互动。农民金融发展权以整体(农民群体)金融发展权为实现方式,落脚点是个人(农民个体)金融发展权;农民金融发展权以内生性的市场自我促进金融发展权为基础,以外生性的政府促进金融发展权为补充。在构建金融法律制度的过程中,必须要关注以下几个方面的问题:第一,必须准确地区分农民金融发展权和国家金融发展权,认识到两者是相区别、相独立的一种金融发展权利诉求,两者地位平等,不能以国家金融发展权侵蚀和限制农民金融发展权。第二,农民金融发展权在原则和结论上是一项农民个人的权利,但是在权利实现上又属于一项集体权利,这个"集体"指的是农民群体。第三,要切实保障农民金融发展权的实现,必须要充分发挥市场主体自我金融发展促进权,在法律制度的整个框架中融入"共同信任纽带",为农民金融发展权的实现开辟路径,进一步推动金融法律在理论及制度上的革新。

二、农民金融发展权的内涵

我国现行的法律和政策性文件中"农民金融发展权"的概念表述,从解释论的角度,农民金融发展权是指"农民这一主体平等参与金融发展、促进金融发展并公平分享金融发展成果的权利"。

农民金融发展权的主体是农民,但这里的农民并不是简单的指农民个体,其中也包括农村的经济组织以及中小企业。农民金融发展权问题的解决最终还必须依靠立法引导农村金融市场内生性力量的成长,并且通过提高农民参与金融市场的能力,克服农民金融发展权实现道路中各种障碍。从农民金融发展权益的义务主体看,国家是农民金融发展权的主要义务主体和责任主体,并且国家应科学合理地设计制度,并对原有的制度进行调整和修正,使农村地区广阔的金融市场得以完善,引导金融资源向农民这一社会弱势群体倾斜性,并建立政府责任机制。

农民金融发展权的客体是指农民实现金融发展所需要的利益。李长健教授就在自己的研究中将农民金融发展权的客体划分为制度性的和非制度性的金融资源这两种类型,并认为这两种金融资源类型在关系上是相互对立又相互统一的。笔者站在这样的角度,并以此为基础来分析,认为农民金融发展权的客体属于集合体,能够从微观层次、中观层次及宏观层次三个角度来对这一集合体进行划分。从宏观层次看,金融法律制度是客体;从微观层次看,货币资产是客体;从中观层次看,金融市场体系是客体。三个层次是相互影响、相互关联的,任何一个方面都不可或缺,也正是三者的融合构成了整个金融生态环境。货币资产的供给和需求会影响金融市场的发展,市场发展水平也会相应地对金融法律建设造成影响。相反,金融法律制度安排会激励或阻碍金融市场的发展,进而影响货币资产的有效利用。

农民金融发展权涉及的内容是十分复杂和多元化的,但是不少学者在研究这一权利时主要是从传统的理解层面出发的,将农民金融发展权具体划分为参与金融发展的权利、促进金融发展的权利和享受金融发展的权利。笔者认为,这种划分简单

第一章 农民金融发展权基础理论探析

明了,而且契合我们对发展权的传统理解,但是这种归纳比较抽象笼统,不够具体,可操作性不强,很容易流于口头和政策性文件,而无法进入实然的法律领域。参与金融发展、促进金融发展、金融享受和发展的权利是公民全体的共同诉求,这种分析太过普适性,没有凸显出农民的权利要求,因此有欠针对性,在具体工作实施中也会造成工作针对性不强、工作效率不高等问题。通过上面对发展权的分析,又考虑到农民的特殊金融需要,下面将对农民金融发展权的主要内容做如下概括。

(一)金融发展主体权

金融发展主体权是指农民在金融发展中的主体资格和地位。主体地位和资格是农民作为人的基本特征,彰显了人的本质特征,具体表现为人的自治性和自主性。农民金融发展权的首要内容就是金融发展主体权,即尊重农民在金融发展中的主体性和创造性,并给予农民充分的信任,让他们能够充分运用自身的能力来推动农村金融市场的发展。同时,了解农民的金融发展诉求,给予农民参与、选择和控制农村金融组织及内部管理的权利,切实保障农民的金融发展权。

纵观我国农村金融市场改革发展的轨迹可以发现,农村金融市场的变革是以政府为主导、自上而下展开的,换句话说就是国家在农村金融制度设计和创新改革方面有着决定权,但是在这样的安排下,农民只能够被动地接受一些不合理和不公正的安排。在全面实施金融管制的情况下,对于农村金融法律制度安排更多涉及的是加强监管部门对农村金融机构的限制和管理方面,这些规定中提出了较高的市场准入标准,在机构设置方面也给出一定的安排,从中能够看到明显的金融公法的性质,关于私法的权利和义务却很少提及。从农村金融法律制度的安排上就能够清楚地看到,在国家金融发展中,农民的自治权和自决权得不到有效保护。尽管法律不能抛开政府和法律精英,但是无论议程的设定还是具体实施项目的实施都不能少了农民群体的加入。农村金融发展的根本性目标应该是让广大农民充分受益,而不是让广大农民群体沦为发展的工具。农民拥有金融发展主体权,他们在农村金融发展过程中起着关键作用,是名副其实的参与者和创造者。

农民金融发展主体权包含着多个层次的内容,其中主要体现在三个方面:第一,农民金融发展的权利,也就是农民的切身权益必须得到肯定和保护,让他们在金融发展中处于主体地位,为农村金融的发展做出应有贡献。第二,农民的自治权和自决权以及农村金融机构的自治权和自决权。农民是一个有着独立意义的个体,在金融发展中应该以个体的身份得到尊重,并且可以通过行使自治权和自决权让自己的主体价值得到发挥。而农村的金融机构在处理各项金融事务、进行机构设置时必须要拥有自主权和自治权，可以进行自我决断，而不受其他强制性干预手段的影响。第三，合理划分政府在金融监管方面的权域界限。政府在农村金融方面的监管需要在不侵害农民和农村金融组织的自治权、自主权的基础上进行，需要分清自身的责任和义务，缩小金融监管方面的过度限制和干预，让广大农民的金融发展主体权得到充分肯定。

（二）自由融资权

"自由是发展的首要目的，也是促进发展必不可少的重要手段。"农民的自由融资权指的是农民能够自由地利用金融资源，消费金融服务、使用金融产品的权利。融资可以分成直接融资和间接融资两个部分。农民直接融资的自由研究的是民间融资的法制化问题，农民间接融资的自由研究的是农村金融机构的多元化问题。民间融资的法制化要求我们应当合理区分合法的民间融资和非法的民间融资。国家在这一方面必须要建立完善的信息披露机制，对各类非法融资予以严厉打击，同时要避免过度管制民间的直接融资行为，使资金拥有者和需求者让资金需求者和资金拥有者在信息对称的情况下遵循风险——收益的原则自愿协商、自主决策。农村金融机构的多元化要求我们改变"国有银行"主导农村金融的思路，改变外生性的农村金融成长路径，允许多种所有制农村金融机构并存，构建一个多层次、多主体、广覆盖、有分工、有竞争的农村金融机构组织体系。

自由融资权[1]主要研究如何通过立法促进微观农村金融主体的准入和发展，改革标准化的金融合约格式，促进农村金融组织运行的规范性和独立性。

（三）公平融资权

上面已经提到金融发展主体权是农村金融发展权的首要内容，也明确地提出要确立农民的主体资格和平等地位，而这里提到的公平融资权是指农民在金融市场上能够以公平合理的价格获得必要的金融产品和金融服务的权利。我国农村金融呈现典型的"两高一低"态势：交易成本高、系统风险高、利润回报低。这在一定程度上制约了农民金融发展权的有效实现，使农民成为弱势融资主体，金融机构基于信息成本和风险因素的考虑而提高向农民提供金融服务的价格，使农民难以承受。公平融资权主要研究国家如何通过政策法律制度安排对基于农业弱质性所致的农村金融风险予以适当分担，对农民损失的金融利益予以适当补偿，实现融资权的实质公

---

[1] 钟志勇.自由融资权、非法集资与证券私募[J].证券法律评论，2014(00)：485-495.

第一章 农民金融发展权基础理论探析

平,具体包括国家建立法制化的农村金融风险分担和补偿制度和差异化的金融监管法律制度。

(四) 融资权

可以从动态和静态两个方面理解融资权。融资权是每一位农民个体应该享有的权利,从动态的层面理解,是指农民可以在自愿互利的基础上进行资金融通活动的权利;从静态的层面理解,是指农民按照法律制度和政策的规范组建金融机构的权利。

农民作为弱势融资主体,有时很难在主流金融体系中获得能够满足自身需求的金融产品和金融服务,而且在这一体系获取金融服务或者金融产品需要承担较高的成本。因此,有必要赋予农民融资权,使他们能够通过有效的资金运作提供互助金融服务,切实解决金融发展中遇到的阻碍,实现农民的金融权利。换句话说,对农民融资权的保护,实质上就是保护农民在金融发展中的主体地位,就是保障农民资金体系内的良性循环,对农村发展金融事业具有重要的意义。

(五) 金融发展救济权

权利能否得到救济是衡量权利实现水平的重要指标。农民的金融发展救济权就是保护农民金融权益,为农民提供权利救济的一项保障。当农民应该享有的金融权益受到侵犯时,农民有权向司法和行政机构寻求救济,请求其保护自身合法权益。

单列出来金融发展救济权的原因有以下两点:第一,到目前为止,对金融发展救济权的研究还处在浅层次,这一权利至今尚未形成明确的规定,更多的是从发展权的角度出发,推演出农民金融发展权。因此,对农民金融发展救济权的可司法性尚存在执法上的困难。第二,农民是一个特殊的社会群体,在整个金融市场的运作及发展进程中,农民的金融发展权常常受到侵犯,但是由于农民缺乏权利意识、权利救济渠道不畅,使其权利得不到有效保障。因此,严格明确农民金融发展救济权是十分必要的,并且应该将其作为一项具体的、可问责、可司法的权利,使每一位农民都能够在自己的权利受到损害时得到帮助,并获得制度上的支持和救济。农民金融发展权内容非常复杂、综合,而且是动态性的,它的丰富程度也不是用几句简单的语言就能够描述出来的。

笔者以为,为农民金融发展权奠定坚实基础和提供有利的前提条件的是农民金融发展主体权,自由融资权、公平融资权和融资权可以统称为"融资权",是农民金融发展权的核心和关键,金融发展救济权是农民金融发展权实现的保障。根据这样的分析和判断,肯定和确立农民的金融发展救济权是完善农村金融法律制度的必经

金融发展权视角下农村金融法律制度研究

之路,更是立法建设中的重点。总而言之,上面提及的农村金融发展权中的几项重要权利是相互关联并相互影响的,虽然在内容方面有很多交叉的内容,但是在作用和功能方面互相形成有效补充,并且有一个共同的目标,那就是让农民享有平等的金融权益,让农村的金融市场获得飞速发展。

第二章 农民金融发展权的现状分析

第一节 实质正义观下的农民金融发展权

"正义是社会制度的首要价值，就像真理是思想体系的首要价值一样"。法律的核心就是正义，而且大量的专家学者从不同角度对正义的研究都表明正义在追求一种平衡状态，强调逐步实现个人权利和社会公益之间的平衡。传统的法学主张要想实现个案的正义，必须把核心放在对法律规则的逻辑方面。后现代法学在前面的观点的基础上有了较大的创新，其中的认识及反思都比较深刻，其观点是要追求实质正义，提出的是实质正义观的内容。这一观点承认每一个人都应该享受平等和广泛的权利，社会及制度安排要为个人潜能的有效发挥和价值的实现创造有利条件。但是，我们不可忽视的一点是，偶然因素可能会造成主体之间经济和社会中事实上的不平等。此时，需要对最少受惠者给予相应的利益补偿，使其享受公平的权利配置，以便更好地保障发展结果的相对公平。实质正义观关注的是具体的人，强调结果的公平，除了在法律中赋予人基本人权以外，还强调通过权利配置和矫正利益补偿的方法进行调节，尽可能地消除由于历史原因造成的起点不公问题。

从实质正义观的理念出发，农民金融发展权的提出是对这一理念的践行，从中能够体现出浓郁的人文主义精神，也能够凸显对农民群体金融发展权益的关怀，其目的是要缩减金融二元分割下主体间的金融发展差距。农民金融发展权在承认所有社会主体平等的金融发展权益的基础上，深刻认识到农民在社会金融发展中由于自然天赋的贫弱和制度安排的偏差而形成的金融发展权益历史的不公和现实的不公，通过差异性的制度安排和倾斜性的权利保护促进农民金融发展权的实现。从自然禀赋上看，农民与城市居民相比，没有稳定的收入和透明的征信，缺乏合格的抵押担保品，与金融产品和金融服务的接近程度低甚至没有，金融消费者教育匮乏。从制度安排上看，农民和城市的居民还是有着很大的不同的，受到工业化、城市化、国有化优先发展战略的影响，国有企业、大企业、大项目、城市居民的金融发展权得到很好的满足，而农民、中小企业等弱势融资群体的金融发展权则被忽视甚至牺牲。商业性金融机构受到利益的驱动，同时考虑到金融风险，而排斥农民金融发展权，使农民金融发展权不被关注甚至排斥。国有金融机构在实际工作中，更多地关注国家金融权益的保护和实现，与农民金融发展权产生博弈和冲突。从自然禀赋和制度安排层面分析，农民都是我国金融发展中的最少受惠者，面对城乡之间不断扩大的金融发展差距，面对不断加剧的国家金融发展权与农民金融发展权之间的矛盾和摩擦，对农民金融发展权予以权利凸显和倾斜保护，符合实质正义观的价值追求。

农民金融发展权以实质正义观为归依，在构建相关的法律制度时需要落实好以下几个方面的要求：第一，确立农民以金融发展权的主体地位，同时强调金融发展是全社会所有人的金融发展利益的共享，农民不能成为国家、城市金融发展的工具和牺牲品。第二，通过复权方法扩充农民金融发展权，将和农民生产生活相关的金融资源和金融制度进行妥善安排和优化配置，让广大农民通过参与金融发展，公平地分享金融发展成果。第三，国家要重视发挥自身的宏观调控和引导作用，从法律制度的层面，恰当地引导金融资源的优化配置，有效补偿及调节农民金融发展利益，使农民能够与社会金融发展同步。农民金融发展权要求立法确认农民的金融发展主体地位，设法增加农民的金融发展权能，确保农民的金融发展利益。

第二节　法律保障机制下的农民金融发展权

"保障农民金融发展权的实现就是要在农村改革发展中实现和发展农民的金融利益，建立和完善以农民权益保障为主题的法律体系，建立和完善农民参与立法的机制，优化农民权益保障的立法技术，使农民的权利与利益在法律上清晰可见，建立和完善农民权益保障的行政执法机制、农民利益诉求的表达机制、农民权益纠纷的解决机制、农村群体性事件的协调解决机制。"我国目前缺乏对农民金融权益的立法确认，相关农民保障的立法还不够完善，金融服务存在以下问题，主要有：为农民提供金融产品和服务的机构较少，而且设施不够完善；缺乏激励机制，使农民在办理涉农业务时，金融组织往往不够重视；金融组织的服务质量和效率还有待提升，不能满足农民需求。以上问题使农民获得金融服务的成本较高，超出农民可以接受

第二章 农民金融发展权的现状分析

的范围,甚至农民金融权益遭遇歧视性待遇,最终导致农民金融权益得不到保护甚至是严重缺失。对此,为了确保农民金融发展权的实现,构建完善的保障体系,应该从以下几个方面着手:

首先,将营造发展权正面直接地载入宪法,积极探寻农民金融发展权的根本出发点。要为农民金融发展权确立根本法上的依据,首要途径就是将发展权纳入宪法。只有将发展权这一权利纳入宪法,农民金融发展权也将顺理成章地拥有自己的根本法依据。发展权作为基本人权的重要组成部分,同样需要被载入宪法,但是翻阅世界各国宪法,在法律形式上,迄今为止,发展权没有在宪法中体现,我们只能从规定其他人权形式的法律或者是宪法的其他条款中勉强推导出关于发展权的概念,这样的情况也形成了发展权在应然宪法中的优越性和在实然宪法上的空位性之间的矛盾。对此,为了更好地解决农民金融发展权的相关问题,最为根本的做法是真正树立起发展权作为基本人权的威信和理念,把发展权纳入宪法,真正在具体的宪法条款中对这一权利进行明确规定,确立发展权这一基本人权的最高法律地位,实现在国家根本大法的视野之下真正保障农民金融发展权不受威胁。

其次,加强农民权益保障立法,有效营造农民金融发展权的法制保障线。农民金融发展权之所以存在,其意义及根本目标在于保障农民权益的实现。而加强农民权益保障立法又为农民金融发展权的实现提供了具体的法律制度层面的保障和支持,可以说两者是相互促进的。农民的贫困实质上是权利的贫穷,也就是与农民切身利益和自身发展相关的一系列权利都没有得到有效保障。解决农民问题的关键在于解决农民权利匮乏的问题。因此,国家应该单独制定《农民权益保障法》,并且确立其重要性及重要地位,最大化地减少农民发展权中权利流失现象,使这部法律成为农民发展权的基本法。加强农村社会保障中政府的责任,选择"三支柱"型农民社会保障模式,建立完善的农村社会保障制度,相对减弱土地保障在社会保障体系中的辅助保障功能。也在这样一部法律中,明确提出农民金融发展权的概念,并具体确定农民金融发展权的权利内容、责任方式、保障方式等,同时对侵犯农民金融发展权的行为,规定相应的行政责任、民事责任甚至刑事责任,切实保障农民平等地参与金融发展过程,促进金融发展,享受金融发展的成果。

最后,建立健全相关的金融制度,有效提高金融监管力度,强化农民金融发展权的落实程度。第一,积极构建多层次的农村金融机构体系,鼓励农村金融机构进行金融服务创新,对民间的金融发展进行规范和有效引导,从而推动其健康有序和可持续发展。第二,加大对农村金融机构的政策和经济支持,有效运用多种政策机制,如财政政策、支农再贷款政策等推动农村金融机构的全面发展。第三,创新农村金融监管制度,强化监管目标,并将消除贫困、为广大农民群体提供完善的金融服务纳入监管目标中。

第三节 农民金融发展权的现实意义

一、农村金融发展权的伦理意义分析

金融包容是与金融排斥相对应的一个概念,站在包容性增长视角看待金融包容,它指的是关注金融弱势群体如何通过稳定的金融服务促进自身的经济增长。S. Mahendra Dev 对金融包容的解释注重金融弱势群体金融服务获取的可负担性。除了上面提到的理论外,相关的国际组织也在相关研究中投入了较大的精力,特别是在金融危机爆发后,与金融包容相关的理论和讨论变得更加热烈,国际性的组织——金融包容联盟成立并发布《金融包容玛雅宣言》,由此可见,金融包容主要关注那些受到金融排斥的弱势融资群体的金融发展权,促进金融包容的途径如下:第一,有效提升金融服务的可及性;第二,切实保障弱势融资群体能够有效负担金融服务成本;第三,对客户差异化的风险偏好进行了解,并以此为基础,以市场为导向创新金融产品和金融服务;第四,全面提升保护金融消费者的能力。从资源的角度分析金融,金融属于重要的稀缺资源,其稀缺性决定了在使用和分配的过程中,不可避免地会出现竞争。在市场大环境中,以市场化为基础的金融资源配置必然会引发一部分群体的金融需求不能得到有效满足,金融排斥成为市场经济条件下普遍存在的一种社会现实。这一问题不容忽视。

在我国,金融发展速度较快,各行各业都在金融发展中获益不浅,但是这其中我们不能忽视的一个问题就是农民很明显受到金融排斥,在国家金融发展中处在不利地位,不能正常地享受金融服务。金融排斥是指人们在对主流市场上金融服务和产品可及或使用过程中面临着困难,而这些金融服务和金融产品又恰恰是能够让他们过上正常人的社会生活所必需的。站在金融资源和金融服务的可及性角度分析,我国仍有很多金融服务的空白区。这些空白区域都是在农村基层地区,农户承担着非常繁重的劳动,为农业及国家的发展做出了巨大的贡献,却也是接触金融服务最少的群体,连基本的金融服务都难以获得。站在金融资源和金融服务的可获得性角

第二章 农民金融发展权的现状分析

度分析,农民因为缺乏完整的信用记录和符合条件的抵押担保品而事实上无法满足金融机构的服务准入条件。另外,有很多金融机构在提供金融产品和金融服务时会考虑到要规避风险的问题,同时想要成本达到最低,在这些因素的影响下,在为农民提供金融服务时,就会适当地提高成本,从而使前来办理金融服务的农民会因为无法承受成本而不得不选择放弃。另外,金融机构会出于交易成本的考虑而将金融服务重点面向大城市、大项目和大客户,金融产品的设计和金融服务的提供往往是以他们的需求为指引,与农民尤其是中小农户的金融需求无法有效对接。而且,农民大多文化素质不高,几乎没有系统性地学习和金融相关的知识和技能,往往不愿意、不习惯或不能在非主流金融市场中获取金融服务,而求诸非正规金融市场。

金融包容理念的提出实际上是对金融排斥及经济价值的反思,是对金融伦理品格的彰显,也在以下几个方面为农民提供金融法理支持:确保农民能够平等地获得最为基本的金融服务;保障农民能够真实地享受适当的金融服务;增强农民享受完整金融服务的效率。因此,金融包容理念也为农民金融发展权的确立以及保护打下了坚实的伦理基础。

可以说,农民金融发展权是发展权理论在实质正义观和金融包容理念辐照下的衍生和深化。农民金融发展权的提出体现了金融二元化下农民作为一类特殊的主体在追求自身金融权益满足过程中所产生的新的权利要求和制度供给,有助于推动传统金融法学理念、价值、制度和体系的更新和完善。

二、确保农村金融发展权的国家责任

(一)国家是首要责任主体

《发展权利宣言》指出"所有的人单独地和集体地都对发展负有责任,这种责任本身就可确保人的愿望得到自由和充分的实现,他们因而还应增进和保护一个适当的政治、社会和经济秩序以利发展。""各国应在国家一级采取一切必要措施实现发展权利,并确保除其他事项外所有人在获得基本资源、教育、保健服务、粮食、住房、就业、收入公平分配等方面机会均等。各国应鼓励民众在各个领域的参与,这是发展和充分实现所有人权的重要因素。国家负有对实现发展权这一母体性权利的首要责任,国家也当然负有对实现农民金融发展权这一子权利的义务和责任。"

国家负有实现农民金融发展权的首要义务和责任的论断主要是由以下原因造成的。

(1)权利的受益性功能是国家给付义务的逻辑起点。权利受益性功能是公民有

金融发展权视角下农村金融法律制度研究

天赋的请求国家作为某种行为,从而享受一定利益的功能。这就要求国家必须充分发挥自身的作用,采用多样化的手段保护好每一位公民的权利,并在目标实现过程中提供服务和支持。权利的受益性功能是公民因其享有基本权利所具有的请求国家作为的一种功能,其所针对的是国家的给付义务。受益性功能是国家给予公民物质上、程序上的帮助和给付义务,又可称为"给付请求功能",是国家的一种积极义务。因此,农民金融发展权作为发展权这一基本权益的一部分,也属于天赋基本权益的内容,当然要有国家来保障其确立和实现。

(2)公共物品供给是政府给付的首要义务。在公共物品供给方面,私人提供公共物品的外部效应、自然垄断、信息不完全以及基于公平性目标的收入分配属性,将导致社会整体福利的减少。由此,政府供给公共物品成为必然选择,公共物品供给也就成为政府的根本责任和首要义务,其可以提高市场效率和社会福利水平。政府承担的给付义务包括多个方面,有物质层面,也有非物质层面。另外,农民的金融发展权制度性公共物品也属于国家给付义务的内容。同时,国民基本的经济权利和社会福利应获得的保障是宪法权利中的重要内容,而为了确保宪法性权利的实现,就要求政府能够切实履行好自己的义务。

(二)国家实现农民金融发展权的责任内容

(1)政府的制度支持是公民权利实现的根本保障,对于农民金融发展权来说同样如此,缺少制度支持的权利也会缺乏生命力。在国家实现农民金融发展权的义务和责任中,政府的主要责任是提供制度保障。政府主要需要负责以下几个方面的制度保障责任:农民能够平等地参与金融发展;农民能够促进金融发展;农民能够享受金融发展成果。以上这几个方面的农民金融发展权内容需要通过国家的大政方针以及发展规划体现出来,为这一权利的落实提供政策指导和制度支持。

(2)央行保障农民金融发展权的具体实现。央行作为国家金融体系的领导力量和具体实施机关,理应具体实现农民金融发展权的责任。因此,央行要发挥统一领导的作用,为农民金融发展权的保护工作履行义务和承担责任。央行要对相关制度和政策的内容进行全面分析,了解其中的明确要求,积极领会其中的精神内涵,并以此为依据制定推动农民金融发展权实现的相关金融政策,为广大农民定制符合其需求的金融产品和服务,建立一个能够让农民需求得到满足的金融体制,也让金融体系和农村金融发展相适应,充分满足农民群体基本的金融需要,并为他们提供针对性的金融产品,让他们充分享受到国家金融发展和农村金融建设的成果。

第三章 农村金融法律制度基础理论探析

第一节 农村金融法律制度发展沿革

我国农村在金融法律制度建设方面存在着内容凌乱及体系庞杂等问题，因此需要系统全面地对其进行梳理。一方面，由于我国尚无专门的金融法，而形成了分散立法的状况；另一方面，由于我国金融体系本身的复杂性，以及立法者在"农村金融机构""金融机构""农村中小金融机构""新型农村金融机构[1]"等几个相近概念界定及使用的不当和混乱，笔者对中国目前实行的关于农村金融法律法规的内容进行了梳理，以便深入挖掘和发现农村金融立法及农民金融发展权保护之间存在的关联。

一、从时间维度来看我国农村金融法律制度的变迁

中国农村金融制度的变迁大致可以分为以下几个阶段，接下来对各个阶段进行梳理：

（一）中华人民共和国成立初期（1949—1957）

中华人民共和国成立初期的农村金融制度实际上是解放区金融制度的延续，而且中华人民共和国成立初期也是国家逐步对国民经济进行有效恢复，并尽快恢复生产和推动国家富强的一个阶段。在这一时期，为了满足经济发展的需要，我国开始建立农村金融组织，并对其进行反复调整。土地所有制改革工作全面实施之后，无论农业的各项生产，还是农村经济和农民生活都发生了翻天覆地的变化，计划经济体制在这样的形势下形成了，有着集中性和集体性的特点。1952年起，针对农民在生产生活中存在的资金缺乏的情况，政府在农村开展了信用合作工作，号召推行群

---

[1] 唐琳. 新型农村金融机构可持续发展探析[J]. 现代营销（下旬刊），2019(2): 42-495.

金融发展权视角下农村金融法律制度研究

众性的合作化运动,运动的规模较大,而且影响范围和涉及面较广。信用合作组织的形式多种多样,因为在全国范围内还处于试办阶段,由于缺乏相应的经验和实践,不可避免地出现了诸多问题,需要在实践中进行反思和提升,以便做好相关的调整工作。

信用合作组织可以说是"国家联系群众的桥梁",属于群众性资金互助组织,有其特殊性质,能够辅助国家银行完成农村资金供给的重任,也能够为农户提供更多金融支持。具有信用合作性质的金融组织是在对中国现实的农村经济问题思考过程中产生的,具有极其鲜明的中国特色,是在当时既有约束下的最优选择。

(二) 人民公社时期 (1958—1978)

人民公社时期是我国过渡时期农村金融发展的有益尝试。在中华人民共和国成立后,政府在全国范围内积极建立农村信用合作社,其目的在于打击以至彻底消除高利贷,因为当时农村盛行高利贷活动,直接影响了农村金融发展的秩序。在这一时期,由于有一系列政治运动,为了与人民公社体制和单一的农村经济结构相适应,农村普遍实行人民公社化运动,农村开始建立起"三级所有,队有基础"的经济体制。整个农村金融管理体制出现了大的变动,发展停滞。为了解决农村金融发展的困境,我国在1977年出台《关于整顿和加强银行工作的几项规定》,至此农村信用社从民办异化为官办,其性质彻底发生转变。

(三) 市场化改革初期 (1979—1992)

为了适应经济体制变革的需求,国家自1979年开始实行市场化改革,为了响应国家号召和让市场化改革工作真正得到贯彻与落实,农村金融领域也进行了一系列的改革,以便推动农村经济的发展,深化农村金融市场化改革。

我国是社会主义国家,市场化改革的初期阶段是商品经济快速发展的阶段,在这样的时代环境下,旧的经济体制和经济组织形式已经难以满足市场化改革的需求,此时的首要任务是改革。1978年召开的中共十一届三中全会首次提出了经济体制改革的任务。可以说,中共十一届三中全会是具有深远意义的一次大会,真正实现了我国历史上的伟大转折,农村经济体制从此发生了巨变,家庭联产承包责任制为基础的经营体制,形成了多种经济联合体的组织形式。此时的农村产业结构已经发生了根本性变化,由原本的单一形式变成了综合经营的新模式。

在市场经济体制改革的背景下,在新思想和新政策的引导之下,农村金融法律制度开始了改革之路,而这一时期的改革主要分成以下几个步骤:

第一,根据农村经济发展需要和具体的农村金融发展实际来调整及重新构建农

第三章 农村金融法律制度基础理论探析

村的金融法律制度。1979年，国家恢复建立了中国农业银行，规定农行直属国务院，明确提出要大力支持农村商品经济，提高信贷资金使用效益，并改变了传统的运作目标，业务范围由农业扩大到整个农村经济，并在1990年前后加快了企业化改革的进程。

第二，建立县级农村信用合作联社。农村信用社的原有格局是"既是集体金融组织，又是农行的基层机构"，在经过不断地调整和优化后，原有的格局被打破，开始逐步恢复合作金融组织的地位。虽然农信社在业务和机构上都有了飞速发展，增强了农信社经营管理的独立性和灵活性，但产权性质仍然是集体所有或准国家所有，管理体制并没有发生实质性变化。

第三，放开对民间信用的管制。除了农业银行和农村信用合作社以外，允许民间自由借贷，允许成立民间合作金融组织和一些财务公司，允许多种信用手段的融资方式并存。其中值得一提的是，乡镇企业如雨后春笋般飞速发展起来，成为农村经济的支柱，这些企业推动了农村经济的发展，使农村经济的货币化及商品化程度大幅提升。

市场化改革时期，我国的农村金融制度主要是以中国农业银行为主体统一管理，而农村信用社是基层机构。农村信用社辅助中国农业银行共同支持农村经济的发展，并且两者相互分工合作，以便适应家庭联产承包责任制。这一时期农村金融运行的突出特点是单一的组织结构承担和从事多种功能的金融业务。农村金融制度的改革基本上是围绕"行社关系"的调整进行的。

(四) 农村金融体制逐渐完善阶段（1992年至今）

1992年，邓小平南方谈话极大地推动了国家经济体制改革的步伐。党的十四届三中全会通过《中共中央关于建立社会主义市场经济体制若干问题的决定》，提出我国金融体制的改革思路和框架，指出改革方向、目标和基本原则。1992年—1997年，以建立"一个以合作金融为基础，商业性金融与政策性金融分工协作的农村金融制度"为目标的农村金融改革取得了巨大进展。1994年，中国农业发展银行建立，其职能是为农业及农村经济的发展提供政策性的金融服务，所开办的业务都是与农业生产和农村经济发展相关的业务。但是，中国农业发展银行属于初步尝试，在实际的发展和运行中还有一些问题。比如，很多项目的贷款期限与农作物的生产、经营周期及投资回收期不吻合，致使与实际发展脱节。在这一时期，中国农业银行开始了自身的商业化改革进程，努力向着市场化迈进，但是每前进一步都十分困难，其中最为主要的难题是中国农业银行需要承担多种政府性职能，不能将提高市场化程度与服务"三农"很好地结合起来。农村信用合作社与农业银行"脱钩"后,努力按照合作制原则规范和引导合作金融组织,进行了规范化改革。虽然农信社在为农村提供信贷服务、有效解决农业和农村经济发展中的资金短缺方面发挥了巨大的作用,但同时由于经营过程中的商业化的改革形成负效应,非农产业偏好日渐明显,农信社的改革又陷入了困境。1997年之后的相当一段时间内是新形势下农村金融改革的深化与发展阶段,此时的主要工作任务:农业银行在内的国有商业银行逐步收缩其县及县以下机构;逐渐调整农业政策性金融的业务范围;打击各种非正规金融,对非正规金融活动进行抑制;农村金融体制改革的重点确定为继续深化对农村信用社的改革。

农村金融改革的目标是建立起现代化的农村金融法律制度。中共十七届三中全会明确指出了农村金融改革的思路和方向,要想让现代化的农村金融制度真正地构建起来,就需要对农村的金融体制进行创新和变革,引导资金流向经济条件较差的农村地区。虽然农村金融必然要到达的一个阶段就是商业化发展阶段,但是就当前状况而言,强调商业化的发展是不现实的。因为我国农业和农村经济的发展更需要相对多的政策性金融的支持。对此,我国必须要将服务"三农"作为改革的宗旨,将推动"三农"的发展作为落脚点和根本目标,真正做到统筹兼顾,让我国农村经济的发展拥有无尽的生命活力,真正建立起与农村地区经济发展相适应的农村金融法律制度体系。

自从党的十七届三中全会确立的改革总目标正在逐步实现和达成,十九届三中全会后实现的速度也在加快。在深化改革的进程中,中国农村金融制度的变迁开始融入世界金融制度变迁的趋势之中,中国金融制度变迁开始进入自我完善、自我创新的阶段。

二、农村金融体制变迁的特点和启发

(一)正规农村金融组织制度变迁的特点

按照制度变迁的相关理论,通过回顾我国农村金融发展的历程,观察其中制度变迁的路径,可以从以下几个方面来阐述我国农村金融制度变迁的基本特点:

1. 相悖性

相悖性指的是农村金融制度和经济制度在发展过程中存在路径相悖的问题。市场化改革是在1979年开始的,而我国农村经济制度的三次巨大变革都利用了自下而上的变迁方式。第一次变革是在农村积极实行和推广家庭联产承包责任制,这样的变革解放了劳动力，也让广大农民能够从高度集中的经济体制中走出来，提高了农民参与农业劳动和生产的主动性，也促进了农民创造性的发挥，更是极大地推动了农村劳动生产效率的提升。第二次变革是乡镇企业及农村的个体私营企业蓬勃发展，为我国农业和农村经济的发展做出了突出贡献。这一次变革从沿海地区开始，后来获得政府的支持和肯定。此次变革有着非常喜人的成就，也为国家和农村经济的发展带来了光明。第三次变革是推广农业产业化经营，这一次变革实现了小农户和大市场的紧密连接，使农业产业发展取得了极大成就，而且这样的变革和农村的市场经济发展需要是相符合和相协调的，因而显示出巨大的生命力。

2. 强制性

强制性的特征与我国的国情有着密不可分的联系。中华人民共和国成立之后，为了实施赶超战略，中央政府在国力和财力都十分有限的情况下发展经济，就需要在全国范围内推行大一统的金融体制，发挥人民银行的出纳作用，对国内的金融业务进行整顿，将社会的剩余资金配置到不同产业和部门中。在农村地区，农村信用社仅仅被当作人民银行的基层机构，由政府占据绝对的主导地位，而且政府的意愿和能力会直接决定农村金融制度变迁的方向、广度、深度和战略选择等，这种制度变迁的结果直接导致了金融抑制。

政府作为金融制度的主要供给者，对农村金融市场所做出的种种制度性安排必然会从满足制度供给者和制度生产者本身的需求出发，很多时候会忽略制度需求者的金融意愿，从而多方面表现出制度供给上的错位和不足，存在较为明显的市场化收缩效应，使农村金融服务的供给严重滞后于农村金融需求。

3. 渐进性

"诱致性制度变迁[1]是指现行制度安排的变更或替代，或者新制度安排的创造，是由单个行为主体（个人或利益集团）在给定的约束条件下，为确立预期能导致自身利益最大化的制度安排和权利界定组织实施的自下而上的制度创新，是个人或群体在响应由制度不均衡引致的获利机会时所进行的自发性变迁。它以排他性的产权结构与分权型决策体制为制度条件。诱致性制度变迁是制度变迁的基础，它强调的是制度变迁的经济性原则。与此相反，强制性制度变迁是指政府借助行政、经济、法律手段，自上而下组织实施的制度创新，它可以纯粹因不同选民集团之间对现有

---

[1] 王宝珠，冒佩华.塘约金融：农村金融改革的突破——一个诱致性制度变迁的视角[J].贵州社会科学，2018(7): 158-162.

收入进行再分配而发生。它以非排他性的产权结构和集权型决策体制为制度条件。强制性制度变迁是制度变迁的补充，它偏重于适应面较广的制度变迁。"总之，强制性、诱致性制度变迁都有渐进和激进这两种方式。

从我国农村金融制度变迁的轨迹看，渐进式的特征主要体现在以下几个方面：第一，不改变农村金融现有的利益关系和制度体系，不触及农村金融产权问题，只是在当前的制度框架中引导专业银行向商业银行过渡和转型，注重对当前农村信用社的运营和管理进行一定的规范安排，推动农村政策性金融机构的建立和发展，稳定、持续地推进农村证券和保险等相关业务，进而推动农村金融的综合性改革。这一行动和表现都能够体现出由易到难、稳步推进的原则。第二，我国改革开放的大门已经打开多年，并且为国家发展带来了可喜成果，但是农村金融的改革更多地侧重于技术调整，制度改革的内核部分还是没有受到影响，或者是没有触及更深的层面。总之，在推动农村金融发展中，采用渐进式的改革模式能降低改革摩擦成本，但是这样的制度变迁会导致发生产权模糊不清的问题，影响到农村金融组织的可持续发展。

4.滞后性

滞后性指的是农村金融制度的发展明显落后于经济制度的改革。我国在构建和改革农村金融制度的过程中，很大程度上是对农村经济制度的模仿，这样的模仿形式就带有较为明显的滞后性。改革开放以来，农村经济制度实现了巨大变革，而且变革的方向是自下而上的，在改革中起重要作用的主体呈现出多元化趋势，并且在经济发展中起到了关键作用，也让农村经济和金融市场的改造有了明显的效果。有效实行和推广家庭联产承包责任制，使农村劳动生产效率大幅提升，满足了农民发展的所需所求。乡镇企业和个体户的蓬勃发展，能够对大量的剩余劳动力进行安排，推动了产业转移，也使经济结构的调整目标得以实现，种种举措都让农村金融体制的改革进入了黄金发展时期，并且逐步深入发展。从上面提及的信息能够看到，农村金融制度和农村的经济体制有着极大的区别和反差。政府在金融制度的制定中发挥着主导作用，而且展开的是有别于经济体制的自上而下的改革，这样的情况造成的一个最为明显的现象是出现管理错位。对此，农村经济制度变迁，让农村地区经济主体的产权关系逐步趋于明确化，但是金融制度变迁却让产权关系变得模糊，二者的矛盾证明滞后性问题亟须解决。

农村金融制度改革有明显的滞后性，而在滞后性的影响之下农村的金融抑制问题更加普遍，并且直接影响到农村经济的发展和进步。造成农村金融制度变迁滞后

第三章 农村金融法律制度基础理论探析

于经济制度变迁的原因包括以下两个方面。第一，在改革的初期阶段，我国农村的金融制度被国有金融垄断，这就导致农村金融体制内部缺少推动金融制度改革的利益团体，各项改革工作要想得到全面的贯彻落实，就需要实质部门给予强制性的压力，并以此来推动发展。第二，金融制度改革创新的主体在制度改革和改革知识的掌握上有着明显的缺陷和不足。要想彻底从计划经济体制中解放出来，形成与市场经济发展相适应的金融制度还需要很长一段时间，同时需要过渡期和适应期。政府在这个工作过程中受计划金融制度的影响较大，在市场性金融制度改革和改革当中，应该注意和把握哪些方面还没有较大的知识库存，这些限制导致了制度建设难以脱离计划经济，并且仍然受到计划经济的影响，无法彻底摆脱计划经济的约束，从而形成了明显的滞后性。

（二）农村金融制度改革启发

1.农村金融制度改革和农村经济发展相一致

社会经济总体目标的达成，必须要有相应的制度安排来提供保障，在制度安排发挥作用的过程中，差异化的制度安排产生了截然不同的经济结果。目前需要认识到的一个问题是农村金融制度的改革进程必须与农村经济发展相适应、相协调。在设计制度的目标时，必须和市场中经济人的偏好相协调，尽可能地将公共和个人利益进行平衡，建立完善的激励机制来保障目标的达成，从而确保制度改革效果。从本质上讲，创新是一种支持力量和激励力量，这就需要在进行改革时，在保障微观主体利益的获得基础上，切实保护公共利益，并将这一内容作为改革工作的前提。

2.发挥政府在农村金融制度改革中的功能

农村金融制度创新改革要想获得理想的效果，其核心内容是要转变制度改革的模式，将原本的政府主导变成充分发挥政府在制度变革中的职能，同时要重视市场调节作用的发挥，使政府、市场农村经济发展相协调，在满足农村金融发展多方需要的同时，也使金融制度的整体性功能得到发挥和保护，从而改变金融制度不均衡的现状。政府是国家权力的中心，也是推动制度变迁的第一行动集团，无论是站在哪一个角度和位置，政府都必须在推动农村金融制度变迁和改革中注重发挥自身职能，承担管理的责任和义务，具有提高我国农村金融市场建立和创新发展的强大动力，具有可以对我国的市场经济体制和国家发展利益进行全面保护的要求，更是要担当社会责任。在市场经济体制深入发展的进程中，政府需要转变自身职能，善于发挥自身看得见的"手"的巨大效用，加大对农村金融市场的扶持，并在制度设计中给予保障。例如，政府可以对农村的金融机构给予税收优惠政策的支持，使这些农村金融机构可以在涉农业务的处理当中更加主动、积极。此外，需要注重发挥市场这一只看不见的"手"的作用，减少不必要和不恰当的行政干预，为农村金融改革营造良好的环境。另外，还有一点需要引起重视，即农村金融制度的创新改革必须要尊重农民的意愿，并且将农民的这些意愿和要求融合进整个金融制度体系中，让农民群体的需求得到满足，也让他们的集体智慧得到施展。

3. 制定科学明确和合理的农村金融改革目标

农村金融制度改革目标的制定必须从整体上着手，站在全局的角度关注农村金融市场的构建、完善和发展金融机构的功能、保障机构体系的整体运行水平，不能单纯地整合或者是撤并金融机构，否则完成的只能是外在的改变。农村金融改革目标的制定是否合理有效，在很大程度上能反映出国家在推动农村经济体制改革和政策变迁中所必备的能力和认知程度。长期以来，农村金融改革和制度的创新之路都将主要方向放在机构变革上，不重视对金融机构的功能进行保护和发展，主要措施是整合或者是撤并机构，这些方面的机构改革和行动仅仅是进行形式上的改变，没有静心思考关于我国农业和农村经济发展实际的相关问题，也没有结合农村的实际金融发展状况，更是影响到农村金融机构功能的有效发挥。在农村金融改革的过程中，实际功能的完善才会带来实质上的改变。例如，在1978年以前，我国的农业银行经过了三起三落，这一事件就证明了促进功能完善对农村金融改革的重要性。一般情况下，金融机构可以进行自我管理和调整，而金融机构本身的内在功能是较为稳定的，进行功能的完善才是触及核心部分的举措。在农村金融改革工作的具体实施中，需要从机构改革的观念和做法中跳出来，从新的角度出发，深层次地思考农村金融制度的变革，在系统功能层面重新审视发展方向，牢牢把握住工作的核心就是完善农村金融机构的功能，从根本上确保运行质量和效率，使统筹兼顾的原则得到践行。在这样的行动支持之下，相信我国农村金融系统中出现的结构不平衡问题能够得到顺利解决，各项金融资源的分配和利用水平也能得到提高，进而达到总体上的资源配置平衡和稳定状态。

4. 解决农村金融改革中的主要矛盾

从总体角度出发，我国推动农村金融体制的改革需要与经济和金融体制改革的方向实现一致，努力沿着市场化改革之路前进。例如，中国农业银行按照现代企业制度的要求，展开市场化及股份制的改革，并对经营机制进行转换，从而确保金融运行的效率和效益；农村信用社坚持因地制宜的原则，并根据自身发展需求和农村金融发展现状探索多种产权制度，从而和地区经济发展相适应，积极构建与管理水平和经济发展水平协调一致的组织和运行机制。在市场经济环境和条件下，农村金融机构成为市场经济的主体，为了实现自身利益最大化，往往会将贷款投向于非农产业，或者是城镇地区。就我国现阶段的农村发展而言，农村地区的小农生产方式仍然广泛存在，规模运营尚未形成，这造成了农业生产的利益低下，也使农民群体处于弱势地位，而且农业生产要想从正规的农村金融机构当中获得金融服务和资金的支持，存在较大的困难。这就是在农村金融改革中无法回避的难题和亟须解决的问题，所以必须改变二者之间存在的矛盾。在解决这一矛盾时，农村金融机构要全面展开制度创新工作，推动自身的可持续发展，并对配套设施进行完善和优化配置，努力营造一个良好的金融制度环境。在形式和内容方面的创新，还需要在具体的实践中进行探究和解决。

第二节 农村金融法律制度内容梳理

一、《中华人民共和国农业法》对农村金融的规定

《中华人民共和国农业法》对农村金融有了原则性的规定。《中华人民共和国农业法》第四十五条规定："国家建立健全农村金融体系，加强农村信用制度建设，加强农村金融监管。有关金融机构应当采取措施增加信贷投入，改善农村金融服务，对农民和农业生产经营组织的农业生产经营活动提供信贷支持。农村信用合作社应当坚持为农业、农民和农村经济发展服务的宗旨，优先为当地农民的生产经营活动提供信贷服务。国家通过贴息等措施，鼓励金融机构向农民和农业生产经营组织的农业生产经营活动提供贷款。"其给出的关于农村金融的原则性规定指出国家要建立健全农村金融体系，并且要求农村的金融机构加强对涉农业务和对农民的资金支持，鼓励农村信用社充分发挥自身发展服务的功能，让"三农"都能够从中受益和获得发展。与此同时，《中华人民共和国农业法》中也提及国家会采用多种方式来给予农村金融发展方面的支持，让他们少一些后顾之忧。以上这些规定为农村金融的发展提供了非常稳定和实在的法律基础，使农村金融在发展中拥有一定的法律依据。

二、构建确认农村金融机构主体地位的法律

商业性、政策性以及合作性金融这三种农村金融机构的类型都是农村金融体系中

不可缺少的部分，而每一种类型都有相关法律来肯定和确认它们的主体资格。

第一，《中华人民共和国商业银行法》确认农村商业性金融机构拥有主体资格。除此之外，中国人民银行发布的《关于进一步规范股份制商业银行分支机构准入管理的通知》规定："股份制商业银行不得在县（含县级市，下同）及县以下设立机构，但因收购或兼并中小金融机构确需在县及县以下设立机构的除外。股份制商业银行因收购中小金融机构在县及县以下设立机构的，由人民银行各分行、营业管理部比照新设机构的条件进行审批，并事前向总行备案。"

第二，对于农村政策性金融机构没有针对性的法律规定，确认农村政策性金融机构主体地位的规范性文件可以散见于国务院的一些决定和通知中。1993年12月，国务院发布的《关于金融体制改革的决定》确定组建国家开发银行、中国农业发展银行、中国进出口银行等三家政策性银行。1994年，国务院发布的《关于组建中国农业发展银行的通知》《中国农业发展银行组建方案》是关于农业发展银行机构、业务、财务制度等层面必须要认真遵守的规章制度。

第三，农村信用社可谓是我国广大农村地区最为基本和普遍存在的合作金融机构，但是针对这一机构的专门性立法是不存在的，确认农村合作金融机构主体地位的规范文件散见于《中华人民共和国中国人民银行法》《中华人民共和国银行业监督管理法》等国家较为重要的金融法律法规。

关于农村信用社规范文件的主体是部门规章，而它的主管机关在整个历史变革中进行了多次更换，不同的主管机关制定了大量相关的规范性文件予以支持和管理。例如，1995年，作为农村信用社主管机关的中国农业银行颁布《农村信用合作社等级管理试行办法》；1996年，国务院农村金融体制改革部际协调小组在对农村信用社实施管理时颁布《农村信用社与中国农业银行脱离行政隶属关系实施方案》；1997年9月，中国人民银行作为农村信用社的主管机关颁布《农村信用合作社县级联合社管理规定》；2003年，国务院颁布《深化农村信用社改革试点方案》，同时开始在今后的工作中颁布其他相关的规范性文件。

对于新型农村金融机构来说，2006年底银监会（现中国银行保险监督管理委员会）发布的《关于调整放宽农村地区银行业金融机构准入政策，更好支持社会主义新农村建设的若干意见》及2007年1月颁布的《村镇银行管理暂行规定》《贷款公司管理暂行规定》《农村资金互助合作社管理暂行规定》等都能够为其提供依据。

第三章 农村金融法律制度基础理论探析

三、我国农村金融信贷信息共享机制方面的规范性文件

针对农村金融信贷信息共享机制❶的专业化文件非常匮乏，主要集中在中国人民银行在 1999 年和 2005 年分别发布的《银行信贷登记咨询管理办法（试行）》及《个人信用信息基础数据库管理暂行办法》。除此以外，2005 年 11 月，中国人民银行办公厅发布的《关于规范商业银行取得个人信用报告查询授权有关问题的通知》中提出了限制商业银行使用个人信用信息的规定。

四、农村金融担保机制方面的规范性文件

我国农村金融市场存在的实际风险较大，所以在农村金融业务中的贷款担保工作就必须考虑到抵押品的问题，从而有效地降低风险。关于农村金融担保机制方面的文件有《中华人民共和国合同法》、《中华人民共和国担保法》及其解释、《中华人民共和国物权法》等。《中华人民共和国物权法》第一百八十条规定"以招标、拍卖、公开协商等方式取得的荒地等土地承包经营权"属于可抵押财产范围，但是有一定限制。第一百八十三条规定"乡镇、村企业的建设用地使用权不得单独抵押。以乡镇、村企业的厂房等建筑物抵押的，其占用范围内的建设用地使用权一并抵押。"第一百八十四条规定"耕地、宅基地、自留地、自留山等集体所有的土地使用权不得抵押，但法律规定可以抵押的除外"。第五十三条："通过招标、拍卖、公开协商等方式承包农村土地，经依法登记取得权属证书的，可以依法采取出租、入股、抵押或者其他方式流转土地经营权。"

在整个农村金融市场尤其是正规的金融市场中，关于信用担保的内容是十分少见的。我国和信用担保相关的农村金融业务处理更是缺乏文件和条款作为依据。针对农村信用社的金融业务，最主要的依据是中国人民银行在 1999 年 7 月、2000 年 1 月及 2001 年 12 月制定和发布的《农村信用社农户小额信用贷款管理暂行办法》《农村信用合作社农户联保贷款管理指导意见》《农村信用合作社农户小额信用贷款管理指导意见》。银监会（现中国银行保险监督管理委员会）在 2004 年和 2006 年分别发布了《农村信用合作社农户联保贷款指引》《农村信用社小企业信用贷款和联保贷款指引》。另外，我国还开展了中小企业信用担保实践，虽然这项措施没有取得显著效果，但是由于乡镇企业大多属于中小企业的范围，这一实践对其仍然适用。

---

❶ 田俊丽. 中国农村信贷配给及农村金融体系重构[D]. 成都：西南财经大学，2006.

五、农村金融监管法律

第一,《中华人民共和国中国人民银行法》是关于金融机构监管的重要法律,而且这部法律也确立了中国人民银行拥有金融监管的权力,并且在银行业金融机构运营风险或经营困难事件发生后,可以在国务院的批准下对其进行检查监督,从而维护好金融发展的秩序,提高金融发展的稳定性。另外,在另一部法律即《中华人民共和国银行业监督管理法》中也指出,银监会(现中国银行保险监督管理委员会)及其派出机构也需要承担相应的金融监管职责。

第二,农村金融监管对象包括商业银行、政策性银行和合作金融组织这三个类型,所以金融监管的主体在实际的监管工作环节中需要具体问题具体分析,分别依照对应的法律法规来执行监管职能。中国农业发展银行要依据《中国农业发展银行章程》;农村信用社依据《农村信用合作社管理规定》《农村信用合作社农户小额信用贷款管理指导意见》;农业银行、邮政储蓄银行依据《中华人民共和国商业银行法》等。

第三,按照《中华人民共和国银行业监督管理法》,银监会(现中国银行保险监督管理委员会)能够按照法律、行政法规发布针对银行业金融机构各项业务活动实施监管的规章、规则。例如,2003年9月,银监会(现中国银行保险监督管理委员会)发布《农村商业银行管理暂行规定》《农村合作银行管理暂行规定》等,其在开展具体的监管工作时,可以按照自身制定的规章、规则展开实际的工作实践。

六、建立农村金融法律制度与新农村金融制度构建关联

(一)新农村金融体系构建方向和进程

1.新农村金融体系建立完善的方向、思路

党的十六届六中全会通过了《构建社会主义和谐社会重大问题决定》,从这个时候开始,关于新农村建设的问题被提上日程,并且成为构建和谐社会的首要工作任务。全面推进社会主义新农村金融体系的建立又是推动新农村建设、推动农村整体经济发展、切实保障农民切身利益的首要工作环节。因此,针对新农村金融体系建立方向的问题需要注意把握下面几个问题。

首先,树立科学的农村金融发展观,并在其指导下开展各项实践活动。农村金融发展观要求实现农村金融机构的可持续发展,并在这一观念的指导下进一步拓宽金融服务范围,增加涉农贷款。

其次，要尊重市场取向。几十年来，党和国家都在积极探究农村金融改革之路，而且在改革中也积极吸取其中的经验教训，坚持和尊重市场取向，注重激发农村金融机构的自觉性和创造性，使他们能够踊跃参与到农村金融的发展中，使新农村建设的金融需求得到最大程度的满足。

再次，坚持分类指导的原则，综合性地分析城市金融及农村金融在发展中存在的差别，不能将针对城市金融发展的方针政策套用到农村金融发展中，也不能将二者的金融体系建设混为一谈，必须全面贯彻落实分类指导原则。

最后，多项政策协同一致，共同支持。农村金融体系验收工作要想和农村经济发展相适应，并且密切贴近国家国情，需要一个长期努力的过程，这是一项兼有系统性和综合性的工作任务，涉及的金融工作任务和机构复杂多样。因此，在实际的金融体系构建中，要做到多项政策协同一致、相互呼应和共同支持。

2. 新农村金融体系建设进程与弊病

第一，农村金融的组织体系。从2006年开始，带有行政许可性质的细则开始出台，并且在广大农村地区进行贯彻与落实，同时得到了国务院的批准，在全国各个省进行试点改革，将低门槛及严格管理作为根本性准则来推进与新农村金融改革相关的工作。在社会主义新农村金融的创新与发展中，农村金融机构市场准入标准逐步降低，这也使农村地区的金融体系日趋完善，取得了非常显著的改革成效。我国逐步形成了"正规金融与非正规金融体制并举，非正规金融作用凸显；并以合作金融为核心，政策金融和商业金融共同发展"的农村金融体系。

第二，农村金融的产品、服务。在整个金融行业中，金融产品是最为有效的工具，要想积极推进社会主义新农村金融体系的构建，首先必须将着力点放在金融产品上。我国目前的农村金融产品主要有贷款、汇款及储蓄这几类，站在总体的角度进行分析发现，这几类金融产品在具体的投入方向上并不明晰、产品研发观念死板、眼界比较狭窄，从而导致综合性和高层次的金融产品较少、金融服务的情况不很理想。可以说，农村金融机构发展缓慢是一个无可争辩的事实，更是当前必须面对的现状。还有很多经济水平较低的农村只拥有极少数的农村信用社和邮储银行，而且这些农村的金融机构能够为农民提供的服务和所承担的职能都相当单一。在这一现状的影响之下，金融机构的发展缺乏运营资金的支持，而农村经济要想获得飞速发展，所需的资金也难以到位。农村金融机构贷款门槛相对较高，而高门槛的设置会让农户和中小型实力较低的企业望而生畏，它们无法到达准入标准，也难以得到相关贷款资金的帮助，从而制约了广大农户和农村地区中小企业的可持续发展，使城乡差距逐步增大。另外，一些农村地区金融机构的业务人员不具备较高的综合素质，其业务能力和职业素养有待提升，影响到新型金融服务体系的建立。

第三，农村金融监管体系。农村金融监管制度尚不健全，尤其是针对当前我国农村金融监管的立法更是少之又少，仅仅局限于《中华人民共和国人民银行法》《中华人民共和国商业银行法》《中华人民共和国农业法》《金融违法行为处罚办法》等，以上每部法律中都有与金融监管相关的问题，但是均主要涉及的是原则性的规定，具体的执行细则有待探讨。当前，农村正在进行社会主义新农村的建设，这也在很大程度上推动了农村金融的发展，并且使新兴金融产品和服务以异军突起的姿态发展起来，那么上面这些原则性的条款在实际应用中，就会显得力不从心。涉及的民间金融监管（如农村地区较为严重的高利贷问题），往往不能按照法律规定的具体条款对其进行监管，只能按照社会道德去约束，这样就会降低管理效率，也难以真正发挥法律的约束力。就当前金融监管结构而言，其相应的规定与章程大多属于部门规章，在实施过程中缺乏权威性，导致农村金融监管体系建立的目标得不到实现、监管效用得不到切实发挥。

（二）农村金融体系发展现状二维分析

1. 横向：正规、非正规二元金融并存，非正规金融突出

按照法律约束进行分类，农村金融体系可分为正规和非正规这两种主要类型，二者具有相互对立的特点。正规金融即按照国家的相关法律政策建立、符合相应的准入条件，并受到法律约束和其他部门监管的金融机构。非正规金融则与之相反，其在性质上属于自发民间信用方式，主要是指民间借贷。在当前的金融法制工作中，关于农村金融体系的法律制度仍然存在明显不足，而且金融机构在信用机制的构建方面过于死板。在这种状况下，非正规金融获得飞速发展，而且和正规金融相比，也存在明显的优势。第一，非正规金融机构处理业务的手续正趋于完善，服务的质量和效率大大提升；第二，贷款的程序非常简单，能够满足较为紧急的贷款需要；第三，借款期限非常灵活，能够让广大农户灵活机动地选择适合自己的金融产品；第四，非正规金融机构的覆盖面呈现逐步扩大的趋势，其影响范围极广，使多个地区都能有效地享受到金融服务产品；第五，有着极高的本金收回率，能够保障用户的资金安全。通过对以上优势的总结，我们能够清楚地认识到非正规金融能极大地推动我国农村金融体系的发展，也能通过发挥其优势为农村金融体系的构建提供有力保障。

2. 纵向：合作金融为核心，政策与商业金融多层次协同发展

我国的金融机构分为商业性、政策性和合作金融机构三个大类。商业性金融机

构是国有独资的商业银行（如中国农业银行），另一种是农村商业银行。

农村政策性金融机构主要是中国农业发展银行。中国农业发展银行是国家重要的政策性银行之一，大多由各国政府建立并所有，用来缓解农村资金欠缺，发挥促进农村发展和反贫困的作用。它们在政府政策指令下，将稀缺的政府财政资金和接受的捐赠资金以低于市场水平的利率输入到农村部门。

农村合作金融机构包括以下三个类型。

第一，农村信用社。在农村合作金融机构中，农村信用社是其最为主要的组织形式，也是在全国法人机构中机构数量、从业人员及分布范围最多且最广的金融机构。与其他农村正规金融机构相比，农村信用社是唯一一个直接与农户和农业展开业务往来的金融机构，对农村和农业经济的发展提供了丰富的金融服务和支持，并逐步发展成为农村金融发展的中坚力量和主力军。

第二，农村合作银行。农村合作银行是农村合作金融机构的另外一种组织形式，也是农信社改革进程中出现的一种金融机构，它往往出现在经济发展水平相对较高、贫困幅度下降明显，以及农户商业化行为程度较高的地区。

第三，新型农村金融机构，如农村资金互助社。新型农村金融机构承担着非常重要的工作任务，需要通过新型机构的建立来解决金融机构网点覆盖不充足的问题，让生活在不同地区的农民都能够同等地享受到金融服务，同时需要提高金融资金的供给水平，以解决供需失衡的相关问题。

纵观以上三个大的类型，农村合作金融机构在农村金融的发展中起着关键性的作用，而且也是唯一能够和农户及农业生产展开直接性金融业务往来的机构，它也注定将会成为农村金融发展坚不可摧的支持力量。

（三）农村金融发展历史遗留问题

1. 非正规金融的法律地位含混不清

法律规定，"民间借贷的利率可以适当高于银行利率，但最高不可超过同类贷款利率的四倍。"除了上面给出的规定以外，也有一些与金融相关的法律明确指出"先把利息扣除的行为属于不合法行为"。但是很多不合理行为包括高利贷、现扣利等在某一特殊情形之下，呈现了合法化的发展趋势。例如，如果借款人急需资金，但是在短时间内或者是不符合正规金融机构准入条件中的标准和要求，在急需资金的情况下只能选择民间借贷这种方式，那也只能被迫接受高利率。为了快速得到资金支持，借款人会在借款合同中写下自己能够接受现扣利或者是高利贷的条件。当双方出现纠纷后，即使是将纠纷诉讼至法院，也存在着现扣利或者是高利贷行为，由于在借款书面合同中有直接证据证明这份借款书面合同是双方协商并签订的，具有合法性，那么这一事件的实质违法行为就不能够清楚地体现出来。法院在审理案件时，会把借款合同作为主要依据，那么借款人的实际权益就得不到保护。针对这一问题，大量的学者在研究中提出，法院在查处相关违法行为时必须从实质和深层次的问题着手分析，而不是把握貌似和基本上的公平，要看到在这个事件中借款人实际上是处于不利地位的，而且他也是在被迫的情况下签订了这一借款合同，合同也呈现了不公平的内容。在对借款合同的公平性进行审查时，需要耗费大量的人力。但是，就当前司法资源而言，其还没有担当这一重任的能力。因此，传统非正规金融的法律地位存在含混不清的历史遗留问题，这也是在今后的农村金融发展探索中努力的方向。

2. 农村合作基金会探索有偏差

随着人民公社的解体，农村金融发展的需求得不到有效满足，并制约到金融行业的发展，而农村合作基金会❶就是在这样的情形下产生的。农村合作基金会为乡镇企业的兴起和飞速发展发挥着积极的促进作用，它为农村各项产业的发展提供资金贷款。在这一过程中，镇政府也采用直接贷款或者提供担保的方法兴建起一大批乡镇企业。但是，这样的局面没有持续很长时间，从1995年开始的三年紧缩让整个农村金融市场的环境发生了翻天覆地的变化，这个变化也为中小企业的发展带来了极大的挑战，再加上企业经营不善和管理等问题，大量的农村中小企业开始破产，而且这样的状况在全国范围内都是普遍存在的。在这样的形势下，地方政府的债务负担加剧，而地方政府债务的极大部分都属于农村合作基金会。直到1999年1月，国务院正式宣布取消农村合作基金会这一机构，这一决定得到了快速的贯彻实施，但是由此引发的问题更为棘手。在缺少风险准备金支持的情况下，大面积的坏账得不到有效处理，同时由于没有做好风险防范和处理工作，乡镇政府面临巨额负债，进而造成政府信用破产、资金运转困难的严重后果，这在很大层面上加剧了民间高利贷等违法行为的发生。

---

❶ 赵学军.农村合作基金会兴亡的再探讨[J].金融评论,2018,10(1): 1-10, 124.

第三节　农村金融法律制度立法缺陷

一、农村金融立法的技术缺陷分析

要想扩大新农村的金融市场、积极推动市场改革，当务之急是对我国农村的金融法律制度进行完善和创新。通过对我国农村金融法律的发展现况进行分析可以了解到，与农村金融发展相关的制度没有发挥其应有的扶持和监督功能，导致农村金融发展受到不良影响。因此，对我国当前的农村金融法律法规的建设现状展开分析是十分必要的。农村金融法律制度的立法缺陷是客观存在的，主要集中在以下几个方面。

首先，农村金融法律位置偏低，缺乏信服力。《中华人民共和国农业法》属于农业基本法，但在这部农业基本法律中没有与农村金融市场、金融机构相关的规定。为了确保立法的完整性，就需要选用和其位阶相同的立法对农村金融相关事宜进行明确的规定。但是很显然，现有的农村金融法律位阶较低，不具备良好的信服力和权威性，不能达到农村金融法律体系建设的要求。

其次，立法数量严重不足，存在立法空白。农村金融事业的进步离不开法律制度的保障，而制度性的保障是其根本。但是，对我国目前存在的基础性立法进行分析发现，农村金融体系的建立只是在农业基本法中被粗浅地提出。其中，提及的这部分内容可以从三个方面进行理解。第一，农村金融机构要加大对当前工作的支持，对相关的金融服务和产品进行完善，为"三农"提供资金充足及服务完善的信贷支持；第二，农村信用社必须将服务"三农"作为根本性宗旨，体现出为"三农"提供优先服务和支持的内容，充分发挥支农功能；第三，国家在政策上采取贴息等综合措施，以鼓励农村地区的广大金融机构能够支持"三农"发展，并为其实际经营活动提供贷款支持。

当前法律还存在很多不完善的地方，其中一个非常突出的问题就是没有准确地定位农业发展银行的性质和法律地位，那么农业发展银行在农村金融市场的实践过程中就会不可避免地出现角色冲突问题。从《中国农业发展银行章程》中可以看出，其对中国农业发展银行进行了两次定位，同时包含了政策性及商业性两个方面的性质："中国农业发展银行是直属国务院领导的政策性金融机构""中国农业发展银行为独立法人，实行独立核算，自主、保本经营，企业化管理。"前者确定其具有"政策性"，后者确定其具有"商业性"，这也使农业发展银行的属性成了一个亟需确定的问题。1998年3月，在国务院把原本由中国农业银行承担的农业专项贷款、附营业务贷款等业务划转给中国农业银行之后，中国农业银行履行的主要职能仅仅是棉粮油收购的资金封闭管理。2004年5月，我国国内的粮食流通体制发生了巨大转变，并逐步向全面市场化方向过渡，这样的转变对中国农业银行发展有着巨大的冲击力，也使其在这一领域的业务量呈现明显下滑趋势。为了改变这一现状，在2004年之后，中国农业发展银行展开了商业性业务探索，并获得了（现中国银行保险监督管理委员会）银监会的批准。这些现象都明显地体现出农业发展银行所处的尴尬地位，以及它不得不面临的角色冲突。

再次，立法技术与农村金融差序格局矛盾尖锐，立法缺乏可操作性。就目前我国农村金融发展条件而言，健全农村金融市场存在较大的难度，其主要原因是在贷款担保和农村金融的信贷信息共享机制等方面缺乏完善的法律规范，这就使农村金融市场的构建得不到完善的法律法规的支持。就现行的规范性文件而言，与这两个方面相关的规定其法律位阶过低，难以满足现实情况的需要。

目前我国缺乏关于农村正规金融市场、农户贷款担保等规章制度。仅仅有《中华人民共和国合同法》《中华人民共和国担保法》《中华人民共和国物权法》分别在借款合同、担保工具、可抵押与不可抵押财产范围做出规定。然而，真实的现状远远不够理想，农民拥有的具有较高价值的担保物主要是承包土地权、宅基地使用权等，也可以说这些是农民获得贷款的基础，同时是农民财产权利的体现。但是，现有法律对这些内容给出了限制，让农民有效贷款目标的实现有了巨大阻力，也难以实现农业的快速进步。例如，《中华人民共和国物权法》规定不得作为抵押的财产有"（一）土地所有权；（二）耕地、宅基地、自留地、自留山等集体所有的土地使用权，但法律规定可以抵押的除外；（三）学校、幼儿园、医院等以公益为目的的事业单位、社会团体的教育设施、医疗卫生设施和其他社会公益设施；（四）所有权、使用权不明或者有争议的财产；（五）依法被查封、扣押、监管的财产；（六）法律、行政法规规定不得抵押的其他财产"。

最后，农村金融的监管机制有待完善。就我国当前农村金融监管机制的发展而言，还存在金融监管机制不完善和不健全的问题，在与之相配套的法律制度中，涉及金融监管方式和内容等方面的规定不够完善，也没有对监管部门的金融监管标准进行统一，不同的监管部门在实施监督和管理工作时不能按照统一标准来进行严格要求，也不能做到有效协作和信息的共享，影响了监管质量。

农村金融和城市商业金融运用的是同样的法律，并均由银监会（现中国银行保险监督管理委员会）负责监管，在金融业务和管理方式上还存在较为显著的混合状况。农村金融是一个相对特殊的金融体系，但中国银行保险监督管理委员会却否定了相同的监管目标，这一问题值得商榷和考量。《中华人民共和国银行业监督管理法》中规定中国银行保险监督管理委员会的监督管理目标要包括以下内容。第一，确保整个银行业稳定运行，提高广大人民群众对银行业的信心；第二，促进银行业的良性竞争，提高行业整体竞争水平及发展水平。中国银行保险监督管理委员会提出的金融监管目标是适用于城市的金融体系，如果将同样的监管目标应用到农村金融监管中，就会出现错位问题，而且也会出现监管不合理的情况，这是因为农村的金融行业在性质和功能方面都明显地区别于城市金融。中国银行保险监督管理委员会必须要认识到二者的本质区别，在农村金融的监管中侧重于服务，并制定明确的服务方向、不断扩展金融服务领域。将城市商业金融和农村金融混为一谈的做法，会直接造成农村金融功能弱化，更是难以发挥农村金融体系在服务国家经济发展中的巨大效用。

二、我国农村金融立法缺陷的具体表现

首先，农村金融机构立法缺陷。法律是农村金融赖以持续稳定发展的依靠。从基础立法的层面看，国家仅仅在《中华人民共和国农业法》中规划了农村金融体系建设的长远目标，在法律条款中强调了农村金融机构要给予"三农"良好的信贷支持，并为其设置相应的工作任务。另外，国家还指出，采用国家优惠政策的方法来对农村金融体系的构建和完善给予干预。从理论层面进行分析，这一文件对农村金融体系的发展给出了相关依据和基础，可以说这一文件为农村金融体系的发展奠定了较为坚实的基础并为农村扶贫金融提供了相关的法律保证。但不得不提的是条款的实践指导性差，其不能在农村金融体系建设中针对具体的实践活动给出指引，并且需要后续文件的出台来提供支持。关于农村金融监管的规定仍然存在立法空白，整体的法律框架和根基都没有形成。同时，关于农村金融的法律条款不能清楚地确定农村金融主体的位置，其性质也没有准确的定位，大量的法律条款只是有所涉及，并没有做出详细地说明。而且，条款中没有明确指出农村商业银行在整个农村金融体系中所承担的特殊职能，因此探究农村商业银行能否适应当前农村金融体系发展仍然是努力的方向。按照上文的描述，我国在法律上并没有对与农村发展相关的金

融机构的金融层次、法律层次等给予明确说明。与此同时，在立法方面，针对民间金融存在的排斥和保守的态度，自然也不会对其提供相应的法律依据。这样的立法存在明显缺陷，忽视了民间金融发展的现实需求和发展状况，而且对于民间金融的排斥态度会导致我国的农村金融市场出现大规模和性质严重的竞争不平衡状况，农村金融市场要想建立和稳定下来具有相当大的难度。

其次，农村金融产品、服务立法缺陷。当前，我国并没有为农村金融服务和产品建立一个非常完整的法律制度，那么金融机构在提供服务和产品时就不能做到有法可依，可见其反映出明显的立法缺陷：农户小额信用贷款是一个重要的金融产品，也是农民在生产生活中需要的一种金融服务，但是在这一方面，法律规定有明显的疏漏和偏差，法律并没有对小额贷款的区间和范围给出明确说明，在实际执行中，很容易出现操作标准和监管标准不统一的矛盾。对于中小企业信用担保机制这一重要的农村金融服务，国家并没有在立法方面给出制度构建的框架，而出台的相关内容大多是地方性的政策和文件，如果立法的层次和执行效率都得不到保障，那么形成对中小企业及乡镇企业信用担保的服务保障目标是很难实现的。除此以外，还存在农业保险立法空白的问题，这是一个非常严重的制度缺失，而且关系到农村金融市场稳定和农民发展的核心内容。通过农业发展的模式，我们清晰地看到农业发展抵御自然灾害的能力较差，与之相对应的农村金融市场发展和金融体系的建立仍然会受到自然灾害的严重制约，因此针对这一情况来设置农业保险的相关金融产品和服务以及进行明确的法律规范就显得十分必要。但现实状况是，只有在《中华人民共和国保险法》一百八十四条当中指出了这一内容："国家支持发展为农业生产服务的保险事业。农业保险由法律、行政法规另行规定。"除此之外，关于农业保险的法律一直处在半空白的状态，至今仍然没有对其展开专门立法。

最后，农村金融监管立法缺陷。农村地区金融监管难度较大，监管部门较为混乱，而且农村金融法律中并没有和农村实际相符合的监管准则。按照上面的分析，我国尚未建立完善的农村金融制度对农村金融市场的发展进行规范，当前法律中存在的条款大多属于硬性规定，实践性不强，而且法律位阶较低，导致在实际农村金融监管中还是以《中华人民共和国银行业监督管理法》为依据。然而，这些依据在很大程度上是对其他金融系统的生搬硬套和照抄照搬，所以农村金融市场的发展受到严重制约。在对这一问题的认识上，中国银行保险监督管理委员会本身有着深刻体会，因而积极出台相应的措施对工作进行改进。2006年12月，中国银行保险监督管理委员会颁布《关于调整放宽农村地区银行业金融机构准入政策，更好支持社会主义新农村建设的若干意见》，意见指出，要放宽农村金融机构的准入标准，对新设置的银行业法人机构实施监督和引导，同时要对农村金融机构进行考核，评价其在金融服务体系建设方面的成绩。但是，我们不得不认清的现实是，我国对于农村金融的探索仍然处在较低的阶段，距离完善监管体系构建的实现还有很长的一段路要走。

第四章 农村金融法律制度的现状分析

第一节 财政政策支持下的农村金融法律制度

一、基于政策支持的我国金融法律制度变迁分析

中华人民共和国成立以来,在计划经济"大一统"的金融体制下,"商品流决定资金流"的发展模式使金融实际上成了财政的出纳,人民银行甚至一度被并入财政部,中国农业银行作为农村金融的管理机构曾三次建立又三次被撤并,直至1979年才正式恢复。随着改革开放的深入,我国整体的金融体制得到明显改善,金融结构的调整水平得到显著提高,在这样的形势下,金融从财政中独立出来,彻底打破银行业统一的局面,构建出新型金融市场格局。在很长一段时间里,我国将优先实现工业化、加快城市化进程作为发展的核心内容,为了完成这些工作任务,政府将十分有限的金融资源投入其中,由此导致农业反哺工业,农村反哺城市。与此同时,金融体制改革长期滞后于经济体制改革,这一点在农村表现得尤为明显。

"相对于城市来讲,中国模式对农村是相当无情的剥夺""实行长期的歧视性金融制度安排"并非我国所独有。早在20世纪70年代初,麦金农的研究就表明,一些发展中国家的政府为了早日推进工业化,往往采取金融抑制政策。另外,政府在面对财政失灵或者是严重财政赤字的问题时会采取干预和抑制的措施。有学者在研究中明确指出,通过对我国农村金融法律制度的演变和逻辑发展规律进行分析发现,我国农村金融之所以存在发展滞后问题,其根本原因在于制度抑制的长期积累。我国真正开始农村金融改革是在1994年,当时的改革内容主要包括以下几个方面。第一,中国农业银行向国有商业银行转变。第二,国家决定建立农业发展银行,并将其确定为农业服务的政策性银行。第三,有步骤和有目的地建立农村银行。农村信

用社是在和农业银行脱钩、农行从农村撤离后才逐步成为我国农村金融发展主力军的。在上述过程中，财政与金融的关系得到了一定程度的澄清，长期混淆的两者界限开始逐渐清晰。

经过近20年的改革与发展，农村金融虽然取得了较大成就，但与城市金融相比，仍然存在"小而散、风险高、收益低"的特点。一方面，农村金融由于缺乏财政与货币政策的有力支持而发展缓慢。在市场经济的大环境下，采用商业化的运作模式会使资本逐步流向高收益城市，这样就会直接导致农村金融供给不足，不能切实发挥农村金融在促进"三农"发展方面的作用。由于缺乏财政和货币政策的鼎力支持，我国农村金融长期处于自我积累的缓慢发展过程中。另一方面，由于农村地区财政收支失衡，金融在某种程度上扮演了第二财政的角色。在城乡二元经济的发展模式下，因受到公共财政资源缺乏的影响，不少政策性银行会承担部分财政职能。我国中西部地区的地方财政大多数属于"吃饭"财政，很多地区要想维持自身运转必须依靠财政补贴。

基于这种背景和现实状况，在探讨财政、货币政策在推动农村法制创新方面的作用时，就不可以将其简单视为政府（尤其是中央政府）财政投入，货币政策可以简单地理解为利率市场化，"仅就金融谈金融，仅就财政谈财政"很难从根本上解决中国农村金融的难题。本章将试着从财政与货币政策的角度探讨农村金融的改革与创新，并最终将这种支持落实到法律制度层面上。

二、财政政策下农村金融的定位分析

农业与生俱来的弱质性和战略产业特质、农村问题明显的外部性特点，使整个资金支持系统和其他产业相比具有较大差异。在对"三农"的资金投入上，不仅要依靠商业金融发挥作用，还要得到财政、货币政策扶持。通过对不同国家经济发展的实践经验和成果分析发现，要想推动农业的发展、农村经济的进步、农民生活水平的提高以及传统农业社会到现代工业社会的转型升级，就必须将财政支持作为根本依托，有效贯彻落实农业保护和支持政策。"即便是农业高度发达的美国，解决农业问题也是通过国家补助、政府免税、社会资金倾斜和市场手段引导等措施完成的"。在我国农村地区，农户都是通过家庭经营模式来获得收入的，而且收入较低，往往无法得到金融资源的支持，这样的现状导致借款人单一、贷款风险大、交易成本高，从而决定"三农"发展需要的资金不能单纯从市场中获得，亟待国家给予财政支持和货币政策倾斜支持。

（一）财政与货币政策是引导商业金融的基本调控手段

在农村金融体系中，商业金融是其重要的组成部分，但商业金融却难以发挥支持农村经济发展的作用。一方面，农业具有天生的弱质性，自然风险大导致其产出效率低，市场风险大导致其经营成本高，且由于农村产权制度在供给上存在不足，面临着较大的制度风险，难以为商业金融风险转移提供有效途径，导致"三农"成为资金流出的主要领域。另一方面，商业金融作为一类金融资本，与其他资本相比，其逐利性有过之而无不及，在无外力影响的情况下，商业金融必然选择远离农村地区，以有效避免收益低和风险大的问题，所与商业金融缺乏主动对接农村金融的动力。对此，政府必须依赖外部约束和激励机制引导资金流向广大的农村地区和农业产业。

（二）财政与货币政策是政府发展农村金融的重要工具

有学者认为，农村金融行业和金融市场整体发展滞后，不能充分发挥其支持农村经济发展的功能，然而农民为推动国家经济发展支付了成本却不能享受发展成果，这样的现状难以持久。因此，政府在推动农村金融改革和发展中进行适当干预是十分必要的，而且通过世界范围内多个国家农村金融改革的局面和结果来看，政府干预在早期阶段发挥着显著的促进作用。就我国的发展实际和国情而言，正规的大型金融机构在目标追求方面和农村信贷市场不吻合，而在我国农村金融制度改革创新进程中的商业化和市场化倾向更是直接影响其对信贷支农的热情。以上种种因素直接导致我国缺少为农村金融发展提供资金和资源支持的主体，而且农村地区的大量资金和金融资源流入到城市地区，农村和城市出现明显的供需不平衡。因此，采用商业化倾向的政策支持不能有效解决农村金融发展问题，特别是在早期发展阶段，政府必须在其中发挥干预和指导作用，除了要给予物力和财力支持外，还必须深刻思考怎样利用法制创新的方法来增强政府干预的有效性。

20世纪90年代，人们意识到要想培养金融市场，就必须有大量非市场要素的支持。斯蒂格利茨的"不完全竞争市场论"[1]就是因意识到这一问题而做出的回应。从传统经济学理论出发，整个市场是非常自由和不受管制的。在市场中，如果个人追求自身利益的最大化，也会最大化地提升社会福利水平。斯蒂格利茨并不认同这一观点，其原因在于市场参与者难以有效获得充分的信息，而且市场功能并不完善，

---

[1] 陈哲，梁绍东. 基于贝叶斯纳什均衡的政府补贴福利分析——以垂直不完全竞争市场为例[J]. 重庆师范大学学报（自然科学版），2018, 35(4): 7-10.

在实际情况中经常会给人们的利益带来损害。因此，政府和其他机构必须提高对市场干预的重视程度，以便为市场秩序的规范和稳定运作提供保证。不完全竞争市场理论为研究农村金融问题提供了新的视角。如果只考虑市场机制并且完全按照市场规律来发展农村金融市场，那么资本的逐利本性必然导致金融远离农村，因此政府应适当介入并运用非市场化的措施来对资金进行引导，使资金逐步流向农村。当然，政府对农村金融市场进行干预不是推动农村金融发展的最终目的，在金融体制改革完成并真正得到完善后，政府的很多干预措施就可能会对农村金融市场的发展带来阻碍，一旦出现这样的问题，政府必须适时退出。

美国、日本、德国等国家在充分发挥财政政策和货币政策支持农村发展方面均有很多可圈可点之处，但各自有不同的模式。所以这些发达国家的经验，不能直接拿来就用。最理想的状态当然是财政和货币政策在支持我国农村金融中"有收有放，收放自如，各有分工"。换言之，国家财政要在支持农村发展过程中发挥好杠杆作用。财政政策与货币政策是政府意志的体现，金融主要遵循自由市场的要求，明晰各自的边界和功能。尽管这样的方案实施起来有很大难度，但其在农村金融的发展过程中是不可或缺的。

（三）财政与货币政策包含了促进农村金融发展的内在要求

有关财政本质的理解，长期以来存在两种对立的观点。"国家分配论"强调财政应满足国家职能的需要，强调国家作为财政主体的地位，强调财政是以国家为主体的分配活动。而"公共财政论"[1]则强调财政应满足社会公共需要，强调市场力量对财政活动的制约作用，强调财政提供公共服务的特性，强调纳税人作为财政主体的作用。应该说，这两种观点从不同角度揭示了财政的本质，而后者更具有时代性，更符合财政法学"公开和民主"的理念。公共财政与民主政治、法治国家紧密相连，三者又与市场经济的根本要求相契合。"国家分配论"在某种程度上符合现代财政的现实情况，行政机关始终在财政中居绝对主导地位，财政活动的职能主要体现在分配收入、资源配置和宏观调控中。

学术研究的观点有很大不同，背后的立场和理念也有一定的差异，所以我们看到不同特点时，也要看到其中的一致性，如"文化差异性"和"文化相似性"同在。用这种思路来分析财政，那么财政"既是社会财富的分配方式，也是执政当局的施

---

[1] 关健."国家分配论"与"公共财政论"——两种财政本质观的比较[J].知识经济，2016(20):43-44.

政纲领，还是普遍有效的强制规则，因此，它是经济、政治和法律的综合体"。从本质上看，在农村金融发展中给予财税政策的扶持是国家发展战略的内容，各有关部门要重新审视"三农"问题，改变对"三农"的态度。改变"国富民穷、官富民穷、城富乡穷"的现状，不能仅仅依靠财政的"输血"和宽松的政策，也不能仅仅依靠金融界的"自由和良心"，根源还在"以民为本的发展模式的转变"上。近年来，我国经济快速发展，财政收入规模大幅增加，2002年我国财政收入为1.8万亿元，2003年突破2万亿元，2005年突破3万亿元，2007年突破5万亿元，2010年突破8万亿元。我国经济的稳步发展为财政收入的快速增长提供了保证，也在客观上为财政政策支持农村金融发展创造了条件。作为国家宏观调控政策另一个重要组成部分，货币政策是中央银行进行宏观经济调控的基本手段，其在整个国民经济体制中处于十分重要的地位。各国经济发展水平不同，宏观经济目标不同，因而不同国家的货币政策目标也不完全相同，如欧洲央行奉行的是单一货币政策目标，而美联储则奉行多重货币政策目标。但从整体上看，各国银行的货币政策目标通常包括物价稳定、经济增长、充分就业和国际收支平衡。金融是现代经济的核心，"三农"的发展事关经济增长大局，事关物价稳定和社会稳定，同时离不开农村金融自身的发展和大力支持。因此，货币政策目标也包含了促进农村金融发展的要求，并以此服务于宏观经济发展。然而，与财政政策的定向精准补助相比，货币政策的作用更为宏观，因此如何精确实现定向化的货币政策以支持农村金融发展，仍然值得深入探索。

综上所述，探讨财政和货币政策支持农村金融的定位问题，不能孤立地看金融，也不能孤立地谈财政政策与货币政策，更不能仅仅局限于农村金融机构主体的布局，还应当考虑到支持"三农"发展的制度以及农村金融功能的实现。简要归纳起来，即在农村金融领域，财政政策与货币政策是国家干预农村金融的"一体两翼"，财政政策和货币政策必须有效结合；财政与货币政策支持的本质目的在于充分发挥农村金融效用，以便推动"三农"可持续发展。

第二节 法制困境下的农村金融法律制度

在我国，建立和健全农村金融法律制度的工作在理论和实践中都有着足够支持和广泛论证，而当前阶段关于农村金融体系的法律法规还难以发挥出对于农村金融市场制度保障的作用。因此，为了更好地推动农村金融改革，构建完善的金融体系，需要从立法角度出发，探究健全法律制度的有效办法，从而更好地推动我国农村经济社会的进步。

一、我国当下农村金融法律体系困境分析

我国现有的农村金融法律体系的弊端主要表现在以下两个方面。

第一，现有文件法律位阶低，缺乏权威性和严肃性。按照前面的论述，《中华人民共和国农业法》是我国农业发展的基本法，但在这一基本法中并没有详细地为农村金融制度做出规定。对此，在农村金融法律的制定上要选择恰当的立法技术，制定具有较高法律位阶的金融法律来规范农村金融市场，并为金融改革提供有效的法律依据。显而易见，当前针对农村金融的法律法规层次不高，缺乏权威性，在具体的实施中也难以发挥真正的约束力，并且不能满足正规金融发展和改革在制度方面存在的需要。

其中，最为突出的问题体现在我国农村信用社的法律制度体系环节。农村信用社是我国农村金融市场的主力军，但是与之相关的规范文件主要是中国银行保险监督管理委员会和中国人民银行制定的规章制度，并且大多以通知、办法、意见等名称出台和实行，文件的层级较低，缺乏权威性和严肃性。例如，《农村信用社等级管理试行办法》《农村信用社章程（范本）》《深化农村信用社改革试点方案》《农村合作银行管理暂行规定》等。上面列举的部分关于农村信用社规范性文件自始至终都没有超越部门规章和行政法规的层次，而且这一过程存在着一些政企不分的痕迹。站在法理的角度来看，中国农业银行具有企业的性质，而它作为企业并没有制定规范性文件的权利。与此同时，对农村信用社展开部门立法的行为在很大程度上会导致个人或者其他金融组织在具体金融服务的开展中陷入无法可依的窘状。

第二，农村金融法律体系不健全，重要领域存在立法空白。如果缺乏法律制度的保障，农村金融发展和金融市场的构建就难以实现。主要是因为缺乏制度支持会造成市场秩序混乱，一系列的违法行为就得不到遏制。而关于农村金融的基础立法仅仅是《中华人民共和国农业法》，其中明确规定要加大对农村的信贷投入，积极引导农村信用社为广大农民和农村的发展提供服务，从而进一步加大对农村金融发展的扶持。这一法律为农村扶贫性金融的进步打下坚实根基，但显而易见的是，《中华人民共和国农业法》中的大多属于原则性规定，内容并不全面，尤其是涉及农村金融发展的重要领域，存在立法空白的问题，不能支撑农村金融法律框架的构建。同时，农村正规金融市场主体应该处在怎样的地位，怎样在法律层面上给予准确定位

的问题并没有得到解决，虽然在一些立法中给出了简单回应，但是对于商业银行如何在农村金融市场发展中提供服务和支持并没有具体性规定，也没有考虑到新兴农村商业银行的相关问题。

除此之外，对于民间金融，立法上一直持排斥态度，在大量的规章条款中都没有涉及这些内容。这样的行为背后隐藏着很大的危机，一方面难以满足农村金融发展的现实需要，成为其发展道路上的障碍；另一方面，整个农村金融市场的有序竞争得不到保护，市场的发展同样会受到制约。下面在对这一问题进行分析时将农村政策性银行法律制度的建设缺陷作为实例来开展分析和探讨。1994年，中国农业发展银行成立，其在开展日常经营活动时把《关于金融体制改革的决定》《中华人民共和国银行业监督管理法》和《中华人民共和国中国人民银行法》中的规定作为重要的指导和依据。然而，上面的这些法律不能对农业发展银行实际运营工作中出现的各项问题给予法律约束，而且最为突出的是，专业的针对性立法工作并没有得到有效实施。由于没有法律支持，中国农业发展银行的法律地位不能得到确定的问题显得十分突出，现行的《中国农业发展银行章程》规定中国农业发展银行属于政策性的金融机构，必须坚持国务院的领导。从这一规定中可以看出中国农业发展银行的政策性特征。这一章程还规定"中国农业发展银行为独立法人，实行独立核算，自主、保本经营，企业化管理"，这其中反映出的是中国农业发展银行的商业性特征。通过二者的对比，不难看出其在角色定位方面的冲突，而且正因为角色定位冲突的存在让后续的很多问题变得非常棘手。此后，国务院将原本由中国农业发展银行承担的农业专项贷款业务转到农业银行业务中，使职能单一性问题更为凸显。在粮食流通体制全面改革和市场化的进程中，中国农业发展银行在业务上出现严重的萎缩问题，也促使企业开始了商业化业务的探索。这一行为逐步扩大了中国农业发展银行在政策性和商业性上的角色冲突，引来很多商业性银行的不满，让人不得不思考中国农业发展银行是不是真的应该属于政策性银行。总之，三家政策性银行缺乏专门的法律依据和管理法规，在性质、职能、地位、与政府之间的关系等方面的问题都没有得到明确解决。从中我们能够看到，法律缺失是最为严重的制度缺陷，而造成的严重后果就是加大政策性银行的运营风险。

二、农村金融辅助法律缺乏

目前，在贷款担保和信贷信息共享机制层面的法律规制非常缺乏，这使农村金融在发展中受到极大限制，无法支持农村金融市场的构建。

当前关于农村金融信贷信息共享机制的规范性文件和法律制度在数量上较少，法律层次低，存在明显的立法滞后和立法缺乏的问题，在金融信息的管理中得不到有效运用，也不能给出制度上的帮助和支持。同样，关于贷款担保方面的法律有限，增加了农村金融市场发展的难度，虽然在《中华人民共和国合同法》《中华人民共和国担保法》《中华人民共和国物权法》中都有涉及，但是在农村正规金融市场农户贷款担保方面并没有给出明确规定，不能满足解决相关问题的需求。就当前法律体系而言，其在农民财产和权力方面给出了很多限制性规定。例如，《中华人民共和国物权法》规定"耕地、宅基地、自留地、自留山等集体所有的土地使用权不得抵押，但法律规定可以抵押的除外"，从条款中能够明确看到其并没有给出明确的财产范围，实际的可操作性较差。

在涉及农村信用社农户小额信用贷款的问题上，中国人民银行对这方面的规定十分模糊，而且存在一定漏洞。例如，在相关规定中，并没有提出小额信用贷款中的小额标准是多少，那么就给实际的业务实施中带来较大的问题，主要体现在执行标准不一、监管方面困难重重、贷款倾斜问题严重等。构建中小企业信用担保机制环节，适用于规范大多属于地方性法规或者是部门规章，并没有专门的法律法规进行保障，而立法层次相对较低、效力不足，无法切实对中小企业信用担保机制的构建提供制度上的保障。

更加值得注意的一个问题是，农业保险法律的相关制度仍然处于空白状态。农村金融市场并没有完全建立起来，而且和城市金融相比有着不稳定的因素和特征，受外界因素的影响力极大。就农业的特殊性来说，农村金融市场受到自然灾害的影响较为强烈，这就需要农业保险给予相应支持。但是非常遗憾的是，在农业保险方面的法律法规还处在缺位状态，并且没有针对农业保险给出专门的立法规范，还需要构建相应的法律框架。

三、农村金融监管法律缺乏

对于农村金融监管，法律法规虽然给出了部分说明，但是法律缺乏问题仍然没有得到解决，而且法律规定在监管主体和监管标准层面存在模糊不清和混乱的问题，没有强调监管机构在设置上要秉持独立性特征。

中国农业银行、中国邮政储蓄银行、中国农业发展银行、农村信用合作社和作为试点的农村资金互助社、村镇银行等多个金融机构是开展农村金融业务的主体机构。从法律适用性的角度分析，城市商业金融和农业金融往往将同样的法律作为依据，在相关业务管理方面相互混合，最终由中国银行保险管理委员会这一相同的监管部门负责。当前，农村金融法律还存在很多不足，而且其中的问题已经严重影响到农村金融事业的发展，当前适用于农村金融改革工作的法律体系残缺，要想彻底解决这一问题还需要付出更多的努力。造成诸多问题的原因有以下几个方面。

首先，不能准确把握农村金融的性质及含义。认知方面存在的模糊不清和错误问题，使相应法律制度的构建受到直接影响。农村金融的现状决定了其必须要具备相应金融法律的支持；农村金融的性质如何则直接决定相关法律制度的性质如何确定；农村金融发展的特点直接决定相关金融法律制度应该朝着哪些方向进行变化和改革。长时间以来，关于农村金融概念和性质方面的问题一直都是模棱两可的状态，很多时候人们简单地认为农村金融就是农村地区的金融，其实这样的理解是完全错误的，并且缺乏逻辑基础，完全忽视了农村金融的特殊性。还有很多情况下人们会认为农村金融、农业金融和农村金融机构这些概念是相同的，在理解时完全可以将其归为一类。从这些错误认知中能够清楚地看到人们对农村经济中金融功能和金融需求的忽视。从而使原本支持农村金融发展的金融立法处于尴尬境地，甚至被城市的商业金融法律填补，使我国农村金融的整体发展不尽如人意。

其次，没有将从实际出发作为农村金融分析的根本性原则，忽视了我国国情，同时没有体现出对农村金融发展和改革的重视。我国是一个不折不扣的农业大国，其中农业人口占全国人口的60%，农业是我国国民经济的基础，其对整个社会的经济发展和进步起着关键的作用。但是纵观整个历史，在我国实行改革开放之前一直引导农业为国家的工业化发展之路奠定坚实根基，把大量的农村资源用于支持工业和城市的发展。通过这些行动，能够清楚地看出在我国的经济发展策略中，一直是用牺牲农业的办法来支持工业发展，以加快城市建设。对农村金融和农村经济，反而持漠不关心的态度。从2004年开始，党和国家把"三农"问题放在了一个较高的位置，并且为了支持和发展"三农"给出了相应的优惠和政策支持，但是由于农村金融体系发展不完善，并没有从根本上改变农村支持城市发展的情况。这种做法很明显是对我国国情缺乏充分认识的表现，不能从根本上意识到构建农村金融体系、为支持农村金融发展健全的法律制度的重要性。在种种行为的共同作用下，有关于农村金融法律建设的构想逐步淡出人们的视野，相应的实践活动也没有取得应有的效果。

最后，缺乏法制先行的理念，从而不能在这一理念的支撑下推动我国农村金融法律制度的建设，形成法治滞后问题。在构建秩序方面，政策性规范具有极高的效率。基于维护利益和节约成本的需求，政府在考虑农村金融发展中的问题时也往往会站在政策层面寻求解决问题的突破口，而且想要通过一种更为方便的方式给出规范，于是就会提出相关的指导方法和方案，并出台一系列政策，这样的行为都是在政策先行的理念指导下开展的。虽然政府出台政策具有一定的效果，但是相关部门必须要看到政策具有意识性的特征，而且较为片面和单一。农村金融十分复杂，需要长时间的推进建设和经验积累。如果让大量的政策性规范充实到农村金融法律建设工作中，会压缩原本的法律制度构建空间，使各项制度的出台和落实都得不到保障。另外，出现农村金融法律制度不完善的另一个原因是在立法技术上不够成熟，其使得立法在确立体制和创制法律内容时出现瑕疵，而且制定出的法律制度与先进完善的立法差距极大。可以说，观念和立法技术的局限性使农村金融的立法工作举步维艰，立法功能和目标难以达成，要想完成宏伟的农村金融法治体系建设目标还有很长一段路要走。

第三节　融资担保困境下的农村金融法律制度

一、农村金融法律制度在融资担保方面的困境及原因分析

农村融资担保法律制度改革与创新着眼点的这一选择不是偶然的。在具体的农村融资担保法制建设实践环节中存在着不同程度的问题，而产生这些问题的根本原因在于缺乏有效担保物。全国人民代表大会农业与农村委员会的调研报告指出，缺乏有效抵押物是影响农村信贷供给的主要原因。在我国农村金融事业的发展中，缺乏有效担保物是农村融资的最大制约因素，会直接造成农民融资乏力，甚至会让农业生产及农村的生活处在资金匮乏的状态，同时在很大程度上难以发挥农村金融法律制度在汇集资金和引导方面的作用。

（一）有效担保物不足制约农村地区的融资

自我国金融市场建立以来，农村金融服务在整个金融服务体系中处于弱势地位。以重庆市为例，2009年重庆全市涉农贷款是1 570亿元，占贷款总额的17.9%，而农户贷款仅占2%。即使在仅有的2%中，金融机构也多半选择了抵押担保的方式，且抵押物主要是房地产等便于估值和较为稳定的不动产。无独有偶，中国农业发展银行自开办商业性贷款业务以来，也基本全部采用抵押担保的方式，对农业这一弱势

产业的扶持力度较小。从目前我国农村经济社会发展的现实看，在农村融资的法律关系中，一方是受农村自然条件和现存法律制度限制而缺乏有效担保物的农户，另一方是强烈偏好抵押担保的农村金融机构。作为问题焦点的有效担保物不足，已成为严重阻碍我国农村生产经营主体获得金融资源的关键因素。

1. 有效担保物[1]不足降低了农户的经营能力及现代化程度

农业生产受自然和人为因素的影响较大，而且和其他产业相比，农业的投入—产出比往往不理想，发展水平和层次较低，有着弱质性的特点，因此必须利用规模化的方式来进行风险的分担，以真正实现产业化经营，而这也成为我国农业发展的重要路径。我国大部分农村地区地广人稀，现代化程度较低，农户个人的力量较为薄弱，因此现代化程度的提升尤为重要。按照中国的传统文化，"民之为道也，有恒产者有恒心，无恒产者无恒心"。缺乏有效担保物会直接影响农村金融行业的发展，这也在很大程度上降低了农户的经营能力。一方面，缺乏有效担保物的主因是其在立法方面并没有让农民拥有完整的土地财产权。农民自身的权利和农村经济组织的法律人格都有明显不完整的情况，而农村组织及经济的发展因农民财产权利缺乏受到制约。另一方面，由于有效担保物不足问题的长期存在，广大农户和农村的经济组织都会出现信用不足从而难以获得满足自身需求的信贷资金情况，进一步降低了其经营能力。

2. 缺乏有效担保物影响资金融通和农村公共产品供给

农村融资担保最为基本的功能是进行恰当地风险控制，为农村经济的融通提供充足的资金支持。要想充分发挥农村融资担保的基本功能，必须具备以下两个条件。第一，将农民手中的闲散资金进行适度集中，推动既有资金的增值保值；第二，将过度流向城市的资本进行引导，使其能够向农村回流。在缺乏有效担保物的情况下，农村的资金融通活动会缺乏财产保障，没有能力利用担保制度对资金流向进行引导。资金匮乏的问题不仅会造成公共产品供需失衡，还会让相关的法律制度的实施得不到保护。在开展农村金融法律建设的实际活动中，很多方面都对公共产品供给有一定需求，但是其需求难以得到有效满足，使农村融资担保的作用大大降低，最终形成恶性循环。

3. 有效担保物不足影响农村金融风险的防控

要想防范我国农村金融的风险，必须要提高农村信贷担保的可靠性，而保证担

---

[1] 谢在全. 担保物权制度的成长与蜕变[J]. 法学家, 2019(1): 36-56, 191-192.

保物充足是其中最重要的条件。造成担保物缺乏的原因包括缺乏关于担保物认定、评估和保值升值等方面的机制，农村信贷在发展中受到抑制，担保物的范围较为狭窄，等等。农村经济在实际发展中对自然和劳动力因素有着强大的依赖性，这也直接加剧了农业经济的不确定性，给实际的预测评估和防范工作带来极大的难度。防范农村融资风险功能的削弱、担保制度的分散，使金融机构难以准确地估量和进行风险的防控，处在两难的发展境地。另外，农村地区的有效担保物不足，导致一些金融机构投放了相当数量的贷款，造成农村信贷机构不良贷款率持续上升，削弱了国家和金融机构的风险防控能力。

（二）农村融资有效担保物不足的原因

我国农村融资担保物不足的原因较多，概括起来主要有以下三种。

1. 法律障碍未被完全消除

有关农村融资担保的法律改革以《中华人民共和国物权法》的颁布为分水岭。由于农村经济整体发展水平较低，农民的发展力量十分薄弱，房产和土地成为其拥有的主要资产。在颁布《中华人民共和国物权法》之前，《中华人民共和国农村土地承包法》和《中华人民共和国担保法》对土地抵押做出了相关规定。2007年10月1日实施的《中华人民共和国物权法》对有效担保物的范围做了较大扩展，拓宽了融资渠道和金融信贷的范围。

《中华人民共和国物权法》的改革受到各方好评，但是还存在一些问题。虽然和其他法律法规之间存在不协调因素之外，但《中华人民共和国物权法》中仍然规定"耕地、宅基地、自留地、自留山等集体所有的土地使用权不得抵押"，没有指出土地承包经营权能否抵押。在涉及动产担保的问题上，《中华人民共和国物权法》采用正面列举兜底和反面排除兜底的立法方式，但没有很明确地指明担保范围，还存在很多模糊不清的问题；对于不动产登记的问题，仍然要指出采用多头管理和分级登记的方法。在农村融资担保环节，土地使用权、土地承包经营权、房屋不能作为担保物，但是上面提到的这几项却是金融机构特别青睐的内容。上述提到的这些规定和限制使《中华人民共和国物权法》在全面推动我国农村融资担保改革和发展中的作用得不到充分发挥。

此外，其他法律、法规的部分规定也存在可商榷之处，这无形中对农村融资担保的担保物也是一种限制。例如，《森林资源资产抵押登记办法（试行）》规定，在将森林以及林木作为资产抵押时，必须同时抵押林地的使用权，但是不能改变林地的用途和属性。

2.改革缺乏规范、明确的操作细则

为了有效地防范金融风险,必须建立完善现代法律制度和政策,这是最基本的保障,而融资担保同样如此。虽然《中华人民共和国物权法》在一定程度上对农村的融资有效担保物范围进行了拓展,但是仍具有一定的局限性,难以解决不动产抵押难的问题。能够作为农村不动产抵押物的可以分成这几类:①以招标、拍卖、公开协商等方式取得荒地等土地承包经营权;②乡镇、村企业建设用地使用权和建筑物所有权;③林木所有权。关于农村不动产和现存动产担保的相关规定都没有切实符合农村地区现实情况的操作细则作为规范。2009年10月1日,《关于审理建筑物区分所有权纠纷案件具体应用法律若干问题的解释》和《关于审理物业服务纠纷案件具体应用法律若干问题的解释》颁布,但这两部法律规范和农村融资担保没有较大程度的关联。在具体的实践中,大量的金融机构因为考虑到农业受到偶发因素的影响较大,往往无法有效地进行价值衡量和风险评估,从而在面对农村融资担保问题时保持"惜贷"的态度。

除此之外,传统担保法制在整个农村地区的融资担保实践中有着非常明显的局限性,而且这种局限性越来越明显。例如,在我国农村普遍存在,而且影响极为恶劣的非法集资问题,一旦出现代偿风险,之前签订的合同会直接被宣布无效,因为签订的合同和金融法强制规定不符合,在主合同被废除之后,相应的担保合同自然也失去效用。在这一非法行为背后,受到最大伤害的就是农民,他们的权益得不到保障,而在这一事件中的担保人由于担保合同失效则不会承担相应的赔偿责任,在这样的环境中产生的是实质不公的问题,最终受损的还是农民。

3.农村融资担保法律制度缺乏配套机制

为了让我国农村融资担保发挥其真实的作用,建立和完善相关的配套金融法律机制是不可缺少的。在具体的融资担保法制实践环节,存在一系列机制缺位和机制不完善的问题,如资产估值机制、风险防控机制、信用机制等,从而造成担保物的作用得不到最大程度地发挥。农户信贷担保业务面广、量大,但规模、数额小,这在很大程度上会造成担保管理的成本和风险增加,而地方在财政资金的给予方面采用的是一次性支持的方法,没有建立相对完善的后续资金和风险补偿机制,这就使农信担保机构在发生贷款赔偿后会直接面临亏损甚至破产的严重后果。到2009年年底,浙江供销社系统已有31家农信担保公司,注册资金达到3.35亿元,但其亏损也在不断扩大。椒江区供销社副主任蔡灵江曾于2009年年初向浙江省委递交《农信担保机构普遍亏损，建议出台扶持政策以破解"三农"融资难题》❶的报告以寻求配套支持。其他县、市在担保越多亏损越重的状况下，只能对农信担保公司的规模进行压缩，以便降低运行和成本支出方面的风险。出现以上问题的原因包括财政支持力度不足、不及时；担保公司收费低，收不抵支问题突出；农民缺乏良好的信用意识；担保公司资产评估难，缺乏风险防控和评估体系。

---

❶ 黄宗成.加快推进政府性融资担保体系建设破解中小微企业和"三农"融资难题[J].广西经济，2016(11): 1.

第五章 基于"政策支持"下的农村金融法律制度建设思路

第一节 农村金融法制建设思路重点的转向探究

改革开放以来,农村金融法制的改革没有止步。中国共产党第十六届五中全会通过的《中共中央关于制定国民经济和社会发展第十一个五年规划的建议》指出,新农村建设是一个非常复杂的系统工程,不仅涵盖面广,持续时间长,而且涉及的社会关系错综复杂。这决定了新农村建设中的金融问题不可能完全靠政策来解决,更需要以法制作为保障。因此,要彻底转变农村金融法治理念,就要找到推动我国社会主义新农村金融法治发展的明确的前进方向,以及更加符合当代世界发展的价值追求。

改革开放以来,我国农村法制逐步得到完善,并且初步形成以《中华人民共和国农业法》和《中华人民共和国村民委员会组织法》为核心,包括《中华人民共和国农村土地承包法》《中华人民共和国农业技术推广法》和《中华人民共和国农业机械化促进法》等在内的符合我国农村金融法律制度完善和发展的法制体系建设框架,并且成为推动农村经济发展的重要基础,但是在农村金融的立法方面仍然较为缺乏,而且有关农村金融的法律具有明显的局限性,存在金融法律制度供给失衡的问题。总结改革开放40多年来我国农村金融法制建设的基本特点,可以清晰地看出,农村的法制一直以稳定、保障、政府主导和社会经济非均衡发展为基本理念。这四个基本理念在改革开放以来的40多年里发挥了重要作用,为农村经济发展和进步提供了有效保障。但是,在全面推进社会主义新农村建设的时代背景下,传统理念虽然非常注重实用性,但缺少现代价值观所包含的进步理念,已经不能适应农村经济社会发展的需要。面对新的历史条件和社会矛盾,农村金融法制建设应当首先更新理念,转变建设的重点,使农村金融法制更加科学和文明。

一、农村金融法制建设重点转变的原因分析

在我国全面推进农村金融法制建设的过程中,还存在着以下问题:我国的正规农村金融产品的地位不够明确;相关金融服务呈现单一化的发展趋势;金融机构占据垄断地位;非金融机构在法律上的地位尚不确定。这些问题阻碍着我国农村金融市场的健康和谐发展,更是难以形成对农村经济发展的金融支持。结合以上问题,以往学者在探究问题解决路径和提出解决方案时,主要是站在经济学的视角,但是随着我国农村金融改革和金融制度深化发展的推进,大量专家和学者达成一致,并且深刻地意识到农村金融改革所要面临和急需解决的最为主要的问题就是金融法律制度不完善的情况,在上述提到的农村金融相关问题当中,也对法律缺失问题有了一定程度的体现。对此,最为合理和有效的解决方法就是构建完善、系统的法律体系,并在法律中对这些问题进行规范和明确,进一步健全农村正规金融市场的法律设施,规范正规金融市场的发展方向,为我国农村金融改革的深入发展营造和谐的信用环境及坚实的法律支持。

(一)弱化农村金融在政策指导、管理等方面的依赖性,规范农村金融秩序

如今,我国金融市场的混乱是由于法律制度的不完善导致的,主要体现在以下几个方面:第一,农村合作社组织有待完善,组织程度明显参差不齐,纵观大部分农村合作社,在分配及组织制度方面极大地偏离了合作制的本质。第二,农村经济管理组织及地方政府存在着任意干扰农村金融组织运行和发展的问题,影响到农村金融组织的独立性发展,而这样的指导和干预也偏离了政府及监管组织原本的政策指导职能。地方政府和农村的经济管理组织,本来应该对农村金融组织起到辅助和推动作用,在这样的混乱指导下,将正向的职能变成了阻碍农村金融发展的消极力量。第三,部分农村的金融机构在金融管理制度执行方面过于机械化,这就造成农村发展养分不足,严重制约了农村经济和金融市场的发展。为了让以上情况得到改观,我国必须全面推进新农村建设工作,为农村金融的现代化发展营造一个健康和谐的环境,并且将建立和完善农村合作金融法律制度作为根本措施,规范我国农村金融的发展秩序。

(二)把农村金融从商业金融法律体系中独立出来自成体系

通过对我国经济现代化进程轨道分析发现得出,我国经济现代化进程轨道走的是一条坚持以国家为主体,以法律为根本手段的强制性制度变迁道路。在这样的现

代化经济发展进程中,法律并不能一味地对社会正常秩序进行维持,但是在大方向上,法律起到助燃剂的作用,能够加快现有秩序的重建和改造,因此在国家发展中坚持采用立法的原则推动现代化的发展进程。当今的银行金融行业处在一个非常平衡和安全的发展环境中,其根源是从1995年的四部银行金融法和2004年先后颁布《银行业监督管理法》带来的结果。因此,我们应该反思和深入思考,当今我国的农村政策性银行和信用合作社在金融市场的发展中,面临着非常混乱的局面及多个问题,其根源就是缺乏系统科学的法律制度来规范和指导它们。因此,为了更好地推进农村金融体系的完善和构建工作,必须把农村金融从商业金融的法律和监管体系当中独立出来,自成体系,以便更好地发挥金融在农村领域的独特作用。要想实现农村金融的独立,首先需要对经济立法进行考虑,尤其是要考虑到金融立法的发展历程和独特的发展模式,并且努力吸收金融改革当中的经验教训,通过反思和创新的方式,将农村金融立法和金融改革工作有机结合起来,通过发挥立法的规划引导和保障监督作用来构建一个和谐的农村金融发展环境。

(三)明确找出农村金融问题解决思路,推进新农村建设进程

努力构建符合农村金融发展的金融法律制度具有极大的现实意义,能够推动我国农村金融机构的良性发展,加快农村金融市场的规范化发展进程,切实推动农村金融市场的可持续发展。从世界的角度分析,世界上发达国家的金融发展有着符合自身国情及农村金融行业发展现状的较为稳定和健全的农村金融法律制度。从发达国家的农村金融行业国家法律制度当中能够发现,大多数国家都会选择从法律的形式上对金融机构的支农服务功能进行明确规定,而且毫无疑问的是,健全完善的农村金融法律制度是确保农村金融作用发挥的制度性支撑和保障。无论任何形式的法律制度在历史发展及构建中都遵循着共同的规律:在法律创制时,需要对国情进行客观、全面的分析,并且要将本国经验作为有力基础,同时也要善于吸收借鉴或者从其他国家、地区的法律发展当中获得有利因素。通过上面对其他国家农村金融法律制度的分析和考察,及其在相应国家农村金融市场中起到的作用分析,让我们更加确性构建符合我国国情的农村金融法律制度有着极大的必要性。

二、农村金融法制建设重点转变的方式探究

(一)从重点维护稳定转向重点促进可持续发展

改革、发展与稳定的关系一直是贯穿我国改革开放和现代化建设进程的基本矛盾。改革开放以来,为了保持改革开放的顺利进行,我国一直将稳定作为法制建设

第五章 基于"政策支持"下的农村金融法律制度建设思路

的重点。尤其是在经济不发达的农村,在新农村建设中坚持循序渐进的原则,突出稳定这一前提条件,尤其在政策方面更是强调要保持稳定。农村和谐发展不仅强调政治稳定和社会稳定,还强调要有良好的社会秩序。这一思路反映在农村金融法制上,主要表现为强调法律和政策所调整的社会关系变革的渐进性,长期对农村金融市场采取抑制性的制度安排,限制民间借贷,从而形成了以稳定为核心的金融发展理念。

在以稳定为核心的金融发展理念的指导下,我国在对农村的法律制度进行安排和设置时,要以稳定双层经济体制、土地承包关系、农业生产及农村建设等作为核心工作内容。在稳定理念的指导下,建立的农村金融法律制度虽然有利于农村经济社会的稳定发展,但是这样的行为在很大程度上,没有全面落实农村金融可持续发展的需求,由此也出现了大量不合理和不公平问题,难以保障农村经济社会的可持续发展。更重要的是,农村金融长期被视为农村经济社会稳定的重点领域,长期存在以下四个突出问题:

第一,农村土地的融资功能没有释放出来。从经济发展的角度理解,在农村生产当中,土地是其中最为基本的要素,也是最为关键的财产,因此在对土地进行利用时,必须严格遵循资源优化配置的原则,有效发挥土地的融资功能,进一步发展农村经济。让土地承包的关系稳定下来是其中非常主要的目标。但是,为了实现这一目标,相关的制度没有完全建立起来,融资功能难以发挥,严重影响农村优势资源的整合。

第二,土地承包经营权❶影响公平性的实现。《农村土地承包法》当中的条款在事实上确立在30年的土地承包期限内必须严格执行和落实好"增人不增地、减人不减地"。农业部在《关于稳定和完善土地承包关系的意见》中表示了对其的肯定和提倡,从而导致农村土地权利分配和保护普遍存在明显不公平的问题。一方面,有的老人去世20多年了,其承包地依然存在。另一方面,在农村首轮土地承包责任制后出生和结婚的人,始终没有取得承包地,丧失了生存的基本保障。采用这样的方式进行制度设计会让一部分农业人口的生存权利受到侵犯,同时还会出现农业人口土地承包权分配不平衡,这样的做法与可持续发展的要求大相径庭。农村集体土地融资功能一旦释放出问题,将会进一步加剧分配的不公平性。

第三,现行土地经营方式限制了土地作为资源要素应有的融资功能。为了推动

---

❶ 刘文学. 农村土地承包法修正:亿万农民的"定心丸"[J]. 中国人大,2019(2):15.

整个农村和农业的稳定发展,我国对于土地制度采用和实施的是土地的均田承包制度。即将集体土地根据质量,按人口或劳动力平均分配到户,由农户独立经营,这样的做法,虽然在一定程度上能够保证农村人口基本生活功能的实现,维护好农村社会的稳定和谐,但在一定程度上加剧了土地零碎化,导致土地粗放经营,同时也会影响到土地融资功能的发挥。例如,一户的承包地往往分散在多个地方,这种土地的零散分割不仅阻碍了土地的集约化、机械化经营,不利于农业循环经济的发展,还不利于土地作为资本要素在农村市场经济中的合理流动和土地资源的优化配置,成为制约农村经济社会发展的重要因素。

第四,由于制度的原因,农村金融市场长期处于被压制状态。基于整个农村和农业的稳定考虑国家长期对农村金融市场进行压制,对民间融资管制过严,不合理地限制了农村金融市场资源配置的作用。

从我国改革开放的时代背景分析,在改革开放初期,农村金融的法制建设针对当前的发展要求和现实状况提出了稳定的目标,但是在我国社会经济转型的过程中,仍然将稳定作为核心的金融法制的理念已经不符合时代的要求。由于农村金融法制长期坚持稳定原则,并且将稳定理解为"不出事",简单地将稳定作为根本目标,在农村金融资源合理配置的过程中,造成不良影响和巨大阻碍,也对现有制度下的农村经济社会的发展带来不利影响,难以达成可持续发展的目标。因此,要想建设好社会主义新农村,首先需要将农村金融法治理念创新作为核心工作任务。进行农村金融法理念的创新,实际上是深层次的探究新的历史条件和时代背景下,如何正确应对和处理新农村建设稳定和发展关系的问题。我国农村地区人口数量庞大,环境问题突出,而且资源匮乏,以上这些因素都是造成农村难以实现可持续发展的原因。要想消除不利因素带来的不良影响,必须树立正确的发展观,将可持续发展理念作为核心,全面推动社会主义新农村的金融法制建设,彻底从稳定的理念转变为以可持续发展为核心的发展理念。这就要求我们将可持续发展理念作为根本出发点,全面地评价现行法律法规,并向着可持续发展的目标转变,让金融法制建设的可持续发展得到实现;从制定战略性的法律制度着手,将可持续发展作为制度创新和制度建设的核心。可持续发展并不是空洞的文字,而且有深厚的内涵,无论是在国内还是在国际社会中,都有着极高的认可度。"可持续发展既是满足当代人的需要,又不损害后代人满足需要能力的发展。"还要兼顾我国整个社会、经济和环境的需求,在确保发展的前提条件来实现长久的稳定,注重基础发展的长久稳定,注重回应社会不断变化的需求,尤其强调满足新农村建设中农业现代化、农民持续增收和生活质

第五章 基于"政策支持"下的农村金融法律制度建设思路

量不断提高、农村长久稳定和繁荣的现实要求。

具体来说,可持续发展理念下的农村金融法制建设应重点着眼于以下几个方面:第一,对《农村土地承包法》部分条款实施修正,遵循"增人增地、减人减地"的原则,对新增人口必须要按照规定预留专门的承包地,同时在这部法律中强调违背条款需要承担相应的法律责任,而且要清晰地点明承包土地、承包经营权,需要按照哪些流程和满足哪些条件。另外,修改现行土地管理制度,建立并完善土地抵押制度,实现土地的融资功能。第二,修改《农业法》,完善现行农业补贴法律制度,将除种粮直补、农机工具补贴和良种补贴之外的农业发展客观需要的农业贷款补贴等法律化,规定农业补贴的程序和责任机制,改变以往那种为了补贴而补贴的做法,将农业补贴与农业生产、环境保护直接挂钩,建立适合农村和农业可持续发展的融资制度,保障农业的生态平衡。第三,当前我国农村在抛荒、围湖造田、侵占江河滩地等问题上非常严重,因此必须要高度重视并完善《农业法》等相关的法律法规,一方面,对于环境污染的问题,必须予以严厉处罚;另一方面,必须提高政府的责任意识,使政府承担起针对这些问题的治理和监管责任,完善专门的资金支持制度,积极学习欧美国家在这方面的立法经验,并从中获得启发。第四,制定专门促进农村金融发展的法律法规,推动政府更加积极地改革农村金融制度,从而释放制度红利。第五,修改现行法律制度,放开民间金融市场,让更多民间资本进入农村金融领域或其他领域。第六,依据《循环经济促进法》制定《循环农业促进条例》。我国已出台的《循环经济促进法》对于循环农业只有3条规定,尚不足以涵盖循环农业的全部内容,因此有必要根据《循环经济促进法》所确立的再利用和资源化原则,出台新的金融支持政策,制定具体促进循环农业的金融措施。第七,建立农业生产者遵守环境保护法律规范的激励制度。尽管理论上对于遵守保护环境法律规定是否应提供财政支持,存在不同看法,法国对于认真遵守农产品环境标准的生产者给予积极的财政支持和补偿,并且通过立法将这一行为规范化。而我国农民对于遵守环境保护法而增加的成本有着较低的承受能力,以及我国目前普遍存在的过度施用化肥和农药造成土壤污染等农业环境污染问题,可以借鉴法国的做法,在法律上明确规定对使用有机肥及达到其他环境标准的农业生产者提供一定的国家补偿或者税收减免,以减少农业环境污染。

在这里需要强调,可持续发展实质上属于一种新型社会发展观,在这一理念中包括稳定的需求,因此在农村金融法律制度建设中,把稳定理念转变为可持续发展理念,并不是不要稳定的表现,而是强调在今后的农村金融法制建设当中,要彻底摒弃传统的稳定观念,也就是忽略发展的稳定观、单纯强调稳定状态、为了实现稳定目标而强制性稳定等错误做法,全面贯彻落实包含稳定需求和稳定内涵的可持续发展观,努力构建与农业现代化发展相适应的农村金融制度体系。

(二)从重点发挥保障功能转向重点发挥统筹城乡发展

改革开放以来,为了迅速发展经济,在工农城乡关系上,我国实行"先工后农、先城后乡"的战略,并延续了1958年确立的城乡"分而治之"的经济社会二元结构。与此相适应,法制的发展也呈现出城市和农村"分别立法"的特征。长期以来,我国农村的金融法制及政策都坚持的是城乡二元体制支持下的,为城市发展提供保障的理念,这一理念主要包含两个方面的要求:第一是在产业政策的安排上强调优先保障工业发展;第二是在区域发展政策的安排上,强调优先保障城市发展,兼顾农村发展。这种差别性制度形成了我国城乡二元法制体系,而且金融制度长期维护着城乡二元结构下的资源配置体制,导致农村金融资源长期以来大量流入城市,农村发展严重缺乏资金。

首先,有相当多的法律制度虽然在全国范围内适用,但实际上主要是为推动城市发展而设计的,对于农村发展的特征和需求考虑较少,甚至是完全忽略。这也使这些法律制度的设置难以充分发挥其对农村经济社会发展的促进作用。比如,国家在贷款担保制度的设立中,相关的法律规定中,要求借款人要提供一定担保,并将此作为获得贷款的前提条件,而在与担保相关的法律中规定,农民不能将不动产作为担保抵押品。按照这样的制度并实施会形成对农民融资权极大的限制和阻碍,在"三农"发展的过程中难以获得必要的资金支持,使大部分的金融资源和借贷资金都向着城市地区倾斜,"三农"的发展得不到支持。采用如此的制度安排和设计方法,直接导致农业发展和农村经济滞后,让农民面临着贷款难的重要制度成因。

其次,相当多的法律制度本应实现统一化,但是在实际上却只适合于城市,农村经济发展被忽略。比如,《城市房地产管理法》对城市房地产开发、权属登记等实施做了非常细致的规定,而且这些条款体现出对于城市房地产行业的大力支持。但是对于农村房产交易可能性登记和抵押却没有做出完善的立法。形成的立法缺位问题,造成了大量地区出现了小产权房的原因。

再次,在农村的金融立法当中存在着过度注重发挥集体用地生存功能,严禁对集体建设用地进行充分利用,从而对城乡统一的建设用地市场构建带来了巨大的阻碍,也难以真正发挥出土地市场的汇集和资金的引导作用。我国现行《土地管理法》第43条、《城市房地产管理法》第8条规定,除了兴办乡镇企业、建设乡村公共事

第五章 基于"政策支持"下的农村金融法律制度建设思路

业以及村民建房这三种情况能够直接地对农民集体所有土地进行使用之处,农民集体所有的土地必须经国家征收转为国有土地后才能作为建设用地出让,从而禁止了农村集体建设用地使用权直接进入市场交易。这样的规定实质上极大地限制了集体用地使用权流转及充分合理的应用,农民原本可以在国家城市化建设的过程中利用土地来获得增值收入的梦想被打碎,不能实现集体用地的价值,而且客观上使集体土地不能和国有土地一样享有同等权益,形成了城乡二元建设用地[1]市场。从现实情况来看,一方面,随着农村经济发展水平的提高,大量的企业逐渐兴办并且发展起来,那么这些工商企业要想逐步扩大自身的规模,提高经济效益,就需要扩大厂房和企业的规模,因此在农村建设用地方面就会存在较大的需求。虽然农村集体建设用地的变相和潜在的流转问题已经成为一种公开的秘密,但是由于与法律相冲突,当前农村集体建设用地流转只能处于灰色地带;另一方面,近几年来我国一些地区通过对地方实际需求进行考量,再加上将国家政策作为依据,积极推行农村集体建设用地使用权流转试点工作,并出台了相关的政府规章。例如,重庆市场建立了农村土地交易所和地票交易制度,对促进土地流转及融资功能进行了一些探索。但这种做法也受到部分学者的批评和质疑,目前仍然未能在立法领域获得法律支持,并且在很大程度上存在一定风险和不确定因素。

最后,在保障理念的支持和影响下,分配制度存在不合理的问题,而且分配不平衡问题也带来了严重后果。一方面,在大量的法律法规中,如果能够看到单一强调农业保障工业发展的问题非常明显,并长期地将金融资源投入到工业和城市发展中,那么农村得到的资金将极为有限。在价格上推行工农业产品"价格剪刀差",把用于工业的农产品价格压低,与农产品的价值规律背道而驰,以便保障工业生产的低成本。这种制度安排事实上会人为地通过定价机制来转移农业部门的收入,而让工业部门从中获得较高的收入,出现工农收入分配不平衡的现象,直接弱化了农业部门的地位和功能。另一方面,在大量的法律法规中,如果发现单一强调工业保障农业,如果为了更好地为农业生产提供保证,把农用的工业产品价格进行严格的限制,那么就会使得工业品的价格大大降低,并且与市场价格机制相违背,极大地降低企业的利润和收益,影响到企业的可持续发展,因此形成的最为直接的后果就是农业要想获得价格合理且技术水平含量高的生产资料就有了极大的难度,从而直接影响到农业的可持续发展。

---

[1] 洪名勇.城乡二元土地制度:逻辑起点、演进与未来改革[J].经济研究参考,2018(38):31-41.

另外，在城市化深入发展的形势下，出现了新的土地"价格剪刀差"。一方面，大量耕地被借以"公共利益"的名义征收，且征收的补偿标准较低，很多地方采取一次性发给安置费的货币安置方式处理被征地农民今后的生存保障问题；另一方面，政府把从农民手中征收过来的土地以高价出让，产生了巨额的农地出让金，而这部分资金只有极小部分用于农村发展，很大部分成了政府任意支配的"小金库"或用于城市发展。这可能导致三种后果：一是失地农民越来越多，随着城市化进程的加速和新农村建设的巨大用地需求，未来我国失地农民总数将逐渐上升，而失地农民中的大部分人又成为"无土地、无工作、无社保"的"三无"人员。这个庞大的农民群体的生存权和发展权如何保障，是新农村建设中实现农民增收的难题，也是新农村法制创新的着力点之一。二是耕地越来越少，耕地质量不断下降，大量耕地资源由于部分购地者的"囤积"而闲置荒芜，这样不仅会影响到我国的粮食安全，造成严重的资源浪费，还难以实现农业可持续发展的目标。三是土地利益分配严重不公，剥夺了农民应该享有的合法权益，也削弱了农业发展水平，造成农业资源大幅度减少，政府和开发企业成为既得利益者，工业和城市发展也间接受益。这种土地"价格剪刀差"进一步扩大了城市与农村、工业与农业的差距。

总的来说，片面保障城市发展的理念导致城乡法律制度的分割，一些制度明显违背法律公平正义的基本理念和价值标准，也使城乡矛盾问题加剧，不能充分满足社会主义新农村建设的现实需求，必须尽快转变并开展创新工作。此处提到的转变和创新工作要坚持具体问题具体分析的原则，在新时代和新环境下正确处理城市和农村发展的关系，尤其是工业与农业的关系。鉴于城乡二元结构严重阻碍了"三农"发展，我国需要从具体的国情出发，在总体上设置用工业促进农业发展，用城市带动乡村发展的思路，并且充分认识到进行城乡发展的统筹和规划是国家必须解决的现实问题，而且也对全面推动我国农村法治建设提供根本性的指导。由此观之，我国农村金融法制的建设理念必须从传统的保障理念转变为统筹发展理念。

统筹城乡发展理念的核心是城市与农村利益共享、共同发展。统筹城乡发展理念，在具体贯彻中要注意以下事项：第一，统一规划城市、农村发展，尤其是涉及共通性问题，如户籍管理问题，应当统一立法，既要重视城乡共同的制度需求，又要考虑到城乡的不同特点。第二，在资源的配置过程中，必须确保资源在城乡间自由流动，提高资源配置的合理性和科学性，使城市和农村能够互相补充，取长补短和分享收益，而不能牺牲农村发展保障城市发展。因此，必须废除阻碍城乡资源优化配置和造成城乡利益失衡的有关法律制度，建立一系列新的保障城乡资源优化配置和城乡利益平衡的法律制度,如建立土地流转制度。第三,是要求建立以工促农、以城带乡的长效法律机制,如建立农村财政和金融支持制度等。这是我国当前城市发展与农村发展的巨大差距及农村天然弱势地位的客观要求。

具体而言,农村金融法制引入统筹城乡发展理念应主要着眼于以下几个方面的创新:

第一,加快促进农村市场经济发展方面的立法。健全规范农村市场主体、市场行为、市场秩序、宏观调控和社会保障等方面的法律制度,不应城乡居民身份和地域的差异而有不同。目前较为迫切的是制定和完善有关确立农村市场主体法律地位和明确农村产权关系的法律制度,如制定《农场法》《集体经济组织法》《农村金融促进法》等。

第二,制定《农业现代化促进法》,将我国实践中取得良好效果的促进农业现代化的措施制度化,并且积极建立系统、科学的促进城乡统筹协调的法律制度。例如,对不同形式的农业产业化经营组织的推广价值进行分析,并且着重将推广价值高和操作性强的模式进行规范,同时也可以把这样的模式纳入立法管理中,明确在这一组织模式下,相关的权利和义务关系,并且为相关纠纷的解决,提供有力的法律援助制度。这样的组织模式将各个组织有机结合起来,有助于提升农民组织化水平提升,通过建立一个联合组织来提高抗风险能力,也使农民维权水平得到有效提升。

第三,完善土地承包权流转法律制度,使土地要素在农村合理流动,实现其融资功能。一方面,必须严格遵照土地高效利用的原则,对土地流转的方式进行全面创新;另一方面,必须要充分了解农民意愿,真正聆听农民的心声,并从实际出发来优化土地流转价格机制,避免在这一过程中出现损害和剥夺农民利益的情况。

第四,推动土地征收制度创新,在法律上明确区分公益性用地和商业性用地,限制征地的范围,同时扩大征地补偿的范围,完善征地程序,建立按市场价格的土地征收补偿标准和农地出让金专项用于农业和农村发展的制度,让农民分享发展带来的土地增值收益。

第五,对农村集体建设用地使用权流转制度进行科学化的设置。要想达成社会主义新农村建设的目标,必须要让广大农民享有土地所有权,切实维护好农民的权益,注重发挥土地的价值。因此,应当修改《土地管理法》和《城市房地产管理法》的相关规定,并在总结地方试点经验的基础上,尽快制定全国性的农村集体建设使用权流转的行政法规,使其实现有序流转、农民权益得到有效保障、城乡统一建设用地市场逐步建立。

第六，构建城乡统一法律制度体系。目前，我国已出台了《城乡规划法》《就业促进法》等体现统筹城乡发展理念的法律。除此以外，为了确保金融资源有序地进入到农村当中，我国还应该加快制定相关的法律制度，如《户籍法》《社会保险法》等。

（三）从政府主导转向多元主体共同参与

从制度变迁特点的角度出发，我国在推动市场化改革的过程中，政府所起到的推动作用相当显著。如果要对其进行定性的话，属于将政策法规作为基础而实施的创新改革，在这一制度变革模式之下，进行新农村建设，政府在其中起到的作用就会非常突出。因此，农村金融制度改革就有了非常明显的政府主导特征。政府主导作用的发挥，实际上具有强制性的制度变革特点。那么，政府在对金融资源进行合理配置，推动农业农村发展，对农村、土地及资源管理等方面有着较大的权力，对于引导社会力量广泛参与，发挥社会多方力量在社会主义新农村建设当中的促进方面缺乏良好的激励机制支持，农村建设中的政府推动成为单向的政府主导，缺乏社会力量的参与，缺乏政府与农民等主体的互动。

从改革开放至今，整个社会发生了翻天覆地的变化，如果仍然仅仅依靠政府主导作用的发挥来展开新农村建设，已经不能满足时代和新农村建设的需求，其原因如下：

第一，从政府角度来说，政府在财力及能力方面都有一定的局限，而社会主义新农村建设工作十分复杂，涉及十分广泛，同时需要巨大的资金力量支持。政府在掌握信息上存在不完全性的特点，如果单纯依靠政府力量，发挥政府的财政功能和加大财政支持，仅仅能够解决小部分资金缺口，不能让新农村建设的大量资金需求得到满足。

第二，从农民视角来说，农民主体意识得不到提升，并且不能积极踊跃地参与到新农村建设当中，即使政府发挥主导作用，也会在很大程度上压制农民的发展。农民不能充分地表达自己的意见和建议、需求得不到申诉，在具体的实践活动中，就会出现大量实践违背农民意愿，以促进"三农"发展为核心的新农村建设就不能达到理想化的目标。

第三，坚持政府主导的工作模式有着很大的缺陷，出现了形式主义、伤农行为及短期行为。除此以外，部分地方政府的官员在新农村建设中大搞政绩工程、重复建设、寻租等，严重偏离了新农村建设的目标，而且也违背新农村建设的初衷，与国家正确的战略方针政策不相符。因此，应当转变和创新农村金融法制理念。这种

第五章 基于"政策支持"下的农村金融法律制度建设思路

转变和创新的关键在于正确认识我国新农村建设中政府与其他主体的关系,以及正确厘定政府责任和社会责任。

长期以来,政府对农村金融管制较多,并且扮演着农村金融秩序的维持者和农村金融改革的推行者的角色,而这样的行为也直接影响到其他主体踊跃参与到实践活动中的积极性。农村金融市场主体呈现出多元化的特点,政府只是其中的一部分,还有很多其他形式和组织力量。农民作为新农村建设及农村金融市场的基本主体,在农村和农业经济生产发展、保障农民增产增收及推动农民素质提升等方面都需要农民的积极参与和支持,也需要广大农民能够积极献言献策,最后用集体的智慧来解决大问题。政府作为其中重要的推动力,应该承担起服务和激励的职能,给予农民积极的服务保障,并且为农村的发展方向提供有效指导,而不是完全的代替和掌管。政府作为促进农村经济社会发展的主体之一,具体包括为农业生产提供信息服务,加强宏观调控避免农村经济出现大起大落,出台相关税收政策,促进农产品加工业的发展,对农业基础设施建设给予财政资金的补贴和支持,提高对农业科学技术工作投资的重视程度,构建完善的农业保险体系、补贴制度,引导社会力量参与农村建设,为农民和农业发展提供政策性金融支持等。社会力量是新农村建设中不可忽视的重要力量,有着明显的广泛性和外部性。例如,企业大量吸纳农村剩余劳动力;农村地区的民间金融机构为农村的中小企业提供资金支持和金融服务;社会中介机构有效解决农产品销售的相关问题等。由此观之,农村经济社会的发展缺少了上述任何主体的参与,都会影响到新农村建设目标的达成。因此,农村金融法制建设的理念要从政府主导转化为多元主体共同参与,让各个金融主体都能发挥自身作用和职能,共同为农村金融发展贡献力量。

多元主体共同参与理念在社会主义新农村建设当中的落实,不单单要号召和引导多元主体积极参与到实践当中,还需要加强主体之间的互动与合作,核心是如何激励社会各方主体积极投入到新农村建设中。这种互动在法制建设上包括三个方面:第一,应当开放市场。金融是资源配置的核心,农村发展需要汇集社会各方面的资源,这就要求农村金融市场必须开放,让更多的市场主体进入农村金融市场,参与农村与农业的投入。当然,开放市场并不必然引导大量资金进入农村,但只能开放市场,再结合相应的激励制度,才可能引导多方主体参与农村的发展,吸引大量资金进入农村。开放市场的关键性保证是制度上的支持,也就是在制度上赋予市场主体自治权和参与权,使农民群体拥有真正的话语权,在新农村建设当中发挥应有作用。第二,建立吸引多元主体积极参与的激励和约束机制。在农村建设中,政府应当致力于建立引导资金进入农村的激励和约束机制，通过公共投资让原本十分薄弱的农业生产条件得到进一步改善，为农村经济发展提供必要的服务和支持，并且鼓励农民发展环保型农业，最终使政策引导和激励约束机制得到完善。让更多的社会资金投入到农村当中，为三农发展注入生命活力。第三，对监督制度进行完善。国家积极倡导多元主体共同参与到社会主义新农村建设当中的金融措施大多属于支持性手段，不仅仅涉及国家财政税收，也涉及了公共利益方面。因此，国家对新农村建设要设立专项资金，而且这部分资金在使用过程中，要有政府的监督和检查，还需要将资金使用放置在全社会的共同监督下，尤要号召广大农民广泛参与和监督，避免浪费、贪污腐败、不作为等现象发生，形成资源自由、高效、公平、合法配置的环境。

在多元主体共同参与理念的指导下，我国农村金融法律制度建设和创新应该从以下几个方面着手：第一，积极建立以重大事项为主要内容的村民集体表决制度，尤其是在涉及关系到全体村民切身利益的项目，如整体拆旧房建新房、重大投资项目、村民集资等事项，必须要完全改变由政府说了算的局面，赋予村民自治权，让农民真正拥有主人翁的地位。这样，当其在参与到新农村建设的各项事务时，才会更加积极主动。第二，构建农村资金监督制度。对于农村建设的专项资金，必须设置专门的机构和监督人员对资金的使用及流向进行全面的跟踪和监督，并且构建监督人员和政府部门互动机制，避免不合理的资金运用，有效治理其中的违法乱纪现象。第三，提高农村金融市场的开放性，号召社会多方力量共同参与，并在此基础上结合新农村建设需要，构建约束激励机制，让广大企业愿意到农村发展，并为农村经济发展做出贡献。第四，建立农民培训和教育制度，对农民开展专业技术培训和知识培训，使他们能够掌握农业生产的丰富技能，提高农民的知识文化水平，并且积极引导和鼓励农民创业致富。与此同时，还可以挖掘农村劳动力的潜能，为新农村建设积攒能量，提供动力之源。就我国目前的劳动力结构而言，80%以上的工人属于初级工人，而且大约1亿的农民工和大量的农民非常缺乏现代化劳动技能。这样的劳动力结构难以有效适应经济全球化的发展需求。劳动能力较低的人在激烈的社会竞争中处在劣势地位，在国内改革及国际竞争中很有可能成为利益分配不公的受害者。因此，要想彻底改变这一现状，推动农村经济社会的全面发展，必须要加强对普通劳动者的职业教育和培训工作，不断丰富他们的劳动技能和科学知识，其中包括融资能力及金融相关知识，以此提高他们的自我发展能力和竞争能力，进一步推动新农村建设和广大农民能力的提升。

（四）从坚持非均衡发展转向坚持均衡协调发展

社会经济发展战略是一国对社会和经济发展中的全局性和根本性问题所做的在较长时期内具有稳定性的部署，包括产业发展战略、区域发展战略、科教兴国战略等。新中国成立之后，我国经济发展战略经过以下几个阶段：一是改革开放前低水平、均衡阶段。新中国成立初期，我国实施了优先发展重工业的战略，一度导致农业、轻工业和重工业的比例失调，随着计划经济体制的确立，国民经济比例失调问题得到缓解。城乡之间、区域之间、经济与社会之间的发展差距不大，但总体水平和发展速度不高，甚至一度处于停滞状态。二是改革开放初期的非均衡发展。在改革开放初期，我国深刻反思，平均主义的弊端和平均发展中存在的不切实际因素之后，进行非均衡发展实践。这一时期农村经济法制和政策更多的是为社会经济非均衡发展提供保障，金融资源更多地被投入到城市。三是均衡协调发展阶段，也是目前所处阶段。在实施了多年非均衡发展战略之后，社会经济的矛盾问题愈加突出：工业获得较大发展，但农业仍然处于自然经济和半自然经济的状态，第三产业的发展水平十分滞后；城市获得日新月异的发展，而农村的发展却举步维艰；东部地区经济发达，而中部地区经济发展水平较低；经济建设成绩卓越，而社会事业相当落后，经济、人口、资源和环境的矛盾突出；金融资本数量急剧增加，但由于远离农村，很多地区难以获得基本的金融服务。面对这些矛盾，我国从20世纪90年代末以来，陆续提出了"西部大开发""振兴东北老工业基地""中部崛起""可持续发展""科教兴国""工业反哺农业""城市反哺农村"等战略，并且从原来的非均衡发展阶段进入到均衡协调发展的新时期。在这样的支持和影响下，社会主义新农村建设的法制理念必须从非均衡发展的理念过渡到均衡协调发展理念。

我国社会经济均衡协调发展理念内涵有以下三个方面的体现：第一，产业的均衡协调发展，即工业和农村的均衡发展。第二，区域的均衡协调发展，即中部和中西部地区的均衡发展。第三，社会和经济的均衡协调发展，即经济发展速度应当和社会承受能力平衡。

就我国农村金融法制而言，长期偏离均衡与协调发展的理念和导向。以农村金融制度改革为例，改革开放以来的农村金融制度改革基本上是以商业化和市场化为导向的股份制改革。从中国经济发展的大方向来看，这样的制度改革选择应当是正确的。但考虑到我国农村经济社会发展的现实条件，农村金融制度改革的商业化和市场化还应当考虑与农村经济社会发展的均衡性和协调性。换言之，农村金融的商业化和市场化改革不能影响农村经济社会所需要的资金供给。显然，迄今为止，我国的农村金融制度改革忽视了均衡协调发展的理念，只强调了金融机构的市场化与商业化改革，而没有重视与农村经济社会发展的协调问题，导致农村金融机构进行商业化和市场化改革后大量机构撤离农村，在农村吸收的资金也大量流入城市和工商业，反而加剧了农村资金短缺的矛盾。从经验归纳的角度讲，这是农村金融制度改革忽视均衡发展的一个典型例证，值得我们反思，也进一步证明了强调农村金融法制坚持均衡协调理念的现实意义。

在社会经济均衡协调发展理念的支持和指导之下，金融法制创新需要从以下几个方面着手：一是针对农村三大产业的均衡发展，制定与之相对应的法律制度。除了对农业给予必要的重视和支持以外，以农村农产品加工为主的第二产业及农村金融、物流等第三产业同样需要得到重视和支持。在市场经济条件下，农村三大产业的发展是息息相关的。目前我国农村的金融行业发展水平较低，受到制度影响较大，如农村金融组织形式单一、设立门槛较高、民间金融被压制等。为此，农村金融法制的创新不仅要着眼于组织形式的创新，制定《村镇银行法》《小额贷款公司法》《农村互助金融组织法》等，切实保护好农民的融资权，并对金融发展的成果进行合理引导。"只有赋予广大农村的企业和农户自由融资的权利，在制度上维护多向度的融资机制，农村的改革和发展才具有可持续性"。二是针对实现东、中、西部农村地区均衡发展，制定与之相对应的法律制度。由于我国中西部和东部的农村地区在经济发展水平方面存在着较大的差距，尤其在新农村建设中地域差异更加显著，东部地区建设水平较高，发展速度较快，而中西部地区新农村建设相对缓慢。因此，我国要不断健全财政转移支付及公共投资方面的法律，给予中西部金融政策[1]倾斜，引导资本进入中东、西部农村地区。三是针对农村公共产品、服务供给，制定与之相对应的法律制度。目前，农村公共产品、服务等生活设施等方面的设施和供给存在严重供给不足的问题，这为社会经济的发展带来了严重的阻碍。造成供给不足的原因主要有两方面：一是因法律规定模糊，许多农村集体经济组织未能发挥提供公共产品和服务的职能；二是地方政府未能提供本应由其提供的公共产品和服务。为此，一方面，要通过《集体经济组织法》从法律上明确规定农村集体组织的法律定地位、与村委会等基层组织的关系、权利和义务、治理结构、财务管理、经营体制、基本职能等；另一方面还应当创新农村公共产品财政投资法律机制、建立对农

---

[1] 刘英,李娟.中西部发展的区域金融政策支持[J].武汉理工大学学报（信息与管理工程版），2006(10): 66-68.

村公共产品投资的财政预算评价机制、转移支付机制、投资决策机制、多元融资的引导配套投资机制和财政监督机制。尤其是要重视完善民间融资制度,建立多层次的金融市场,引导民间资本进入农村,促进城乡均衡发展。

第二节 农村金融法制度的政策支持策略

政府宏观调控的重要经济手段是财政和货币政策,它们也是推动社会经济发展的重要工具。在实际的经济活动当中,二者虽然有着明显的区别,但又有着相互关联和相互促进的关系。农村金融改革需要国家的经济和支持,其中财政政策效果往往能够立竿见影,但受到资源总量的限制,货币政策操作空间较大,但偏于宏观,效果上受到政策传导机制的限制,具有一定的滞后性。因此,如何加强财政与货币政策的协调与互动,让有限的财政资源发挥最大作用,让宏观的货币政策能够精确传导,引导和推动农村金融发展,解决农村经济社会发展的资金需要,是农村金融发展的一项重要课题。党的十七届三中全会《关于推进农村改革发展若干重大问题决定》指出,要加大对农村金融政策支持力度,拓宽融资渠道,综合运用财税杠杆和货币政策工具,引导更多信贷资金和社会资金投向农村。

一、农村金融法律制度政策支持

当前我国财政与货币政策在支持农村金融发展方面主要有以下几个方面:

(一)引导金融机构合理布局

主体是一切行为的承载,没有金融机构的发展,也就谈不上金融服务、产品、市场的具体构建。自1994年以来,机构改革往往是我国农村金融改革的核心,目前的金融改革思路仍然停留在"金融机构观"[1]的基础上,着眼于构建农村金融机构体系的改革。这种思路的弊端之一体现在对新型和准金融机构的排斥方面。有学者提出"金融功能观",强调应当更多地关注农村金融体系建立以后融资功能的实现,随着农村金融制度改革的推进,此种见解符合我国农村金融制度改革的需要。而且我们注意到,金融领域的具体研究也佐证了这一思路,如对于民间借贷监管制度的创

---

[1] 林广明,谭庆华.金融资源论:对金融功能观与金融机构观的综合研究[J].金融论坛,2004(6):3-8,62.

新。从金融功能的思路出发，实现金融对"三农"的真正支持不能仅仅满足于增加一些主体，应根据农村金融的不同发展阶段，区分政府主导、政策性金融机构主导、商业性金融机构主导三种类型的财政支持。还应根据不同机构的不同情况，采取不同的支持手段和力度，以及差异化的监管措施。

外国学者曾说，推动经济增长和发展的主要因素是金融机构的变化，而金融机构的种类和数量是金融深化的集中体现，金融机构发展不完善或者机构缺乏也是这一国家金融抑制的重要特征。我国当前农村金融机构主体包括三种，可以说形成了三足鼎立的局面，它们分别是农村商业金融、农村政策性金融和农村金融机构。具体开展农村金融业务的机构更多些，有人形象地将其称为"九龙治水"，即九类银行业金融机构[1]。

在推动农村金融机构市场化发展的同时，财政和货币政策在推动农村金融市场主体制度方面发挥了重要作用。财政方面的支持范围除了有农村金融机构以外，同时还需要加大对新型农村金融机构及准金融机构的支持。

一方面，对农村信用社建设给予充分支持，并引导其发挥在农村金融中的主力军作用。2003年8月，八省（市）开展农村信用社的试点改革，将明晰产权关系及强化约束机制作为总体性目标，探索和实践了股份制等新的产权模式，也取得了非常显著的成效。成功的一个主要原因在于农村信用社的试点改革工作得到包括财政部、中央银行及地方政府在内的多个渠道的支持。除此以外，在财政方面进一步加大了对农村信用社的营业税减免及免交所得税等方面的政策支持的力度，使农村信用社的改革工作具备多方面的财力支持。到2005年上半年，农村信用社在全国范围内扭亏为盈。这一成功经验表明：政策有着引导金融资源流动和合理分配的作用，而且政策的支持与合理引导比直接给予投入的效果更加理想。

另一方面，鼓励在我国广大的农村地区建立新型的农村金融机构。为了更好地推动农村金融的进步，切实解决好农民贷款难的问题，《关于农村金融有关税收政策的通知》规定："自2009年1月1日至2011年12月31日，对农村信用社、村镇银行、农村资金互助社、由银行业机构全资发起设立的贷款公司、个人机构所在地在县（含县级市、区、旗）及县以下地区的农村银行和农村商业银行的金融保险业收入减按3%的税率征收营业税。"上述政策到期后，经国务院同意，财政部和国家税务总局

---

[1] 李先琛.现行财税政策对银行业金融机构影响分析——来自张家界市的样本分析[J].金融经济，2019(2)：154-155.

又联合发文决定将财税〔2010〕4号文规定的"对农村信用社、村镇银行、农村资金互助社、由银行业机构全资发起设立的贷款公司、法人机构所在地在县（含县级市、区、旗）及县以下地区的农村银行和农村商业银行的金融保险业收入减按3%的税率征收营业税"政策的执行期限延长至2015年12月31日。此外，为鼓励农村新型金融机构的发展，很多地方政府也出台了税收优惠政策，如根据《江苏省省政府办公厅转发省财政厅关于促进农村金融改革发展若干政策意见的通知》（苏政办发〔2009〕32号）的相关规定，对经金融监管部门和省政府授权部门批准组建的村镇银行、农村小额贷款公司以及农民专业合作社等新型农村金融组织，省财政要按照已经到位的注册资本的2%给予一次性奖励。这些措施极大地增强了各类资本进驻农村的积极性。

（二）定向减免涉农金融服务的税收

国际上通行的做法是对涉农金融机构给予税收减免的政策支持。为了有效减轻新型农村金融机构所担负的财务压力，财税〔2010〕4号文明确从2009年1月1日开始至2013年12月31日5年的时间里，对金融机构农户小额贷款的利息收入，免征营业税；对金融机构农户小额贷款的利息收入在计算应纳税所得额时，按90%计入收入总额。同时，财税〔2010〕4号文对享受上述优惠的农户进行了界定，并对享受优惠政策的小额贷款限额进行了明确。这项政策实质上针对的是所有开展农户小额贷款业务的金融机构，与之前颁布的相关政策进行对比能够发现，新税收优惠不再将金融机构是否真正做到服务于"三农"作为标准，而是将业务作为标准，所有提供农户小额贷款的金融机构，均可以按业务量享受优惠政策。地方政府为推动本地农村金融发展，也出台了很多涉及农村金融服务定向税收减免的政策，如浙江省规定对服务"三农"和小企业贡献突出、考评优秀的小额贷款公司，其缴纳的所得税地方留成部分和营业税，3年内可由同级财政予以全额补助。对于纳税的确有困难的小额贷款公司，地方政府对有权限的税费，经批准后予以减免。

（三）定向补贴农村金融业务的费用

农村金融风险大、成本高、收益低等特点，和金融商业化存在冲突。这就需要给农村金融机构一定的利息补贴，使他们能够积极主动地为"三农"发展提供服务，而这也能够真正发挥出市场和政府相结合在农村金融业务发展当中的巨大作用。

例如，美国、法国、印度等国建立了类似涉农贷款的贴息机制[1]。在贴息机制构

---

[1] 王莉. 运用财政贴息机制促进西部大开发[J]. 广西经济管理干部学院学报，2003(4): 62-64.

建完成并且得到广泛落实后,金融机构会更加积极主动地为农村提供贷款服务,支持农业的发展,有效缓解农产品价格幅度较大的现实问题,确保农民的权益,提高农民的收入水平。另外,除对利率差进行补贴外,发达国家还对农业保险的保费及保险业务费用进行补贴。不少发达国家会选用立法手段建立起农业保险,在法律上确立其重要地位。美国私营保险公司最开始提供农业保险服务,但是农业保险担负的风险极大,进而导致农作物保险以失败告终。目前,美国的农业保险管理部门是联邦农作物保险公司,在实施具体的业务时将经营和代理的权利交给商业保险公司,而在这一过程中,政府给予农作物保险良好的优惠扶持政策,而且普及费用和推广费用都由政府负担。由于得到了政府的支持,农业保险成本及风险水平明显降低,而且保险公司的运营效益得到明显提升。在看到其中的利益之后,不少私营保险公司纷纷表示乐意承担这样的保险业务。日本政府也采用债务担保的方法,吸引商业资金在农业领域的投入。待进一步市场化后,可以由金融机构,根据具体贷款业务的风险和收益自行选择利率。近年来,我国政府也积极采取涉农金融补贴措施,农村金融定向费用补贴机制主要涵盖两大领域:

第一,给予新型农村金融机构定向费用补贴政策支持。积极响应党的十七届三中全会精神,为了保障新型农村金融机构试点工作的稳定和可持续发展,最大化地发挥支农功能,《中央财政新型农村金融机构定向费用补贴资金管理暂行办法》决定实行定向费用补贴政策。经银监会批准设立的村镇银行、贷款公司、农村资金互助社三类新型农村金融机构,凡达到监管要求并实现上年末贷款余额同比增长的,其中村镇银行存贷比还需大于50%,自2009年至2011年,由中央财政按照上年末贷款余额的2%给予定向费用补贴,纳入机构当年收入核算,以增强这些金融机构的发展和风险拨备能力。同时,鼓励各地政府因地制宜实施扶持政策,促进新型农村金融机构持续健康发展。

第二,对保险公司为种植业、养殖业提供保险业务的定向费用的补贴政策。2007年,中央财政首次对农业保险给予补贴,这在一定程度上为农业保险在我国的建立和持续推广提供了巨大动力。2008年,国家正式出台的《中央财政种植业保险保费补贴管理办法》,规定财政部可以给予保费补贴的种植业险种的保险标的是种植面广和能够解决"三农"问题的大宗农作物、油料作物及国务院有关文件当中涉及的其他农作物。

2008年,国家正式出台《中央财政养殖业保险保费补贴管理办法》规定财政部对省级政府引导有关农业保险经营机构开展的特定农作物的种植业保险业务,按照保费的一定比例，为投保的农户、龙头企业、专业经济组织提供补贴。财政部提供保费补贴的种植业险种的保险标的为种植面广，对促进"三农"发展有重要意义的大宗农作物，包括：玉米、水稻、小麦、棉花、大豆、花生、油菜等油料作物以及根据国务院有关文件精神确定的其他农作物。对于补贴险种，在补贴地区省级财政部门补贴25%的保费后，财政部再补贴35%的保费。其余保费由农户承担，或者由农户与龙头企业、地方财政部门等共同承担，具体比例由补贴地区自主确定。

（四）增加农村地区的金融总量

近年来，国家通过综合性的运用多种货币政策工具来加强对信贷政策方面的指导，有效指导了金融机构恰当安排信贷增长，优化信贷结构，创新金融产品，不断增加农村地区金融服务总量：一是采取差别化准备金率。将村镇银行和农村信用社存款准备金率进行有效调整，大力扶持农业银行"三农金融事业部"改革试点，给予涉农贷款投放较多的县支行优惠存款准备金率，增加了农村金融机构的可贷资金量。二是加大支农再贷款规模。人民银行为了更好地支持实体经济和推动"三农"服务水平的提升，提出并且实施支农再贷款政策。近年来，人民银行对于这项政策的实施力度进一步增强，并进一步改进管理，促使农村金融机构积极主动地应用支农再贷款来加大农村信贷的投放量。三是办理涉农票据再贴现。近年来，人民银行利用票据选择明确再贴现支持的重点，优先为涉农票据等办理再贴现业务，调增再贴现限额，较好地发挥了引导信贷投向、支持扩大"三农"融资的作用。在各项优惠货币政策支持下，农村金融机构的发展水平逐步提高，尤其是在支农资金实力方面明显提升，在解决"三农"问题和发展县域经济等方面做出了突出贡献。

二、加强财政与货币政策支持农村金融的建议

当今世界存在着一个非常普遍的难题，要求高度市场化的商业金融为小农经济提供金融服务。从其他市场经济的国家来看，构建与市场经济相一致的农村金融法律制度有着共同点：充分考虑到农村金融的特殊性，并且将特殊性作为根本依据，构建单独的法律制度和相应的政策支持体系。在法律制度和政策支持体系建立起来后，我国农村金融市场也会逐步被培育和迅速发展起来。不得不说，农村金融是我国金融服务的短板领域，我们应借鉴有关国家的成熟做法，牢牢抓住两条主线，即健全农村金融机构体系、为农村金融业务发展提供支持，加大对财政政策和货币政

策的应用力度，提高政策应用的灵活性，最大化地发挥财税杠杆作用[1]，完善和扩大农村金融服务的整体规模，优化服务结构，切实建立起金融支农长效发展机制。

（一）推动农村金融市场主体的多元化

提高农村金融机构改革的活力和深度，核心内容是要提升其服务能力。农村金融市场主体建设应围绕支持"三农"发展作为根本宗旨和目标，围绕缩小城乡差距、促进城乡统筹协调发展的基本任务，以市场为取向，以政策为引导，合理布局农村金融机构，加快构建完善分工合理、功能互补、适度竞争、持续发展的农村金融体系，提高农村金融市场主体的持续服务能力，提升农村金融服务的竞争水平，改善农村金融福利。

第一，借助财政和货币政策工具大力扶持农村新型金融机构发展。2006年，银监会（现为中国银行保险监督管理委员会）将农村地区银行业金融机构的准入政策进行全面调整，全面推行"资本""机构"放开的改革工作，其中一个重要举措就是引入农村新型金融机构。截至2011年底，全国范围内组建共1 005家新型农村金融机构，但是，在农村网点布局方面，我国仍然存在很多"零金融机构乡镇"，这些乡镇主要集中在西部地区。没有主体，没有分支机构，农村金融服务无法落脚，在这些"市场无力"的地方，迫切需要"政府出面"，采用"财政出资"或者政策引导等方式，改进农村金融服务的现状。政府要注重发挥自身的引导作用，鼓励金融机构在金融服务空白及经济发展水平较低的乡镇地区开办金融服务工作的网点，并将其纳入地方政府招商引资的优惠范围。农村新型金融机构作为一类新生金融机构，主要工作任务是服务"三农"，并且在服务"三农"方面具有灵活决策和贴近市场的优势，但是其规模较小，经营范围受限，抵御风险能力不足。因此，应保持对新型农村金融机构的费用补贴，缓解其财务压力，使其商业化经营具有可持续性。

第二，运用财政和货币政策工具继续支持和发展农村存盘金融机构。与新型农村金融机构相比，农村存盘金融机构是农村信用社、国有商业银行农村分支机构、农业发展银行的农村分支机构。相对农村新型金融机构而言，这些机构资产规模较大，离农倾向不断加强，不愿在农村开设网点或分支机构。对于经济欠发达的地区，金融机构数量极少，即使存在少数的金融机构，但是其在持续运营当中也存在较大难度。因此，政府可以积极实施网点补助、税费减免等支持措施，激励金融机构在这些地区设立网点，并且有效降低它们的运营发展成本，探索商业化支农的路径，

---

[1] 徐小俊，朱权之.以财税杠杆撬动供给侧结构性改革[J].中国财政，2017(1): 54-55.

第五章 基于"政策支持"下的农村金融法律制度建设思路

保障其可持续经营，以满足这些地区对基本金融产品的实际需要。

提高财政政策支持的针对性，增强农村金融发展成效，建议国家采取差别化支持政策：在我国西部地区实行全免营业税的措施，在我国的中部地区实行3%营业税优惠政策，针对东部县域经济较为发达的情况，可以不予减免营业税；在对应纳税所得额进行计算时，可以扣除农户小额贷款当中的利息收入。政府逐步加大对农村金融机构在"三农"金融服务方面的优惠力度，给予其合理、恰当的优惠政策支持，进一步鼓励和吸引大量的金融机构及资本流向农村地区，切实解决"三农"问题，推动"三农"全面发展。

（二）完善农村金融服务的激励制度

目前，我国的农村金融体系以商业金融为主导，这样的农村金融体系存在两个突出问题：一是政策性金融业务范围狭窄，无法满足"三农"急需的、多层次、多方位建立的金融服务需求；二是金融法律制度尚不完善，金融机构没有发展起来，农村信用社有名无实。针对这种现状，应进一步加强对商业机构"三农"金融业务的补贴，有效引导商业金融机构积极主动地展开与"三农"金融服务相关的业务，具体措施可考虑以下三个方面：

1. 建立财政奖补制度[1]，鼓励金融机构加大涉农贷款的发放

要稳步扩大县域金融机构在涉农贷款增长奖励的试点范围，出台专项贴息规定，对符合条件的金融机构发放的农户贷款给予项目贴息。坚持"多予少取"的公共财政原则，通过完善相关制度，将农村金融的税收优惠和财政补贴措施长期化、制度化，切实发挥财政政策的杠杆效应，达到"四两拨千斤"的效果。通过实证分析可以看出，财政资金有着显著的杠杆效应，而且通过杠杆效应的发挥为"三农"工作的全面实施提供有力保障。以农业担保为例，财政每投入1元，可推动大约30元的金融资本投入到"三农"领域当中。所以，财政支持下的杠杆功能可以对金融资源形成巨大的吸引力，并且引导这些资源和资金投入到"三农"领域，为"三农"问题的解决和发展提供有力支持。

2. 健全货币信贷政策调节制度，增加农村金融总量供给

用好差别准备金率、支农再贷款等政策工具，对农村金融实施倾斜的货币供给制度，促进信贷资金回流农村，拓宽支农资金来源渠道。政府使用货币政策支持农村金融发展，最主要的手段不外乎央行的"三大货币政策工具"。比较世界各国的经

---

[1] 刘强. 一事一议筹资筹劳与财政奖补：历史回顾与政策建议[J]. 农村经营管理，2017(11): 22-24.

验,利用货币政策体系支持农村金融机构发展的主要措施有:

(1)根据差别化的存款准备金率制度,对涉农金融机构降低或免收存款准备金,以保证涉农金融机构的资金充足。例如,美国、日本等国的中央银行对于农村金融机构采用的是低于城市金融机构的差别化的存款准备金率。另外,还有泰国为鼓励金融机构加大农业投入,中央银行规定农业银行不上缴存款准备金。

(2)给予涉农金融机构的信贷优惠政策,这些政策包括:稳步提高支农再贷款额度和使用面,确定合理的再贷款利率,延长再贷款使用期限;可以向中央银行借入数额大、利率低、期限长的资金,例如韩国、印度、泰国等有此类规定;允许涉农金融机构发行政府担保债券;吸收存款和借取外币筹资;支持金融发行农贷债券等。

(3)农村地区实现利率市场化,实施适度宽松的利率制度,从而保证涉农金融机构的商业化可持续运营。利率市场化对增加涉农资金投入、培育并稳定农村金融市场是非常必要的。市场化的均衡利率水平较高,需要政府采用财政贴息等办法使农民获得比市场利率低的农业贷款,或者补贴市场利率与实际利率的差额部分,将货币政策与财政政策的功能较好地结合在一起。

3. 完善农业发展银行制度,发挥政策性金融的支农作用

农业发展银行属于我国的政策性金融机构,是国家政策性金融支农的力量支撑,逐步成为财政和货币政策推进农村金融市场建立和金融事业发展的依托。就当前状况而言,农业发展银行提供的主要政策性贷款类型是农产品的收购和扶贫贷款,业务比较单一,支农政策领域及效果十分有限。对于农业发展银行,应对其功能定位进行调整,明确农业发展银行应该担当起政策性金融的任务,合理安排对农村基础设施和社会事业提供长期无息或者低息贷款,尤其要关注欠发达地区的金融业务。此外,可借鉴美国、法国等国农村金融制度建设的经验,发挥农业发展银行在农业金融领域的"准央行"功能,利用其自身信誉、地位发行"政府支持农业金融债券",面向广泛的资本市场募集资金,并将筹集的资金转贷给新型农村金融机构或农村信用社发放小额农户贷款。这样做可以有多方面的益处:

(1)可以利用国家信用、政策性金融机构的高信用降低农户贷款的筹资和融资成本,并通过这些贷款零售机构转贷间接让农户受益,帮助农户获得低成本的贷款。

(2)从整体上增加农户贷款的可用资金规模,增加农户获取贷款的机会。

(3)增加资本市场投资品种,为各类机构投资者增加具有稳定收益的投资渠道,如养老金、住房公积金等。

（4）分散信贷风险，巨额资本金经由信贷零售商分散为无数小额贷款，避免了贷款集中度高的风险。

（三）健全农村金融风险补偿制度

农村金融从整体上看是高成本、高风险、低收益的行业，农业金融服务在成本以及风险方面较高，这就使大量的农村金融机构在"三农"的资金支持方面缺乏动力，如果其中的交易成本和风险完全由农村金融机构来承担，金融机构的持续运营得不到保障。如何解决好金融支持"三农"与分散风险这对矛盾，需要政府加以引导，通过采用政策性保险、担保等方式，合理补偿涉农金融机构的经营风险，解除金融机构的疑惑，鼓励金融机构加大"三农"信贷投放的动力和积极性。

一方面，应加大农业政策性保险的覆盖面和支持力度，完善农业风险转移机制。立法先行是各国发展农业政策性保险的重要经验，为稳妥起见，应以部门规章形式对政策性农业保险涉及的农业保险的目标、保障范围、保障水平、组织机构与运行方式、政府的职能作用、参与各方的权利义务、会计核算制度、财政补贴标准及计算方法、税收、监管、资金运用等内容进行规定，为政策性农业保险提供法律依据，实现政策性农业保险的法制化、制度化、规范化。在此基础上可根据国家财政收支情况，逐步增加保费补贴资金规模，扩大保费补贴品种范围，扩大政策保险覆盖面。同时，积极探索建立农业再保险和巨灾风险分担机制，探索建立政策性农业再保险机构，为商业保险公司开展涉农保险业务提供再保险服务，增强普通保险机构涉农保险能力，增加农村保险产品的供给保障。

另一方面，建立和完善政策性农业担保机制，拓展多种形式的农业担保业务，不断完善农业担保资金补偿及风险分担机制。按照"政府主导、多方参与、市场运作"的模式，由财政资金引导，吸引金融机构包括民间资本投入，设立区域性政策性农业担保机构，推动政策性农业^保公司持续发展。进一步发挥融资性担保机构的作用，采取政府招标采购等手段，发展多种多样、适应农村需要的信贷担保组织和形式；采取税收优惠、费用减免等措施，积极引导性农业担保机构发展，动员农村体系内部力量增强自我保险能力。此外，为防范、化解担保风险，应建立以农业信贷担保机构提取风险准备金为主，以中央和地方财政风险补助资金为补充的担保风险金补偿机制。

（四）创新农村借贷法律制度

根据调研，农户借款在很大程度上属于非生产性借贷，如建房、婚丧、上学、看病及购买消费品等。较大比重的非生产性用途的农村贷款导致农村信贷对农村经济发展和金融市场推动方面的作用大大减弱。考虑到信贷的利息负担，如果农村信贷不能促进农业人均产出增加并且农户又必须承担利息成本，农村金融机构信贷率与农业增长极可能呈负相关关系。农村发展的公共产品的提供一直是农村发展的软肋，也是制约土地制度改革的障碍。缺乏完备的社保体制，也就在某种程度上限制了农村土地有效流转的可能性，阻碍了城乡统筹发展和一体化进程。在现阶段公共产品供给不足的情况下，如何结合财政和金融的力量，在教育和医疗两大"花钱"的领域为农民提供保障，笔者设计了如下制度结构：

原制度（单方法律关系结构图）：对于非生产性借贷，目前政府不可能提供充足的公共产品，主要是教育和医疗领域。可以设计四方主体之间的制度结构：农户、学校或医院、农村各金融机构、各级政府及其部门。本来应由农户向学校交纳学费才向医院缴纳医疗费用；农户向金融机构申请贷款然后还款的属于单方法律关系，修改成四个主体的多方法律关系。具体实施方法为：基于真实的教育或者医疗事由，由农户从医院或者学校拿到证明文件，并将其提供给金融机构，或者金融机构依据医院或者学校的申请将一定比例的医疗费或者学费打入对应账户当中，同时建立在三方关系基础上，政府财政将另外比例的学费或者医疗费用打入到对应账户当中。政府承担的这个比例体现了财政支农，具体比例则由各省市依据实际情况自行确定。

这样的制度安排从表面上看与传统农户直接借贷（或者助学贷款）没有实质性的区别，因为在借贷关系当中，债务人都是农户，法律行为都是贷款还款，但是实际上二者差距巨大，具体体现在：第一，保障了基于真实原因的借款，在实际的借贷过程中有着相应的证明文件，能够有效避免在贷款之后挪为他用。第二，解决了农户贷款难的问题，对于医疗及教育方面的原因导致生活困难的农户借贷国家给予相应的特殊制度支持，可以按照快速审批放贷的机制实施。第三，将政府财政支持纳入法律关系过程中，后续的法律义务分别落实到不同主体的身上，能够有效减轻农民负担。总而言之，有效发挥财政和货币政策的价值，改革财政和货币政策的支持方式和手段，增强两者的配合程度，适当发挥财政政策的杠杆作用，发挥货币政策的调剂作用，引导农村金融机构增强对"三农"的支持力度，建立健全完善的农村金融体系，满足农民多样化的金融服务需求，解决农村金融失灵的相关问题，是财政政策和货币政策支持农村金融发展的方向和政策着力点。

为此，应积极整合现有财政与货币政策支持，农村金融的各类措施，通过立法建立健全农村金融的激励机制、涉农贷款风险补偿[1]等多个方面的扶持奖补制度，强

---

[1] 张龙安. 涉农业务风险补偿机制应进一步健全[N]. 中国城乡金融报，2011-10-20(A02).

化法律制度供给,实现财政政策与货币政策支农的常态化、制度化,给各类主体提供一个稳定的市场预期,降低农村金融的经营成本和风险水平,最终达到以财政和货币政策有限引导,金融资金投向"三农",提高农村金融服务能力和效率,让"三农"发展所需的资金和资源得到保障。

第三节 中国农业发展银行转型组织形式与结构创新策略分析

农业政策性金融是指政府为了实现特定农业政策目标,对农产品交易和农业生产等方面展开金融支持。原有的三大政策性金融机构都有不同数量的涉农政策性信贷。

2008年,国家开发银行完成转型工作,成为股份制商业银行,原有的政策性金融的支农功能也不复存在。进出口银行在出口信贷业务方面也仅仅发放涉及农产品的出口信贷。由此,农业发展银行演变成我国农村政策性金融主要机构。2005年年底,人民银行行长周小川指出:"目前,我国政策性银行的发展进入了一个新的阶段,为适应新形势,传统的政策性银行要转变成为符合市场经济需要的、财务上可持续的、具有一定竞争性的开发性的金融机构。"2007年,全国金融工作会议上,农业发展银行被允许在农村地区从事开发性的金融业务,并且也获得发放中长期综合贷款的权利。2010年,中央"一号文件"明确指出:"拓展农业发展银行支农领域,大力开展农业开发和农村基础设施建设中长期政策性信贷业务。"可见,政策性金融机构向开发性金融机构转型已成为目前的主流改革趋势,农业发展银行通过开展开发性业务,不断拓展业务范围,加大政策性金融支农力度,全面支持新农村建设,成为现阶段农业发展银行改革的重要任务之一。

开发性金融是指具有政府授权的法定金融机构,以市场业绩作为基础,利用融资的方式推动制度及市场的建设,以实现政府特定经济和社会目标的资金融通方式。政策性金融与商业性金融条件相比有一定的优势,其可以凭借优于商业性金融的条件为特定的项目提供贷款支持,而不是追求自身利益的获得和最大化,其实质是对财政拨款的补充和延展。开发性金融属于政策性金融的发展和深化,除了能够从事与政策性金融业务相关的业务以外,还可以开展商业性金融业务。因此,开发性金融具有双重制度功能:一是可以通过非盈利的政策性业务弥补"市场失灵",

二是可以通过商业性业务避免"政府失灵"[1];实现金融机构自身的持续发展。在此,我们以农业发展银行为主要研究对象,探讨我国农村政策性金融制度的发展与创新。

一、农业发展银行战略转型的动因

(一) 农业发展银行战略转型的原因

理论解释农业发展相对落后,投资回报率低,如果依赖于市场机制,难免深陷农业金融市场失灵的结局。政策性金融制度是政府为纠正市场失灵而构建的国家干预制度。政策性金融机构在执行政府职能时受自身特点及功能的局限,也同样存在诸多缺陷。开发性金融制度作为对政策性金融制度的深化与发展,能够作为政府在市场经济发展中合理配置金融资源的有效工具,可以说是促进资源优化配置及实现社会经济效率最大化必不可少的制度安排。开发性金融可以有效弥补政府和市场失灵的问题,最大化地发挥政府对于农业经济的调控和引导作用。

虽然迄今为止市场经济可以被称为一种有效的配置资源的方式,但是我们不可忽视到的一个问题是市场机制并不总是最有效的。市场失灵产生于市场机制,市场失灵使市场运行配置资源时存在非效率和非公平的现象,而市场自身又无法克服市场失灵,这就需要市场外的力量介入。金融市场的失灵同样需要政府的干预。金融以利润最大化为目标,必然会忽视盈利水平低的产业和领域。农业生产周期长、贷款风险高、营利性弱,商业性金融多不愿涉足,纷纷"洗脚进城"从农村撤离。市场机制下商业性金融的理性逐利本无可厚非,但这样会导致农业缺乏资金支持,严重影响了农村作为国家基础产业的地位,并可能产生影响粮食安全等国计民生问题。为了克服农村金融市场失灵问题,政府出资建立农业发展银行,将利率低、期限长的贷款投向商业性金融不愿意介入的领域,以弥补市场机制的不足。

政府干预市场经济建立在多项预设条件之上,如政府能代表绝大多数人利益做出更恰当的公共决策,政府可在低成本运作上实现高效率等。实践证明,这只是理论上的假定和美好的预设,事实上政府与市场一样并非万能。公共选择学派在研究政府在市场经济发挥的作用时,将"理性经济人"[2]假设作为根本出发点,也由此证

---

[1] 马本,郑新业,张莉.经济竞争、受益外溢与地方政府环境监管失灵——基于地级市高阶空间计量模型的效应评估[J].世界经济文汇,2018(6): 27-48.

[2] 段苗苗.基于理性经济人视角的税收筹划研究[J].市场论坛,2017(11): 52-54.

第五章 基于"政策支持"下的农村金融法律制度建设思路

明政府和市场同样存在缺陷，无法长久地保持高效率和低成本的运行。针对市场无法解决的问题，政府的解决方案也不一定圆满，而且政府失灵会给整个社会的发展带来巨大灾难，造成不可估量的损失和资源的浪费。从中我们也可以得出这样的结论：市场失灵并不能作为政府干预的充分理由，当市场无法对市场中出现的不良行为进行调整和规范时，政府也很有可能难以圆满地完成这一项任务，也就是说，政府同样存在着失灵的问题。政府失灵，指的是政府在经济发展当中干预不当，不能有效解决市场失灵的问题，甚至限制和阻碍了市场功能的发挥，进而造成经济关系扭曲，加剧市场缺陷的严重程度，难以确保资源优化配置的实现。政府失灵主要有以下四个方面的表现：政府公共决策失效、政府工作效率低、政府重点单位的扩张和政府的"寻租"行为。根据公共选择理论，农村政策性金融，作为政府纠正市场失灵的工具，同样存在失灵的现象。

1. 公共决策失灵

在市场失灵情况出现后，政府为了有效纠正这一情况，积极提供必要公共物品，相关部门会做出公共决策，但是公共决策也存在失灵的问题，而且无法达到预期目标。根据公共选择理论，公共决策失灵有以下几个方面的原因：一是公共决策不一定能确保公共利益的实现。阿罗的不可能定理可以充分地证明，不存在哪一种方案可以把个人偏好加总成一组正确的社会偏好。因此，很难界定作为政府决策目标的公共利益。二是在界定了公共利益的范围后，农业发展银行决策信息的不完全、决策对象的复杂性及现有的公共决策机制缺陷可能使公共产品的提供（支农贷款）与预期目标发生偏差，导致决策失灵。

2. 效率偏低

政府资金的公共性决定了政府机构缺乏节约成本的动力，"花别人的钱，办别人的事"，资源浪费在所难免。处于垄断地位的政府机构竞争激励机制缺位，工作效率低下。农村发展银行的奖金和信贷资金基本上来自政府财政拨款，运营也往往依赖于财政资金，这种股本金和运营资金的公共性导致其对成本与收益的关注度较低，而且在保本微利的政策目标下，缺乏营利的激励，无论是机构还是工作人员都很难实现高效率，导致财务不可持续。

3. 寻租行为

从公共选择理论看，政府及政府部门作为一个机构主体，其政治目标的实现是由官员来完成的。作为公共决策具体执行人的官员同样是理性经济人，他们同样会追求自身利益最大化，追求升迁、加薪、轻松的工作及好的福利。当监管不到位时，极易出现权力和资源之间的交易。农业发展银行因国有产权主体虚置[1],难以建立对管理者的有效约束机制,管理者拥有对资源的实际支配权,这就造成"寻租"问题时有发生的状况,难以发挥真正的职能及优势,效率也得不到有效提升。

政府失灵问题是不可避免的,所以,在政策性金融的基础上引入市场机制,并积极推进政策性金融机构的商业性盈利业务,将其转型为开发性的金融机构是十分必要的。开发性金融以国家信用和市场业绩为基础,具有以下优点:其一,以国家政策为宗旨,运用国家信用筹集资金,投入商业金融不愿介入的农村信贷市场,支持"三农"发展,克服农村信贷市场失灵问题。其二,开发性金融追求良好的市场业绩,重视财务的可持续性,最大限度地淡化政策性金融的行政色彩,避免政策性金融存在的决策失效、低效率、政府干预不当及寻租行为等问题。其三,金融业是一个具有明显范围经济效应的行业。一般情况下,一个既定规模的金融机构业务种类和业务数量越多,运行的平均成本就越低。农业发展银行扩展业务种类和数量可以有效降低金融机构业务运行的平均成本。将商业性和政策性的金融业务进行有效融合,形成了一种交叉补贴的形式,有效减轻政府的各项财政负担。

(二)农业发展银行战略转型的现实原因

1.粮食贷款业务急剧萎缩,新农村建设需要资金支持

2003年,我国在全国范围内开始了推进粮食流通体制的改革,有效放开粮食收购价格,并将其直接补贴给农民。广大粮食企业开始进行市场化的运作和发展,使以"三项政策"为基础的农业发展银行的需要受到极大考验。一方面,农业发展银行的粮食收购业务急剧萎缩。根据规定,国储库的储备粮在全国2个月的链式需求量上,省级政府储备粮在1个月的需求量上。在放开粮食购销市场后,多样化所有制形式的收购企业都能够进入收购市场,彻底转变和突破原有企业独揽粮食收购的局面,促进粮食收购资金渠道的多样化。国有粮食购销企业的收购量呈现出逐步缩减的趋势,而农业发展银行购销信贷业务明显缩减,整个粮食收购市场当中信贷资金的份额大大降低,这样的现象主要体现在东部和西部的产销平衡区。例如,2002年,我国八个粮食主销地区在发放粮食收购贷款比例方面下降幅度达到56%。粮食收购流通体系的放开推进了政策性金融机构向开发性金融机构的转型。2009年,吴晓灵指出:"农业发展银行在改革设计时明确规定是做基础设施和开发性建设贷款的,但是由于特定的历史条件成了农产品收购贷款银行,这不是必要的。当农产品收购

---

[1] 丁小强.中国国有企业产权制度设计研究[D].武汉:武汉大学,2004.

市场化、价格体系理顺后，农产品收购贷款并不是一个问题。农村发展银行应该以开发性的贷款为主。"另一方面，《关于推进农村改革发展若干重大问题的决定》和"中央一号"文件都相继指出：要推动农村改革工作应该实施进一步的行动，稳定农村发展的大局，确保农民增产增收，与此同时还强调，农业发展银行必须要注重拓展支农领域，加大对农村基础设施建设的信贷支持。2010年10月，《中共中央关于制定国民经济和社会发展第十二个五年规划的建议》指出，必须坚持把解决好"三农"问题作为全党工作的重中之重……增强惠农支持力度，有效夯实农业和农村发展的重要基础，提升广大农民的生活水平和生活质量，推动农业的现代化发展，为"三农"金融服务工作的改革发展提供了创新的方向。尤其在转变经济发展方式的背景下，解决农村融资难的问题不能单纯依靠政府财政支持或者市场机制，而应利用开发性金融介于商业金融和政策性金融的特性，依托国家信用，在市场缺损的农村建立市场，用商业化的运行机制发挥政策性支持的效果，为新农村建设提供广泛且强有力的支持。

2.开发性金融转型实践的效果良好

2004年以来，农业发展银行进入了一个多方位、宽领域支农的新阶段。2004年7月，国务院组织召开的第57次常务会议针对农业发展银行的改革问题提出了以下三方面的要求：第一，农业发展银行要不断地改革，但业务的范围必须做到谨慎，而且在这一工作当中要侧重对粮棉油龙头企业加大业务支持，并从中间业务范围着手来进行业务扩大的工作。第二，实施业务的分类管理，区分好商业性的金融业务及政策性的金融业务，避免掩盖亏损问题。第三，农业发展银行需要将现代银行制度作为运营准则。2004年8月以后，农业发展银行的业务范围扩大水平逐步增加，并在9月份被获准向粮棉油产业化的龙头企业提供贷款服务和支持。2006年，这一业务范围进一步扩展到农、林、牧、渔、副业范围内从事生产、流通和加工转化的产业化龙头企业。2006年，为支持《国务院关于实施〈国家中长期科学和技术发展规划纲要（2006—2020）〉若干配套政策的通知》中提出的农业科技发展优先的要求，农业发展银行被批准开办农业科技贷款业务。为支持社会主义新农村建设，2007年1月，中国银监会（现为中国银行保险监督管理委员会）同意并且鼓励农业发展银行为农村基础设施、农业开发及农业生产资料提供贷款业务支持，并且严格要求农业发展银行在实施以上业务时遵照市场原则，将政策性和商业性的业务划分开来经营。2007年，银监会批准农业发展银行全面开办农业小企业贷款业务，其经营范围进一步扩大。

由此可见，自 2004 年以来，农业发展银行业务范围不断扩大，并且逐步形成"一体两翼"的业务新格局。新格局的形成表明，农业发展银行已经开展商业性信贷业务并尝试向开发性金融机构转变。虽然这种转变引来了种种非议，但实践的效果良好：第一，贷款余额不断提高，支农作用显著增强；第二，经营效益明显提高，资产质量得到优化。

综上所述，2004 年以来农业发展银行在信贷规模、经营利润和资产质量方面都有显著的变化，说明农业发展银行经营开发性金融业务是必要的。站在世界范围的角度对发展趋势进行分析，开发性金融发展阶段可以划分成以下几个层次：第一，初级阶段。政府财政的延伸使得开发性金融逐步形成，在初级阶段，采用的主要手段是财政，并运用这一手段来解决市场缺陷问题。第二，制度建设阶段。开发性金融机构将国家信用作为依托参与到农村经济发展过程中，并且为制度及市场建设起到促进作用。第三，以市场主体身份参与经济发展阶段。在这一阶段开发性金融以市场主体身份参与国家经济发展。随着市场发育水平的提升，相关制度逐步完善，国家在信用和金融业务方面实现分离，也使得开发性金融进入市场化发展阶段，而开发性金融机构也初步完成了制度建设，成为真正的市场主体。我国农业发展银行的发展契合了以上开发性金融理论，已经完成了初级阶段的发展要求，正式步入第二阶段即制度建设阶段。为了更好地克服"两个失灵"，实现农村金融市场的健康运行，有必要对农业发展银行发展战略进行重新调整，把政策性金融机构转变为符合市场需要并具可持续性竞争能力的开发性金融机构，以仅提供政策性金融服务向提供以中长期项目融资为主要业务的金融服务转变，在保障粮食安全的同时促进农业基础设施建设、农业产业化的发展，进而助推整个新农村建设。

二、农业发展银行转型面临的法律问题

（一）农业发展银行的立法现状及存在的缺陷

1. 农业发展银行的立法现状

农村政策性金融专门性立法严重不足且缺乏专业性，只在《中国人民银行法》等法律中对以农业发展银行为代表性的政策性银行监管制度进行简单说明，而且内容较少。1995 年，《中国人民银行法》第 35 条规定："中国人民银行对国家政策性银行的金融业务进行指导和监督。" 2003 年，修正之后的《中国人民银行法》取消涉及政策性银行的单独规定："本法所称银行业金融机构，是指在中华人民共和国境内设立的商业银行、城市信用社、农村信用社等吸收公众存款的金融机构以及政策性

银行。"从上面的规定当中能够看到,农业发展银行是银行业金融机构的一个组成部分,所以,规定中提到的监管制度同样适用于我国农村政策性银行。2003年,《中华人民共和国银行业监督管理法》第2条中采用了《中国人民银行法》对银行业金融机构的解释,认为银行业金融机构包含农村政策性银行。上面的法律强调农村政策性银行需要受人民银行和银行监督委员会的监管。应当注意的问题是,《中华人民共和国银行业监督管理法》规定:"对在中国境内设立的政策性银行、金融资产管理公司的监督管理,法律、行政法规另有规定的,依照其规定。"从这样的规定当中能够清楚地看到,立法者已经认识到政策银行具有一定的特殊性,并为有关政策性银行的立法预留了空间。

从行政法规和政府规章层面看,涉及农业发展银行的主要是行政法规和政府规章,如《关于组建中国农业发展银行的通知》《中国农业发展银行组建方案》《中国农业发展银行章程》,这些都是行政法规或规章。此外,《关于中国农业发展银行贷款风险分类办法的意见》《关于向国有重点金融机构派驻监事会的暂行规定》等都提及了中国农业发展银行风险管理及治理结构当中需要遵照的准则。

2. 农业发展银行立法缺陷

第一,规范农业发展银行的不少规定已经无法与新形势的发展需求相适应,出现严重立法滞后的问题。1994年,我国设立农业发展银行,而在银行设立后并没有出台专门性的法律,只是在相关法律中加以规定。在成立农业发展银行并且确定金融业务时,依照的标准是农业政策性金融机构来对农业发展银行的业务进行确定的,并且赋予农业发展银行政策性职能。在1998年,国家在相关规定中取消了农业发展银行关于农业政策性金融的业务,将其划归中国农业银行。2004年以后,农业发展银行逐步开展商业性业务,关于农业发展银行的规定已严重脱离现实。这不仅制约了中国农业发展银行的发展,也影响其向开发性金融机构转型。

第二,现有规定不但立法层次低、体系混乱,而且极不完善。现有法律对中国农业发展银行的经营范围、运行规则、内部治理及转型中出现的新问题缺乏规定,存在"规范盲点",如立法没有考虑到中国农业发展银行尚未建立"分账管理"等相应财会制度的问题。在无法可依的状态下推进商业性业务存在许多风险:一是业务经营无准确的法律定位,具有很大的不确定性;二是中国农业发展银行某些符合开发性金融特点的经营行为缺少法律法规的保障,得不到有效的法律保护;三是影响了中国农业发展银行的支农效果,也制约了其自身发展。

第三,监管制度设计针对性不强。依据《中华人民共和国中国人民银行法》《中华人民共和国银行业监督管理法》这两部法律，对政策性金融机构适用商业银行监管制度，这样的规定会导致在监管实践当中出现监督目标不清晰以及监管范围模糊的问题。就当前我国的法律制度而言，将政策性和商业性银行监管混同难以体现对政策性银行特别是转型中的政策性银行的变化的需要，严重削弱了外部监管的有效性。所以，为了有效考评和防范中国农业发展银行的风险，有必要构建农村政策性金融的监管制度。

第四，中国农业发展银行与政府之间的责、权、利关系缺乏规范约束。由于法律制度的不完善，政府通过各种方式对中国农业发展银行进行干预，包括人事权力、业务发展权、贷款投放，甚至具体到贷款数量、贷款期限、贷款利率等，都受到严格管理，许多经营活动还需要财政部审批。政府不适当的干预导致中国农业发展银行缺乏自主经营权，削弱了市场力量对中国农业发展银行发展的激励和引导力量。

（二）战略转型中立法缺陷带来的问题

在缺少法律制约的条件下，改革前的沉疴与转型中的新问题交织在一起，产生了一系列负面效应，严重制约了中国农业发展银行的发展。

1. 职能定位混乱

近年来，中国农业发展银行已经开始尝试开发性金融转型的改革，业务范围不断拓展，逐步开展了各种商业性业务。这样的实践造成的一个非常严重的后果是商业银行及政策性银行业务领域的重叠越来越多，难以明确各自的业务边界，形成一种不良的竞争状态。但是在具体的立法当中并没有明确地规定中国农业发展银行的职能，这为中国农业发展银行的转型和改革工作带来了极大的阻碍。与此同时，商业银行对中国农业发展银行的做法也是相当不满，认为其"政策性不足、商业性有余""脚踏两只船"。

这种观点主要表现在以下几点：一是认为中国农业发展银行在设定自身的业务范围时，必须限制在非营利的范围之内，不能和商业银行争利，如果中国农业发展银行能够获得较大的盈利，那么也会有大量的商业金融进入其中。例如，对于农业开发和农村基础设施建设中长期信贷业务，由于其有财政担保等可靠的还款来源，尽管还款周期长，但仍然有利可图，很多商业银行有意进入此领域。二是中国农业发展银行享有国家信用，能以国家主权信用为担保在银行间债券市场发债，筹集到成本较低的资金，即使扩展的商业性业务与政策性业务分账经营，凭借国家主权信用的担保来从事有关的商业性业务，抢占商业银行市场，这也会形成一种不公平的竞争状态。产生这种争议的原因在于，中国农业发展银行运转多年特别是在转型期间,一直缺乏专门法律的明确规定。因此,制定规范中国农业发展银行的专门法律已经非常紧迫。著名政策性金融研究者白钦先教授指出:"有了立法之后,才可能说谁做得对,谁做得不对;谁到位了,谁没到位;谁越位了,谁没有越位。"可见,中国农业发展银行业务范围的界定、政策性业务和商业性业务比例如何分配是亟待解决的问题。

2.资金来源及结构存在突出问题

中国农业发展银行充足的资金供给离不开稳定的资金来源,特别是在逐步开展商业性业务且贷款余额不断增加的转型时期,资金供给不足严重制约了其顺利转型。目前,中国农业发展银行的资金主要有以下几个来源渠道:①资本金;②财政支农专项款;③中央银行再贷款;④中央银行的利差补贴;⑤发行债券。2009年,中国农业发展银行资金来源主要集中在三个方面:央行借款占负债总额的22.38%;金融债券占比49.70%;各类存款(包括同业存款和其他金融机构存款)占比27.11%。由此可见,中国农业发展银行的资金来源存在以下问题。

第一,资金来源不足,导致实收资本与资金运用风险管理要求失衡。农村政策性银行承担着为农业、农村发展融资的职责,资本充足率一般应高于普通商业银行。中国农业发展银行自有资本在其成立时就未能达到规定的200亿元注册资金,十多年的经营中也没有随着贷款规模的增加而补充资本金,资本充足率远远低于国外农业政策性银行的水平,与风险控制管理的要求相去甚远。

第二,央行借款比重过大。虽然央行借款占负债总额的比例已由2006年的42%下降为2009年的22%,但其所占比例之大在国际上仍然少见。由于政策性信贷资金运行过多依赖央行的基础货币,当农副产品收购旺季政策性贷款刚性需求增加时,则倒逼央行增加基础货币的发行量,严重影响央行宏观调控政策的实施和经济的稳定。

3.准政策性贷款[1]归属不清且违约率高

中国农业发展银行的一份文件的数据显示,截至2009年年末,在中国农业发展银行的银行系统中,粮油准政策性不良贷款达157.01亿元,较年初新增103.8亿元。而且在这高于150亿元的不良贷款当中,吉林、辽宁两省占近70%的比例,分别为76亿元、24亿元。审计署2010年4月20日发布的对中国农业发展银行2008年资产负债损益结果显示:2008年整年其违规经营资金达93.84亿元,分支机构造成的粮棉油收购贷款资金被挪用或者骗取的金额达到52.99亿元,而且违规案件大多发

---

[1] 张弩.农发行准政策性贷款风险及防范分析[J].时代金融,2015(15):265.

生在准政策性粮棉油收购贷款中,主要是由银行工作人员操作不当或者工作失职等原因造成的。

中国农业发展银行在转型中已开始开展部分商业性(自营)业务,但中国农业发展银行在政策性贷款和商业性贷款之间自定"准政策性贷款"的统计口径。因此,财政部与中国农业发展银行对政策性贷款的归属存在很大分歧。中国农业发展银行认为,准政策性贷款用于向地方政府支持的农业企业提供粮食收购融资,不属于中国农业发展银行自主发放的部分,在很大程度上仍是执行政策性任务。如果不能收购这些企业的贷款,就极有可能会出现农民卖粮难及收购企业打白条的问题。对此,政府会要求中国农业发展银行支持粮食收购,因此准政策性贷款仍然属于政策性贷款的范畴,但是财政部门在准政策性贷款的认定方面,更加倾向于商业性涉农业务,因为财政部从来未承认中国农业发展银行自定的"准政策性贷款"。中国农业发展银行于2009年颁布的《准政策性贷款管理办法》较为明确地给出了"准政策性贷款"的概念:准政策性贷款是为了有效履行农业政策性银行的有效职能,更好地对粮棉油收购工作进行支持,推动产销有效衔接,维护农产品和生产资料市场稳定,而由中国农业发展银行自主发放以及风险自担的贷款类型,应由中国农业发展银行自负盈亏。很显然,准政策性贷款的归属不清导致相关贷款违法经营和管理不当的责任不明,缺乏明确的制度约束,道德风险激增,不良贷款数额膨胀。

4.内控和监管不到位

近年来,中国农业发展银行向开发性金融转型的过程中,内部管理和外部监管不力,经营风险频频增加。中国农业发展银行目前采用一级法人下的分支行行长负责制,没有完全分离所有权、决策权、管理权,在内部管理方面尚未建立起完善的和具有约束力的权力制衡机制。媒体曝光过长春市禾丰粮油经销有限公司对中国农业发展银行吉林省分行的巨额逾期贷款一案,截至2009年2月末,禾丰粮油经销有限公司逾期贷款的数额竟然高达2 247万元。在对这一事件进行调查研究后,中国农业发展银行给出的分析报告当中认为,这一事件的发生是由于中国吉林省分行营业部下属的农安县支行在对涉事公司提供贷款时没有对调查、发放及管理等环节进行严格把关。最后给出的处理方案是对涉事责任人处以800元至1 000元的罚款,这样的经济处罚太轻了。根据内部人士透露,中国农业发展银行吉林省分行的监察部门介入这一事件,对上述给出的经济处罚有所加重,但是仍然没有对其给予实质性的行政处罚。从这一典型案例可以看出,中国农业发展银行内部管理和外部监管两方面均存在问题。

第五章 基于"政策支持"下的农村金融法律制度建设思路

一方面，经营管理混乱。第一，贷前调查不严，未能及时发现借款企业提供的虚假资料。第二，没有按照相关的收购进度进行放款，在售粮回款方面没有加大监督力度，尤其是没有关注到贷款资金中的异常问题，并且没有对其采取及时有效的管控策略，最终导致信贷制度流于形式。如果上例中禾丰粮油经销有限公司挪用贷款投资期货，农安县支行对此贷款的风险却一无所知。

另一方面，信贷业务管理不力。第一，授信环节基础工作薄弱。对于授信环节的基础工作，中国农业发展银行在这方面还存在很多薄弱点，没有形成对集团客户综合授信制度执行状况的全面跟踪和监控。一些企业往往会利用中国农业发展银行地区、部门之间在授信管理工作中信息不对称的疏漏来展开骗贷活动。第二，客户信用评级缺乏可靠性。在很多中国农业发展银行的分支机构，在实际上开展客户信用评级工作当中，往往只注重形式，甚至是流于形式，没有及时发现企业提供的虚假资料。第三，部分信贷资产质量不真实。2009年4月份，湖南长沙巴黎纺织服装公司挪用中国农业发展银行的棉花收购贷款进行房地产的投资，从而导致巨额贷款不能归还。在处理这一事件中，中国农业发展银行湖南省分行为了掩盖这一不良贷款采用了违规办理贷款展期手续的方式，从这一事件当中也能明显地看出部分信贷资产质量不真实的问题。

在缺乏有效内控机制的同时，外部监管机制也不完善，缺少有效的责任追究机制。中国农业发展银行由中国银行保险监督管理委员会、中国人民银行、财政部等部门从不同的角度进行监管。首先，中国银行保险监督管理委员会关于资本充足率的规定，只对商业银行具有刚性约束，对中国农业发展银行仅是一个软性约束的检测指标，即使国家每年下达信贷计划控制中国农业发展银行的信贷规模，但对于中国农业发展银行的担保、承诺等表外风险资产没有约束。其次，各个监管部门间的分工尚未建立有效的协调机制，不同的监管标准、规则与要求使得农业发展银行无所适从，同时很多环节又出现了监管真空，为内部人控制和权力寻租提供了条件。例如，在长春市禾丰粮油经销有限公司巨额逾期贷款一案中，中国农业发展银行农安县支行在调查、发放、管理环节中把关不严，监管机构并未及时发现问题，而且当不良贷款形成以后，对信贷管理人员也未追究相关责任，违规成本接近于零，导致不规范行为难以有效预防。

（三）国外农村政策性银行转型的立法经验

农业政策性银行必须对市场经济发展需求及农业发展需求进行综合了解，从而更好地满足其需要，向着开发性金融机构的方向进行创新改革，这样的改革路径已经在很多国家的金融实践中得到验证，并且取得了显著效果。在1980年以后，很多国家的政策性银行开始了转型之路，走向多元化经营的道路。法国的农村政策性金融机构（法国农业信贷银行）早在1959年就开始向开发性金融转型，法国政府当年通过一项法令，授权该银行对农村地区的较大人口聚居地提供抵押贷款，突破了传统的以农业为导向的政策性银行的经营宗旨。在此后的几十年里，法国农业信贷银行不断扩展其服务对象范围，支农能力也不断增强。到1979年，法国农业信贷银行几乎为全部的农村社区提供服务，服务对象超过法国总人口的一半。美国1916年通过了《农业信贷法》，以此为基础形成了美国完善的农业信贷系统。此后，美国不断更新和扩充农业信贷机构的经营范围，从1916年以来，经历了大约10次调整，最早的是1923年的《农业信贷法》，后来分别于1927年、1947年、1961年、1971年、1978年、1982年、1985年、1987年、1996年等年份，进行了不同程度的修订。

发展中国家的农业政策性金融机构战略转型也毫不逊色，各国都相继对本国的农业政策性金融进行调整，以适应不断变化的新形势。以菲律宾、泰国为例，1963年根据《农业土地改革法》建立了菲律宾的农村政策性金融机构——菲律宾土地银行，但是由于在资本和组织结构等方面的不足，不能满足实施农业改革的要求。1973年，菲律宾颁布了251号总统法令，授权菲律宾土地银行从事商业性金融业务，开始了向开发性金融的转型。这一法令的颁布使该银行的贷款范围有了很大程度的扩大，也有效增强了银行的可持续发展能力及稳定财务的能力。通过商业性金融业务的经营为政策性金融提供补给，以达到为小型农户和渔民贷款的目的。值得一提的是，菲律宾的农业政策性金融已经在发展中国家产生了一定的影响，并受到国际组织的重视。菲律宾土地银行的行长多次担任亚太农协主席。泰国农业和农业社银行依据1966年颁布的法律而成立，该法律规定的贷款范围较狭窄，为了适应农业发展的需要，多年以来一直在扩展其经营范围，1976年、1982年、1992年、1994年对该法律进行了四次修正，加速推动农业社向开发性金融转型。

从以上各国的立法经验来看，无论是农业政策性银行的成立还是政策性银行向开发性银行转型，均遵循"一行一法"，在成立金融机构之前或在转型过程中先单独立法，即先立法后设立机构，以法律的形式明确开发银行的职能定位和业务领域，进而在法律中明确农业政策性金融的法律地位、经营范围、融资方式、组织机构、内部治理机构、权利义务、内部管理办法等内容，借着这样的机会明确划分出两者的界限，有效降低金融及道德风险。不同国家的实践证明，法律保证了农业政策性金融通过向开发性金融转型，提高经营效率，实现了业务运行的可持续，提高了服务农业、农村、农民的深度和广度。

三、保障中国农业发展银行转型的立法建议

我国自改革开放以来，秉承"先试点，后立法"的理念，法律制度滞后，使中国农业发展银行在转型过程中，问题不断凸显。所以，制定有关的法律文件已经成为农业发展银行向开发性金融转型必需的法律制度保障。

（一）立法模式的选择

1. "一行一法"还是"多行一法"

对于开发性金融机构的立法模式，目前主要有两种观点：一种观点认为，虽然根据我国2007年金融工作会议的决定，国家开发银行已经先行改革为商业性银行，2010年又将中国进出口银行定位为政策性银行，中国农业发展银行作为政策性银行定位的基调基本确定。但是，以上定位都体现了开发性金融的本质，只是因为发展阶段不同而对定位的表述有所差异。国家开发银行处于开发性金融的第三阶段，其运行开始纳入市场轨道，而中国进出口银行和中国农业发展银行还处于第二阶段，需要依靠国家信用参与市场活动。三者都统一于开发性金融，所以应当选择"三行一法"的立法模式，制定一部开发性金融机构法，专门规范开发性金融机构的共同问题。另一种观点认为，开发性金融机构在不同的历史时期和发展阶段对制度的需求也各不相同，我国在具体的实践中就需要对差异化的政策性金融机构或者开发性金融机构分别立法，实行"一行一法"的立法模式。第一，不同政策性银行具有不同的业务领域和经营特点，如果采用同一部法律规范，制度的针对性可能不会很强。第二，经济高速发展带动产业发展，产业融资能力的增强必然会减弱政策性金融机构的现实需求，尤其是在制度及市场建立后，开发性金融机构关于政策性业务的使命就会发生变化，这势必导致法律制度的废止或修改。采取"一行一法"的立法模式更便于法律制度的修改。第三，从国外的立法实践来看，多数国家针对农村政策性金融的特点采用了单独立法的模式。

2. 制定法律还是行政法规

无论是政策性金融还是开发性金融，都是借用国家信用，动用公共资源贯彻国家的支农政策，具有极强的公共性。同时，公共资源的利用必然涉及全体纳税人的权益。根据现代社会治理的理念，国家的权力（包括财政权）源于全体公民的授权，为了提高公众的认同，保证立法自身的正当性及权威性，应当对政策性金融机构或

其转型的问题制定法律加以规范。从我国现行立法情况来看,《中华人民共和国商业银行法》由全国人大常委会以法律的形式通过。政策性银行与商业性银行同为金融机构,同样应该以法律形式来规范其行为。此外,虽然法律的稳定性和立法程序的合格性导致立法通常滞后于社会需要,立法机关常常授权于行政机构行使立法权,但是行政机构制定行政法规或规章的便利却牺牲了立法机关的权威性和规范性,这也正是现阶段我国在政策性银行立法当中存在的突出问题。对此,制定有关中国农业发展银行的法律更加有利于我国农村政策性银行走上法治的轨道,引导其向开发性金融方向发展。

(二)立法应重点规定的几项内容

有关中国农业发展银行法的法律是中国农业发展银行业务运行,保障职能发挥和目标实现的根据,将行为法及组织法进行有效融合,而且对中国农业发展银行的法律地位、管理体制、经营机制、监管等问题做出规定,还需要对中国农业发展银行的业务范围、财会制度、扶持政策等相关问题给出明确的规定。

1. 法律地位和经营目标

将中国农业发展银行转型为开发性金融机构,不仅要求其依靠国家信用的基础筹集资金为农业提供中长期融资,同时要求其健全制度。中国农业发展银行有下面几个突出特征,接下来将对其进行明确阐述。首先,中国农业发展银行受到国务院领导的重视,也因此在各项业务和金融实践中体现出政府对支农工作的帮助和支持。其次,把国家信用作为基础,积极筹措和归集支农资金,努力提升业务水平,承担国家确定的农业和农村的金融业务。最后,中国农业发展银行并不选择走国家开发银行的道路,不进行完全的商业化转轨,支农业务仍是中国农业发展银行的核心。但是,中国农业发展银行向开发性金融机构转型,需要通过法律确认其相应变化:一是在从事政策性金融业务的同时从事一定范围的商业性金融业务,通过市场化经营,实现可持续发展;二是明确以政策性目标为主,在保证政策性业务完成的基础上开展商业性业务,通过商业性业务的盈利补贴政策性业务的亏损;三是主体类型在法律上确定为公法上的法人。中国农业发展银行应具有一定的权利能力、行为能力和责任能力。因中国农业发展银行代表公共利益,专门为"三农"提供综合金融服务,应属公法范畴内的法人。综上,中国农业发展银行的法律定位是,直接接受国务院领导,把国家信用作为根基,担负国家确定的农业和农村的金融业务,依照现代银行体制机制进行运作和管理,成为政府支农工作的金融工具,并发挥其引导社会各界资金回流农村的载体作用。

在经营目标方面，应定位在促进农业、农村、农民的发展。农业作为国家基础产业，其天生的弱质性和后天支持的不足，导致其发展陷入困境。中国农业发展银行向开发性金融结构转型应当符合我国经济发展方式转变的要求，结合国际上开发性金融结构发展的历史规律，继续坚持政策性目标，服务于国家宏观调控，要确保粮棉油收购信贷的资金及时足额供应，大力支持农村基础设施建设及农业开发的相关工作，择优支持农业产业化经营。在严格遵循国家各项强农惠农政策的基础上，在市场及银行框架内开展各项业务活动，严格依照市场的规则引入公司化治理结构和现代银行框架，建立健全内部控制体系，强化全面风险管理，加强业务领域的拓展工作，突出其运营的政策性，与此同时要兼顾商业性，实现良好的社会效益，将中国农业发展银行办成真正建设新农村的银行。

2. 组织形式和治理结构

强化组织形式和治理结构建设，改变传统的行政职能部门化的组织结构是保证中国农业发展银行执行宏观政策意图、提升经营管理水平、解决内部人控制等问题的有效途径。这一途径的实现需要依赖一系列完善的法律制度协调国家开发银行与利益相关者之间的关系，保证中国农业发展银行决策的高效性与科学性，避免因"政府失灵"而导致的经营失败或效率低下。具体建议如下：

第一，建立科学高效的组织形式。高效的组织形式依赖于科学制度的安排和运行。一方面，应从法律上确立中国农业发展银行有权根据业务需要设立分支机构。分支机构具有独立法人资格，用于弥补不同地区和产业发展当中的供给失衡等缺陷。分支机构的设立可由国家开发银行自主安排，法律不宜限制过多，以免影响银行自由经营权和政府宏观调控效果。另一方面，制定审慎授权管理制度，授权分支机构经营开发性业务。中国农业发展银行运用动态、科学管理的思想，将授权人的管理水平、当地经济发展情况、实际业务需求等方面的情况进行分析，实施差别授权动态调整，将一定类别和额度的开发性业务审批权限下放到部分二级分行当中。采用这样的方法能够极大地简化审批的各项流程，提高业务办理的效率，为业务拓展提供条件。

第二，完善内部治理法律制度。提高对内部治理结构建设的重视程度，促进内部治理结构的健全和完善，并形成科学化的制衡机制。针对中国农业发展银行的内部治理现状，应当对其决策机制、内部稽核制度、激励约束制度进行完善，为中国农业发展银行的经营提供恰当的约束和激励机制。首先，完善决策权力机构的制度。我国政策性银行大多决策机构和经营管理机构合一，不设董事会。从世界各国的情况来看，大多通过立法要求政策性银行设立董事会。我国农村政策性银行转型为开发性金融机构同样需要设立董事会，这也是现代企业制度发展的必然需求，同时能有效提升内部治理质量和效率。在立法中，可以考虑成立董事会，而董事会是由财政部、中国人民银行、农业部、中国银行保险监督管理委员会等相关部门派人组成的，行使对中国农业发展银行重大问题的决策、协调和监督职能，直接对国务院负责。其次，完善内部稽核制度。建立严格的信用评估制度，完善贷款资格准入制度。对贷款项目进行严格论证，加强贷款发放和支付审核，杜绝关系贷款，积极推进审贷分离的制度，并在此基础上细致考察企业的财务状况、资信状况、经营范围、资产负债比率、抵押担保能力等，全面贯彻落实准入条件，并按照申报认定程序严格执行。同时，建立贷款全程跟踪制度，根据信贷资金的使用情况及时提出风险分析报告，有效防范贷款资金挪用风险，推动银行资金的良性循环。中国农业发展银行开发性金融业务刚刚起步，信贷部门及人员在管理经验和管理技能方面还十分薄弱，这在很大程度上增加了现代管理的难度，这就需要制定全程跟踪的信贷制度，以便更好地把控资金使用和流动的去向，按时回收贷款。最后，设计科学的激励制度。在构建激励制度的过程中，可以将业务目标管理及机构、员工的激励机制紧密联系起来，从而极大地增强机构和员工在拓展业务方面的积极性、主动性和创造性。可考虑以下两个措施：一是对中国农业发展银行组织本身的激励，关键在于健全中国农业发展银行的自主经营机制，完善中国农业发展银行的利益及补偿机制；二是积极构建内部员工激励制度，将其业务量、贷款质量等绩效指标列入综合考核评价体系，将考核结果与职工收入、升迁机会相挂钩，同时建立与开发性业务相适应的问责制。

3. 确定科学的经营原则

第一，坚持政策导向原则。提高农民收入水平是"三农"的核心问题，而要切实实现这一目标必须要做到：推动农村剩余劳动力的转移；恰当调整农村产业结构；有效完善现有农村要素市场，培育新型农村要素市场[1]；推动农业持续性发展。要想全面推进社会主义新农村建设，必须要获得农村金融的支持，甚至在很大程度上会依赖农村金融的发展。现阶段，我国正在全面推动金融体制的改革，这也使大量的商业性金融机构不愿意涉及"三农"领域，而是追求自身利益的最大化，将资金投入到能够获得更高效益的非农部门。这样的情况使农民的金融服务需求得不到

---

[1] 元利兴，詹琳，聂振邦. 进一步拓展农村市场的政策建议[J]. 全球化，2016(5): 80-93, 134-135.

有效满足，进而造成农村经济发展的困境，导致农民收入增长缓慢。我国正处于经济社会发展的第二次转型中，面临着诸多经济发展失衡的问题，开发性金融机构要重视发挥自身的纽带作用，有效将政府和市场连接起来，并且发挥自身在建设市场时的巨大效用。因此，开发性金融机构在目前这一发展阶段必须将工作重点放在政策性业务方面，推动服务经济结构的转型升级，促进社会经济的全面协调与可持续发展。

第二，坚持渐进转型原则。支持制度渐进变迁的理论来自对成本和收益的分析。樊纲在研究当中把改革的成本划分成两个部分，分别是摩擦成本和实施成本，而且他认为渐进式改革的摩擦成本低于激进改革，实施成本高于激进改革，也就是说这是一条阻力较小的改革途径。林毅夫等人在研究当中认为，渐进式改革有着"帕累托改进"的性质，对可供分配的资源总量进行扩大来让人们普遍受益，而不触及既有的利益格局。渐进式改革强调从微观改革、局部试验、开始逐步过渡到全面推广。我国向开发性金融的转型不是一蹴而就的过程，而是信息和知识存量积累性发展的制度变迁过程。由于我国农村金融市场制度很不成熟，中国农业发展银行如果转型过急，可能会影响自身的平稳运营，又容易导致金融体系的动荡。因此，中国农业发展银行在转型过程中，应注重各方利益的协调，逐步推进商业性业务，实行分账经营，逐步转型。

第三，坚持市场运作的商业管理原则。长期以来，由于中国农业发展银行的政策性定位，强调保本微利，因而忽视了其市场经营和盈利功能，导致中国农业发展银行常年亏损，风险积聚，影响整个金融体系的稳定。随着向开发性金融机构的转变，从制度上应改变单一的政策性定位。开发性金融要求发挥市场在资源优化配置当中所起到的基础作用，借助多样化的市场手段，依照商业化金融运转的规律，有效减少运营的成本，保障经营的效益，解决政府失灵和效率低下的问题。同时，应将银行业的发展规律作为必须遵循的原则，全面推进商业化管理，确保效益性和政策性的统一，有效提升可持续发展的能力，坚持把风险防控作为工作主线，建立完善的责任制度，构建科学完善的系统化的风险管理机制，提高风险防控水平。

4.确定适当的业务范围

中国农业发展银行转型后的经营范围应当尽快在法律中明确规定，赋予中国农业发展银行开发性金融机构的地位。从大的发展方向来看，中国农业发展银行及其分支机构的业务将逐步由单一向多元发展。其业务虽然主要集中在政策性业务领域，商业性金融较弱，但具有较高的社会效益，政府仍然会高度关注并大力支持。根据国家"十二五"规划和农业的发展现状，新的立法应当明确规定其业务范围，包括农村基础建设贷款、农业小企业贷款业务、农业综合开发、农村公共事业、农产品出口等领域。除贷款外，还应当允许其通过发行商业票据和金融债券筹集资金，并开展国内外结算、股权投资、基金管理、金融、信息咨询等业务。经中国人民银行批准，应当许可其经营结汇和售汇业务。考虑到开发性金融机构的性质及避免金融业过度竞争，立法上应当禁止中国农业发展银行开展以下业务：①吸收储户存款、信托存款和委托存款；②从事信托投资业务、从事证券经营业务、向非自用不动产投资和向非银行金融机构投资；③向企业投资。

5. 规定适当的资金来源渠道

中国农业发展银行不吸收社会资金，为开户企业提出这样的要求：开户企业存款需要存入专业账户当中，而且不参与市场融资及股票的发行，在得到中国人民银行批准之后可以实行外资信贷的相关业务，而且只对其他金融企业及社会发行债券。中国农业发展银行在资金来源方面除了会受到我国财政支持能力的限制以外，还会受到再贷款可供规模的约束。因此，中国农业发展银行转型应当借鉴国外融资渠道多样化的经验，拓宽资金来源渠道，维持稳定与可持续运行。

第一，扩充中国农业发展银行的资本金。政策性较强的传统粮棉油收购等信贷业务对资本金并没有非常严格的要求，但开发性金融业务要求按照市场机制运作，更对资本金提出了较高的要求因此，应该参照《巴塞尔协议》[1]的要求进行风险整体控制，提高资本金充足率，综合考虑业务发展的市场需求，并按照这样的需要来恰当增加本金，使银行资本在风险资产中所占的比率接近或者达到8%。我国可以考虑利用财政注资等方式拓展其资金来源渠道。

第二，吸收单位储蓄存款。存款是筹措成本最低的资金，我国现行法律不允许政策性银行吸收公众存款，但允许其吸收开户单位的存款。在此许可下，中国农业发展银行可通过为客户提供咨询服务等方式吸收客户更多存款。考虑到存款结构的优化，中国农业发展银行应当增加中长期资金来源，增加期限较长的定期存款，把一部分活期转化为定期。

第三，推广协议存款、同业存款。中国农业发展银行还可以借鉴日本的经验，将向邮政储蓄、保险公司等部门的借款列入筹资范围。该方式既可以为中国农业发

---

[1] 孙若鹏.《巴塞尔协议Ⅲ》最终版的背景、变化及对中国银行业的影响[J].金融监管研究，2018(10): 33-48.

展银行带来低成本的资金，还可以引导资金回流农村。与此同时，中国农业发展银行可以有效开展同业存款，使支农资金来源得到极大程度的扩大。此外，中国农业发展银行可以考虑构建专项基金代理机制，包括农村养老基金、医疗保险基金、专项农业发展基金等，在涉及这些专门的项目时可以由中国农业发展银行进行管理，并按照相关流程监督拨付。

第四，以国家信用为基础发行金融债券。美国、法国、韩国、日本等国的政策性金融机构在筹措资金时，大多都是把国家信用作为有效根基来进行金融债券的发行工作。利用这样的方法可以保障资金的稳定性，确保资金来源的可靠性，还能在极大程度上减少对中央银行货币的需求。2004年，中国农业发展银行首次以市场化方式发行政策性金融债券，截至2009年年末，累计筹集资金8 000多亿元。由此可见，发行金融债券已经成为中国农业发展银行资金来源的重要渠道。

6. 完善外部监管制度

根据《中华人民共和国中国人民银行法》和《中华人民共和国银行业监督管理法》的要求，中国人民银行、中国银行保险监督管理委员会共同对其进行监管。由于中国农业发展银行资金来源的公共性、经营范围的多元化，监管效果不理想。所以，应当结合其开发性金融的特点，构建新的金融监管制度。考虑到中国农业发展银行的半官方性质和地位，监管主体可以从原来的两个主体扩展成多元主体，通过不同部门之间的密切配合来形成专门化的监管机构。在宏观层面，可以有效运用法律手段对中国农业发展银行的运营进行指导和规范，督促中国农业发展银行严格执行关于支农惠农的相关政策，并且在法律框架内进行开发性金融业务的拓展工作。在微观层面，在对中国农业发展银行进行监管时要考虑到其在经营、贷款、内控等方面不可忽视的差异性和特殊性，完善现场检查、专项考评、风险预警等制度，规范其运行并控制其风险。

随着中国农业发展银行开发性金融业务的拓展，必须做好商业性和政策性业务的区分工作，并建立严格的分账管理和核算制度，实现两类业务分类管理、分账核算、分别考核。对于政策性业务，中国农业发展银行可以设立对应的指令性账户，有效按照"谁交办，谁补偿"的原则进行各项业务的处理，事前确立完善的补偿制度，保障各项资金来源，同时接受国家相关部门的考核和监督。对于商业性业务，银行可以设立指导性账户，全面推行市场化管理，在资本的规模方面严格贯彻落实商业银行的标准，在资金来源方面采用市场筹集的方法，接受中国银行保险监督管理委员会的审慎监管。

此外，还需要积极建立以公众为基础的外部监管制度。中国农业发展银行主要由国家出资建立，产权集中导致对管理者的监督和约束不足，而且监管者容易因谋求个人及组织私利出现内部人控制权力的"寻租"现象。所以，在法律中应确立公众参与监督的机制，保障公众监督的权利，提高对中国农业发展银行的监督效果。

7.健全法律责任制度

中国农业发展银行作为独立的法人，应当在法律中要求其在权限范围内独立承担责任。对内部管理当中的主要责任人进行明确，有效建立和实施责、权、利三者统一的制度，构建有权必有责、违规必究的责任追究机制。具体措施：一方面，建立决策失误追究机制。在立法上，因错误决策出现不良后果的，决策者必须承担由此产生的法律责任。在此基础上推进决策体系的制度化、科学化。另一方面，建立法定代表人和主管人员责任追究制度。对于违反规定发放贷款等违反法律的行为，规定明确的法律责任形式，并且严格按照法定程序追究责任。

第四节 农村合作金融法律制度的协调探究

现代金融的实践开始于19世纪中期的德国，在历经百年的广泛发展后，现在已经发展为与商业金融、政策金融共同构成各国现代金融体系中不可或缺的组成部分。然而在农村地区，以农村信用社为代表的金融机构没有明确的产权制度保障，也没有专门的系统性金融规范制度来为其提供支持，从而使合作制金融发展缺乏必要依据，甚至是有名无实，这在很大程度上制约了农村经济社会的长远发展，也为农村的金融机构运营发展带来了很多问题。将股份制作为根本导向的农村信用社及商业银行的改革与市场化改革需求相符合，但以商业化为导向的股份制改革与服务"三农"缺乏契合点，股改后的金融机构追求利润最大化的目标与服务"三农"的要求之间形成了制度上的相悖，没有真正改进对"三农"的金融服务。金融已经成为全球金融体系的重要组成部分，也在世界范围内获得了很多成功发展的经验，与我国政治制度、民族传统、农业经济等具体国情有着天然的默契性，不应成为"被改革"的对象，而应成为发展的对象。在立法方面，我国应借鉴其他国家先进的金融法制建设经验，并制定专门的金融法律法规，明确金融机构公益法人的地位，并对金融监管的边界进行界定，从而重构我国真正意义上的农村金融法制体系。

第五章 基于"政策支持"下的农村金融法律制度建设思路

一、农村金融法律制度的创新路径探析

(一)建立健全社会主义新农村金融法律体系的立法原则

1.政策扶持和适度竞争相结合

首先,就当前农村金融的发展现况来说,国家或者政府必须在观念及制度保障方面给予支持和鼓励,扶持其发展,并且确保正确的发展方向,在此基础上提高其前进的速度。与此同时,为了进一步提升我国农村金融的竞争力,可以恰当地实施倾斜政策,如减税、免税、补贴等加大对农村金融的扶持力度。此外,必须要认识到的问题是,各农村金融组织从成立一直到消亡都要符合市场发展规律。对于资源配置,市场掌握着主导权。所以,在农村金融机构的发展中,同样要发挥市场的作用。对此,构建一套面对市场,尊重市场竞争,并有适度竞争力的市场制度是加快农村金融制度发展的必然之选。总之,必须将政府扶持和适度竞争作为建立和完善新农村金融法律体系的重要立法原则,使政府及市场的作用有效融合、相辅相成。坚持适度竞争是农村金融组织发展的内在性以及基础性的要求,坚持政府扶持则是农村合作金融存在和发展的环境性条件。农村金融制度的构建过程也正是将两者进行统一和协调的过程,必须牢牢把握政府和市场的关系。

2.正规金融与非正规金融相协调

农村经济发展的过程中存在着两种形式的金融,一类是正规金融,另一类是非正规金融。如果农村的正规金融无法和农村经济发展相协调的话,非正规金融就会产生,可以说非正规金融是强烈供需不平衡之下的必然产物。在如今的农村金融市场中,正规金融行业冷淡,而非正规金融业却生意红火,大有做大、做强之势。而在未来的一段时期内,这种非正规金融业依然会在农村金融市场发挥其作用。因此,在构建我国新农村金融法律制度中,可以适当认可农村非正规金融的法律地位,让正规金融与非正规金融相协调。构建复合式、多元化农村金融市场,满足未来农村经济发展需求。

3.法律规范与村规民约相补充

法律规范是国家立法机关认可,能对人们的行为提供指导和约束规范的行为准则,直接反映和体现国家意志,具有强制力。在国家社会发展进程中,除了存在受到普遍认可的法律法规之外,还有很多问题需要通过民俗和民约来辅助解决人们日常生活当中的问题。在偏远地区,这样的情况更加常见。这样的现象不难理解,并且与当前农村的发展现状相符合。因此,除了制定相关的金融法律规范以外,还需

要发挥村规民约的补充作用。这样才能加快法律体制规范速度,从而早日实现我国新农村金融市场。

(二)农村合作金融法律体系与农村非正规融资法律体系

为建立健全社会主义新农村金融法律制度,笔者认为可以以农村合作金融制度和农村非正规融资法律制度为切入点。从前面大量的论述当中可以清楚地认识到,农村合作金融也是农村金融市场的一个组成部分,并且在这一市场当中起着关键作用。《中华人民共和国商业银行法》《中华人民共和国银行业监督管理法》等相继出台使农村的金融法律制度得到了一定程度的完善,但是不难发现其中并没有涉及专门规范农村合作金融的制度,这样的情况使农村合作金融的发展方向不明确,在金融产品的定位和功能发挥方面也有着不良影响。农村非正规的融资现象之所以会出现,主要是因为农村地区存在着非常明显的贷款难的问题,农民的贷款需求得不到满足,而且不能在正规的金融机构当中寻求到帮助,只能转而从非正规金融机构当中获得资金支持。这一现象的出现在一定程度上促进了农村经济的发展,但这种农村非正规融资风险性非常高,一旦中间出现问题,会让整个政府陷入不利局面。因此,我国要全面推进新农村金融制度的建立和完善工作,首要任务是要不断出台与农村合作金融发展相适应的法律法规,其中明确指出农村合作金融的发展方向、内容等,为非正规融资提供规范引导,满足农民的融资需要。

(三)建立健全社会主义新农村金融法律制度的具体设计

1.农村金融法律规范的立法建议

农村地区还没有形成一套系统、科学化的金融法律体系,在涉及农村金融发展的核心问题方面存在立法空白,而且这一问题亟待解决。为了有效应对这一状况,必须分清楚工作中的主次关系,将重点放在法律制度的建设方面,集中力量来完善这一法律制度。例如,给予农村发展当中影响深远的非正规融资问题相关法律支持,除此以外,还要逐步提高目前农村金融规范性文件的法律位阶,坚持一切从实际出发的原则,最终建立起符合我国国情及新农村建设要求的制度体系,让各项金融工作做到有法可依。

2.完善农村合作金融法律制度的策略

(1)综合立法与分业立法相结合的立法模式。合作金融属于合作经济模式,在针对农村合作金融展开立法工作时,就必须在合作社立法框架下进行。从不同国家合作设立法实践当中获得经验和反思,可以将他们的立法方式总结为综合立法和分业立法两个大类。前者指的是不同类型的合作社适用同一法律规范;后者指的是一对一的模式。对于合作金融应该选用哪一种立法模式最为恰当的问题，学界并没有给出明确的答案，甚至在这方面存在极大争议。笔者认为，从当前合作金融发展、中国国情及新农村建设的现实需求出发，应该将综合及分业立法方法融合起来，充分发挥两者的优势。首先，需要深层次地研究综合立法模式的适用范围。例如，合作金融组织有着相似的属性及形式，在立法时就可以采用统一立法方法，应用综合立法模式。其次，如果只采用分业立法的话，难免会出现遗漏的地方。尤其在经济发展较快的情况下，可能会出现一些新型的合作社类型。此时，分业立法不能及时地进行法律规范。而综合性立法作为一种大的概括形势，对这种新兴的合作社就有其法律规范能力。最后，探究合作经济的立法必须将市场经济作为根本前提，在立法建设中必须保证其符合市场规律。农村合作社类型丰富多样，更是涉及各行各业，针对这样的现实情况，制定出符合各个类型的综合立法还缺乏条件。我国在针对合作金融进行立法实践时，可以先选择分业立法模式，等到条件成熟后再制定一部综合性农村合作金融基本法。

（2）明确农村合作金融企业法人的法律属性。农村金融合作社是农村合作金融的重要组织形式，也是当前农村金融市场中的一个重要组成部分，影响范围较广，但是不得不面临的一个现实问题是农村金融合作社的法律定位还存在诸多不明确的问题。因此，当下学界正在热烈地探讨农村金融合作社是否应有法人，法人类型是怎样的。笔者认为，农村金融合作社应有法人，这里的法人属于特殊类型。形成这一结论，有以下几个方面的依据：

第一，国际合作社联盟通过将世界各国关于农村金融合作社的立法及实践进行整理和统计，最终明确指出合作社实际上是企业的一种形式。那么，农村信用社同样应该有法人，因为农村信用社是合作社的一种重要形式。其次，罗虚代尔原则支持下的分配原则。合作社和公司有着巨大区别，合作社是推动社员互助和保障社员利益并且不以营利为直接目的的组织。实际上，罗虚代尔原则仍然具备营利性的特征，因为只有保证合作社的市场盈利能够有效实现才能够返给社员利润，保护好社员的权益。

第二，马克思在分析合作社的二重性质指出，合作社是集体的资本主义企业，力求在和其他企业的交换过程中实现盈利的最大化，并且直接参与资本主义企业平均利润率的形成。另外，罗虚代尔原则在历史发展的长河中也在不断变化，现代许多国家的合作社法规定社员的投票权不再是绝对的一人一票，一人一票只限于初级社，其他级的合作社则可按成员社的规模采取按比例的投票；在坚持惠顾返还的基本原则下，也可采取有限制的股金分红，这些改变均体现对资本的一定程度的重视。因此，合作社的特征应该是"对内以服务为主，对外以营利为目的"。合作社主要以成员交易为主，对外交易为辅。而在合作社破产时，优先解决债权的为合作社成员。因此，农村合作金融组织作为企业应有其法人，又考虑到行业的特殊性，所以应该设有具有特殊性的法人。

（3）完善农村合作金融市场准入与退出的法律制度。各国的法律均对本国金融机构规定了市场准入门槛，在我国，商业银行最低是10亿元注册资本金，农村信用社最低是1 000万元注册资本金。站在这个角度进行分析，国家对农村信用合作社的市场准入标准已经适当放宽。但从农村合作金融的目的来看，农村信用合作社是一种以互助合作为目的的组织，在我国农村经济发展当中有着不可或缺的作用。但是在我国偏远山区，其资金量相对较小，社员集中资金的能力较弱，要想与符合市场准入条件难度极大，在很多地区是不可能实现的。这一现状极大地影响到农村经济的可持续发展，解决这一问题的最佳办法就是要适度放宽市场准入标准。

农村合作金融市场的退出机制可以根据国情及现实发展状况进行构建，具体需要做好以下几个方面：第一，市场退出将合并和收购作为主要形式，这样的方法能够有效避免由于其中某一机构破产而引起的整个市场的动荡，减少负面影响，避免给农村金融市场带来不稳定因素。合作金融是一种特殊性的金融组织形式。如果要采用破产清算的退出形式必须要慎之又慎，稍有失误都有可能会导致农村合作社的"多米诺骨牌效应"，从而对我国农村金融市场造成巨大的影响和损失。因此，为了避免出现这一问题，制定应急预案是最为关键的内容。笔者认为，当破产清算程序发生时，政府应当联系经营较好的一个或多个合作金融组织对破产清算的金融组织进行并购。而对于金融组织受到的损失，政府可以通过相应的政策对其进行补偿，目的是使损失降到最低。

（4）确立农村合作金融政府支持和监管法律制度。政府支持是农村合作金融机构发展的必要条件，需要政府为其营造良好的环境。政府对农村合作金融组织的扶持类型可以分为以下几种：

第一，倾斜性财政支持。笔者认为，当破产清算程序发生时，政府应当联系经营较好的一个或多个合作金融组织对破产清算的金融组织进行并购。而对于金融组织受到的损失，政府可以通过相应的政策对其进行补偿，目的是使损失降到最低。针对有着明显政策性扶贫功能的贷款，政府在制定相关政策时，可以事先设置合理政策性亏空的空间，此政策性的损失可以由地方财政给予补贴。在经济发展水平较低而且极度

第五章　基于"政策支持"下的农村金融法律制度建设思路

贫困的农村地区,最为主要的是农村信用社这样的合作金融机构,其在农村地区经济发展中起着重要作用,但是受到客观条件的限制难以达到规模效益,从而会造成经营的亏损问题,政府应对其进行弥补,给予倾斜性的财政支持。部分农村合作金融组织承担着低息放贷的任务,这会直接影响农村合作金融组织的利润,这就需要政府能够弥补其低息放贷的损失。

第二,减免性税收支持。政府在制定税收政策时必须考虑到农村合作金融组织发展的现实问题,并对其给予减免性税收支持。对于山区贫困合作金融组织以及以农业贷款业务为主体的亏损合作金融组织,应加大扶持力度,具体措施:免征营业税,有效提升农村合作金融组织的资本充足率,为经营不善的企业提供保障,使其能够扭亏转盈,全面提高企业抵抗市场风险的能力;对于盈利水平不高的合作金融组织,政府可以实施免所得税策略。除此以外,政府要充分发挥自身的引导作用和采用一系列的措施引导资金流向农村金融市场,并展开招商引资,加大对农村合作金融的投入,在法律制度当中也要给出优惠政策和倾斜性支持,从而触发社会闲散资金自发流向广大农村地区。

第三,调控市场利率。调控市场利率,必须把握好度,否则会造成资金配置不平衡,从而影响农村金融机构的发展。在农村领域的金融市场中,过度的利率控制手段只会阻碍农村合作金融组织自身金融业务的操作。为此,利率的调控应该遵循市场需求,市场自发调节利率的浮动范围,只有逐步放手对利率的管制,合作金融组织在农村金融市场上才会有更加美好的前景。

农村合作金融监管制度的完善需要注意以下几个方面的问题:第一,设置审计机构,从外部对农村合作金融机构进行监管,独立并且区别于内部监管;第二,合理设置自律监管组织,通过发挥行业自律的作用来提升监管质量;第三,设置特别审计部门,并且赋予其行政权力。将以上三个方面整合起来,形成一个系统完善的全方位监管体系,并且要逐步完善内部信息,实现信息的透明化,推动我国农村金融制度的高效稳健发展。

3.完善农村非正规融资法律体系的策略

(1)立法确立农村非正规融资的合法地位。按照上面的描述,农村非正规融资现象之所以会产生,是因为正规金融难以和农村经济及农村金融发展相适应,而且非正规融资在实践当中也证明其有着不可替代的重要作用。从法律角度上讲,根据《中华人民共和国民法通则》规定的合法的借贷关系受法律保护中的合法主要是指借贷关系的双方在签订合同时必须要确保双方处在平等地位,坚持双方自愿原则,并

且不违反相关法律。所以，从现实及法律角度看，农村非正规融资的合法地位。应得到肯定

（2）立法确定农村非正规融资的合法主体。农村非正规融资主体包括借款人、贷款人。贷款人拥有可以要求借款人按照合同和相关法律履行还贷义务的权利，借款人肩负履行这一义务的责任。可以说，农村非正规融资主体由一般主体构成。依据《民法通则》，具有民事行为能力和民事权利能力，有独立的财产和责任能力的主体均可成为民间借贷的主体，但并不是所有的法人均可。《贷款通则》第六十一条规定："各级行政部门和企事业单位、供销合作社等合作经济组织、农村合作基金会和其他基金会，不得经营存贷款等金融业务。企业之间不得违反国家规定办理借贷或者变相借贷融资业务。"正因为上面条款的存在，大量非金融法人的地位被否定，民间借贷行为主体范围受到限制。从现今趋势来看，必须对《贷款通则》的条款进行修改和调整。可以对借贷主体进行如下限定：对于正式金融机构法人来讲，本身具有极强的专业性，对应法律法规比较完整，因此从事专门金融行业的法人应该被民间借贷主体所排除；对于其他类型法人，那些以创造财富、积累资本和营利为目的，利用自有资金投入民间借贷的行为，应该属于执行所有权的行为，应该支持、鼓励并给予其肯定。

（3）明确农村非正规融资法律责任。农村非正规融资承担的法律责任类型一般是民事责任，但必要时视其情节严重程度追究相关刑事责任。具体包括以下几个责任类型：第一，瑕疵担保责任。借贷人需要承担担保责任，使有偿借贷的效力得到保护。对于无偿借贷，除了明知有瑕疵但不予以告知的情况，借贷人不需要承担瑕疵担保责任。第二，违约责任。违约责任指的是当事人违反借贷合同中的约定，因此需要按照合同条款当中对于违约的处理条款展开实施。同时，道德舆论与法律法规相结合才能充分约束民间借贷人履行其法律责任。在道德法规与舆论压力的制约下，民间借贷的违约成本也得以提高。

二、农村合作金融法律制度改革与创新探究

（一）农村金融制度改革重点与服务"三农"目标的背离

随着改革开放的深入发展和推进，我国农村金融制度改革的方向是商业化及市场化。一方面，对原有的农村金融机构展开股份制的改造，从而提升其经营效率；另一方面，积极引入新型的农村金融主体，发展农村金融体系。例如，2009年，我国在沈阳召开全国农村中小金融机构监管会议中，就农村信用社的股份制改革工作

第五章 基于"政策支持"下的农村金融法律制度建设思路

给予极大的肯定和褒奖。大量的实践证明，以商业化为导向的股份制改革作为市场选择的结果，虽然满足了效率目标的要求，但是往往难以切实满足农村经济发展的实际金融需求，其仍然存在一定的局限性，可以说与服务"三农"的目标相背离。

首先，在全面推行股份制改革的进程当中，四家大型商业银行从农村大规模地撤离金融机构，虽然完成了商业化改造，但逐步丧失了促进"三农"发展的功能。2002年2月，我国召开了第二次全国金融工作会议，此次会议决定在国有独资商业银行中，全面推行股份制改造工作，并为它们的上市创造有利条件。2004年8月、2004年9月、2005年10月28日，中国银行股份有限公司、中国建设银行股份有限公司、中国工商银行股份有限公司分别挂牌成立。随后，上述的国有商业银行又纷纷挂牌上市。可以说，在2004年以后的三年内，我国农村地区的金融服务市场出现了非常严重的商业银行机构撤离以及功能弱化的相关问题。我国的四家大型商业银行原本为国有商业银行，在完成改制后仍然属于国有控股金融机构，理应承担更多的社会责任，充分发挥服务"三农"和推动"三农"发展的作用。但是，这几个大型商业银行在股份制改革完成后，受制于市场压力及利润要求，从农村地区部分撤离成为其现实的理性选择。

其次，在股份制改革完成之后，农村信用社逐渐丧失其服务"三农"的功能。1996年6月，根据《国务院关于农村金融体制改革的决定》，农村信用社也正式从农行脱钩。但是由于多种因素的影响，此次改革并没有达到理想效果。从2003年8月开始，包括江苏在内的8省（市）启动改革试点工作。一直到2004年8月，试点范围逐步扩大到北京等29个省（区、市）。这次改革遵循的原则是坚持投资主体的多元化及股权结构的多样化。对于有条件的地区可以积极推行股份制改造工作；针对暂时不具备相关条件的地区，可以将股份制的原则和做法作为比照，逐步实行股份制；对于实施股份制改造工作存在困难的地区，可以逐步地完善制度。在这样的原则指导之下，各个省市积极确定关于农村信用社改制的方案，并且将农村信用社的改制纳入农村银行的发展计划中，这也造成了大量的农村信用社在制度改革中撤离农村，而原本的农村金融主力军的力量逐步变得薄弱。

最后，新引入的农村金融主体包括村镇银行与小额贷款公司等同样偏离了服务"三农"的功能定位。引入新的主体是农村金融增量改革的一部分，是对多年来社会各界呼吁放开民间金融的一种回应。从这点上讲，一系列围绕着引入新的主体所进行的改革无疑都具有进步性。为了让更多的资金流向农村及我国欠发达地区，推动农村金融服务的完善和创新工作，中国银行监督管理委员会于2007年1月颁布《村镇银行管理暂行规定》。到2009年年底，村镇银行总数量已经超145家。到2010年年初，我国的小额贷款公司总数量已经超过1 340家。国家之所以要积极设立村镇银行、小额贷款公司等新的农村金融机构，最初是想妥善解决"三农"问题，更好地为"三农"提供金融服务，但资本具有天然的逐利性，农村市场利润微薄，加上自身资金有限，贷款业务量受到限制，涉农贷款不良率持续增高，再加上政府的支持力度有待提升，极大地压缩了新型商业金融机构的盈利空间。就拿小额贷款公司作为实例分析，受到自身规模的限制，再加上呆账准备金和其他各种税费，小额贷款公司的整体盈利空间并不乐观，而且很多业务的设置已经和当初的目标与宗旨偏离，更多地倾向于城市发展，使农村金融得不到应有的重视。

从上面的数据及资料当中能够明显看到，农村金融制度改革的商业化方向和股份制路径虽然完成了农村金融机构的转型，为建立现代金融企业制度奠定了基础，从经济体制改革的方向看，是正确的选择。然而，这种市场化的改革路径与服务农村发展的目标存在制度上的背离，偏离了金融的普惠原则，不能有效达成服务"三农"的目标。农村金融的其他问题还包括涉农贷款增长较慢、农村金融产品品种少、农村资金外流严重、民间高利贷在一些地方较为普遍、政策性金融支农作用有限、农贷不良率居高不下等。自2004年以来，"中央一号文件"多次将农村金融改革与发展问题列入其中，分别于1997年、2002年和2007年召开的在中国金融史上具有重要意义的全国金融工作会议中，农村金融改革数度进入会议议题，但至今改革未果，成为改革的硬骨头。

（二）农村金融制度改革重点与服务"三农"背离的原因

如火如荼的股份制改革难以有效解决"三农"的融资难问题是当前不得不面临的一个问题，而出现这一问题的根本原因就是股份制倡导的利润最大化和服务"三农"存在制度上的悖论。

第一，改革价值目标之间存在的悖论。法律制度最为基本的要素就是价值目标，而具有明显商业化倾向的股份制改革工作有着明显的功利性，这与服务"三农"的目标存在明显的价值冲突。一是社会目标和经济目标背离。从金融企业层面看，金融企业积极推进股份制改革的工作，能够明显提升其经营效率，对自身来说是非常正确的一次变革。但是从社会整体角度出发，要想推动我国和谐社会的构建，实现经济的稳定均衡发展，就必须要解决好"三农"问题，真正体现出服务和发展"三农"的宗旨。因此，股份制改革追求经济目标而忽视了社会经济协调发展的目标。二是局部目标和整体目标背离。从金融制度改革的角度来看，农村金融机构的股份制改造并无不妥之处，符合其行业发展目标，但同时背离了行业间、农村与城市间均衡协调进步的全局目标。

第二，改革价值目标与事实之间的悖论。我国农村金融改革的大目标是非常清晰且明确的，也就是利用改革的方式来推动农村的发展。2003年，农村信用社改革试点方案强调，不论采取何种产权制度和组织形式，都应坚持服务"三农"的经营方向，都不能离开"稳定县域"这个基础。但是纵观改革当中出台的规则能够发现，实际上并没有落实这一目标，并且在最后往往会抛弃或者背离这一目标。如果农村金融改革当中的规则和目标出现明显背离，其结果必然是改革结果和目标的背离。股份制能满足金融机构对经营利润的需要，股份制改革一旦完成，金融机构会将追求利润和效率作为第一目标。我国幅员辽阔，部分地区县域经济发达，在农村金融机构暂时实施股份制改革之后可以满足利润增长的目标，从中获得巨大的收益，而我国相对落后的中西部则难以满足金融机构股份制度改造后对利润的追求。金融机构在股份制改革后为了提升利润空间，无论从理论上还是从实践上讲，撤离农村都是其经营的需要。如果从性质层面分析，农村信用社是一个以服务社员，并且引导社员进行民主管理的金融组织机构，其中最为主要的目标是为广大社员提供金融服务。在具体的工作实践中，中国银行保险监督管理委员会把农村信用社放在"金融机构监管部"进行管理。为了有效发挥农村信用社为广大社员提供金融服务，并且为当地经济发展提供巨大动力等方面的巨大效用，国家给出非常强制性的约束，要求农村信用社在服务"三农"方面必须严格按照国家规定来发展。可以说，对于"三农"方面给出的强制约束和追求最大化利润存在极大的矛盾。不论监管部门和政府的导向如何，农村信用社仍然会千方百计地追逐高额利润。即使监管部门和当地政府强化对农贷指标的硬性约束，在面临服务"三农"和追求利润的两难选择时，强制约束只会加剧不良贷款和造假问题的形成。

第三，改革目标和制度激励间存在的悖论。为了满足国民经济发展的迫切需求，提高经济增长的效率，地方政府对资金流出农村缺乏干预的积极性。2003年，农村信用社股份制改革试点强调将农村信用社管理权交给地方政府，想要通过这样的做法来发挥地方政府对农村金融改革的推动作用。金融在国民经济中具有重要地位，管理权限如果长时间掌握在中央政府的手中，就会造成地方权力较小及地方权力得不到发挥的问题。我国的农村信用社点多面广，中央政府难以拿出大量精力对其进行管理，也不能管理好这个数量庞大且规模小的群体，因此需要依靠地方政府的参与才能做好农村信用社的改革工作。地方政府也希望能够找到做大地方金融业的抓手,农村信用社就成为其中一个重要的手段。北京、重庆、天津等省(市)都充分利用自身条件,整合当地农村信用社资源,积极组建省级法人机构。另外,还有很大一部分地区尝试着取消县级农村信用社法人地位,以省联社为蓝本组建省级农村商业银行等,但涉农贷款不良率明显偏高。2009年,商业银行不良贷款率平均为1.6%,农、林、牧、渔等行业的贷款不良率为4.52%,接近平均不良贷款率的三倍,农村信用社如果主要服务"三农",确实难以快速扩张。地方政府的创新来源于试图更多地控制地方性资源和地租金的最大化激励,地方政府为了推动本地金融产业的发展壮大,会支持民间信用扩张。农村信用社服务"三农"虽然有利于当地的可持续性发展,但是缺少了政府的激励,使地方政府不能从根本上约束农村信用社服务"三农"。各省制定的关于小额贷款公司管理的制度包含了与"三农"相关的内容,但是因为受到诸多限制不能切实执行。对于农村信用社的改革,将股份制作为主导方向,可以说是适应了现代发展形势。但农村信用社在经历改革后,无论从逻辑上还是从现实上讲,偏离"三农"的趋势已经相当明显。

在中国农村金融问题中,农村资金外流问题是一个引人注目的现象。一方面,农村金融缺乏,资金需求不能得到合理满足;另一方面,又出现农村资金支持城市的别致景象。在我国中西部地区,很多县域存贷比低于60%,资金外流成为常见现象,个别金融机构县域网点甚至只存不贷,服务功能严重弱化,每年大量的资金由此转移到城市和发达地区。这些现象的背后反映了金融机构的市场行为取向,影响市场主体行为的是其管理,而影响管理制度的是其产权归属。因此,从这个意义上看,产权制度改革是继续深化农村金融改革的基础和核心内容。以农村金融的主力军信用社为例,长期以来,由于存在体制不顺及产权不清的问题,信用社无法从根本上改善自身的经营状况。产权制度改革涉及产权归属和权责划分,信用社在改革进程中面临和需要解决的首要问题就是关于信用社的产权制度、性质如何界定的问题,这也是信用社其他制度改革设计基本的出发点。如果不能有效地解决产权界定的相关问题,单纯地调整管理体制,是无法从根本上解决当前信用社面临的现实问题的。如果出现产权模糊的情况,在财产使用后就难以追踪到最终责任人。在这样的情形之下,中央政府给予大量资金投入,虽然能够在短时期内缓解信用社经营困难的问题,但是从长远来看,仍然无法形成良性循环的可持续发展机制,信用社依然面临不良贷款回升的压力。

多年来的实践也表明,我国农村信用社遇到的困难与信用社缺乏有效的产权制度具有很大关系。官办信用社或者说政府的银行、国家银行的基层行角色一度成为信用社的典型特征，社员自愿入社、民主管理，信用社缺乏作为金融的基本特征。在内无约束、外有干预的背景下，农村信用社不良贷款率居高不下。这些不良贷款一部分是由于自身经营不善造成的，一部分与外部干预联系密切。目前通常所说的"历史包袱"包括农行与信用社在脱钩时遗留下来的呆账、保值储蓄的贴补支出、基金会带来的呆账等，这些都与其产权不清、外界干预具有直接联系。因此，产权制度改革是农村信用社改革的基础环节，也是整个农村金融体系改革的关键所在。

（三）合作金融制度在全球范围内的发展

根据世界信用社理事会的定义，信用社是根据原则建立起来的非营利性信用机构。信用社是由社员组成并受其控制的金融机构，其经营的宗旨是提升储蓄，以合理的利率提供信贷，并且向其社员提供其他金融服务。虽然信用社在我国没有获得很好的发展，按现有产权制度改革，最终可能"名存实亡"（目前可以说是"名存实亡"），但这并不表示信用社制度本身没有生命力。相反，世界合作金融的发展史表明，信用社具有强大的生命力，甚至在市场经济和金融业最为发达的美国亦占有一席之地。信用社的出现和发展缓解了为贫困人口提供金融服务的难题，促进了当地社区的经济社会发展。目前，合作金融已经是全球金融体系的重要组成部分，在很多国家和地区当中都有着巨大的影响力。下面我们通过考察美国的信用社发展史，为认识合作金融法律制度在其中所发挥的作用提供参考。

1. 美国合作金融发展的历史与现状

美国信用社是非营利、合作性的免税组织。作为当今世界经济和金融业最为发达的经济体之一，美国的信用社也在其经济发展和整个经济体系中起着关键作用，成为众多普通家庭不可或缺的储蓄和信贷来源。20世纪初，美国第一家信用社建立。20世纪20年代，美国经济改善的效果十分明显，在经济明显回暖的情形下，信用社运动逐步流行并发展起来。在这样的情况下，人们手里的空余资金逐渐增多，所以人们就愿意将这些钱存入银行，同时极大地刺激了民众的消费信心。但是他们缺乏廉价的信贷资源，商业银行信贷的费用十分高昂，这让广大群众望而却步。而且，当时的商业银行并不愿意为普通民众提供消费信贷，从而促使信用社获得较大发展。20世纪四五十年代，信用社数量逐年增长，相关机构已经超过1.1万家，社员数量超610万人，这也为美国信用社的进一步壮大和发展奠定了坚实的基础。20世纪70年代，美国成立联邦信用社管理局、信用社保险基金，为信用社的进一步发展提供了有效的体制保障。虽然从数据当中能够看到，美国信用社总资产的规模和商业银行相比有着极大的差距，但是美国信用社发展有着极大的优势，即发展迅速、个性特征鲜明、具有较强的竞争力，已成为美国经济体系中重要的金融服务供给者之一。

2.建立完善的法律制度是合作金融持续发展的保障

美国信用社法律制度包括两个体系，分别是联邦法和州法。美国关于信用社的立法较为健全和完善，这也直接推动了美国金融业的发展，并为其提供了良好的外部条件。1909年4月，美国马萨诸塞州率先通过美国第一部信用社法。到1930年，美国共计32个州制定执行了自己的地方性信用社法规。1934年，美国国会制定并且通过全国性的《联邦信用社法》。这一法规当中也明确指出，在美国任何地方都可以成立持有联邦牌照的信用社，同时规定农村信用社是非营利性合作金融机构，在开展各项经营活动时都可以享受到相应的优惠待遇。由此，美国信用社分成了持联邦牌照的信用社和持州牌照的信用社两类，分别受联邦法律、州法律的约束，形成了一种双重牌照体系，这与商业银行是相似的。

由于存在双重牌照体系，美国信用社监管体系也和美国银行、储蓄机构的监管体系十分相似，各州监管机构负责监管持有州牌照的信用社，联邦信用社管理局（NCUA）负责监管持有联邦牌照的信用社。NCUA除了要监管联邦信用社之外，还负责运营和监管全国信用社股份保险基金（NCUSIF）和中央流动性便利（CLF），它们都是为信用社服务的组织。NCUSIF是按照尼克松签署的法律负责为社员储蓄性股份提供联邦保险而成立的。NCUSIF是与联邦存款保险公司（FDIC）类似的独立机构。从当前情形看，95%的持州牌照的信用社及全部的持联邦牌照的信用社都参加了联邦信用社股份保险。联邦信用社管理局同样有权对参加联邦保险的持州牌照信用社展开检查。CLF是按照《金融机构监管与利率控制法》成立的机构，负责通过贷款向信用社提供流动性资金支持，其贷款资金主要来自联邦融资银行，该银行资金既可直接贷给信用社，也能通过信用社自己的中央信用社系统来贷给出现流动性危机的信用社。中央流动性便利的资金只能提供给存在短期流动性问题的信用社，而不能用于信用社的扩张或其他目的。

3.对成员的资格及服务范围规定明确的限制

按照《联邦信用社法》这部法律，信用社是一个非营利合作金融机构，一般情况下是为广大社员提供金融产品和服务的，也就是向具有共同联系的人提供金融服务。这个联系纽带可能是因为同一个社区、同一个工作场所、同一个教派或者其他原因等形成的联系。也就是说，为加入信用社，社员必须具有共同联系所要求的资格，如居住、工作、学习在一起的人，特定非营利组织雇员。当信用社为专门雇员、

第五章 基于"政策支持"下的农村金融法律制度建设思路

职业或社区服务时，社员家庭成员虽然不具有共同联系关系，但是也可以参加该信用社。

监管机构有权批准信用社社员资格的扩张，或者将一个信用社注册为其他类型的信用社。因为社员资格范围较小的信用社合并时常常导致信用社社员资格范围扩大，因此信用社社员资格范围可能超过信用社商号所标示的范围。信用社在实际的运营当中坚持的一个不变准则是，一旦成了信用社的社员，那么终身都是信用社的社员，即使社员因为某些原因不符合信用社社员资格标准，但是他仍然可以保留社员资格。当然，很多信用社对那些给其造成重大损失的社员保留开除的权利。

4.促进信用社满足中低收入者对金融服务的需求

2006年《住房按揭贷款披露法》中提供了一系列数据，有69%的中低收入借款人的按揭贷款申请被美国的信用社批准，而银行只批准了1%；62%的少数民族社员按揭贷款申请被信用社批准，而银行只批准了51%。以上数据表明，美国信用社批准的按揭贷款中有25.2%为中低收入群体，银行的按揭贷款只有20.6%发放给了中低收入群体。长期以来，联邦信用社管理局坚持贷款审慎标准，没有鼓励向那些不能偿还贷款的社员发放贷款，并且禁止掠夺性贷款和其他欺诈贷款，也禁止收取提前还款罚金。作为服务中低收入群体的机构，持联邦牌照的信用社可以向联邦信用社管理局申请低收入信用社的身份，因此能够获得联邦信用社管理局在一些项目当中的鼓励和支持，从而有效提升服务社区的能力。作为一个合格的低收入信用社，其绝大部分社员的资格必须满足特定资格标准。此外，一些州也有类似低收入信用社的认定标准和优惠。

信用社属于非营利性互助组织，其运营的收入都是用来帮助社员改善生活和服务社区的，因此信用社收入不构成利润，能够得到免征联邦及州的所得税的待遇。美国在《联邦信用社法》中就信用社税收问题给出解释："联邦牌照信用社的财产、资本、准备金、利润、其他资金及经营收入，现在和将来均免除一切由国家、各州、领地和地方税收机关征收的税赋。"这里指出的美国信用社并不是将营利作为发展和运营的目标，但是其中仍然不可忽视的一个问题是虽然营利不是目标，但是并不能认为信用社的运营是完全不营利的。信用社必须要承担管理费用，为广大社员支付存款利息，为借款人提供负担得起的贷款，因此，让信用社充分享受到优惠政策是必须要实现的，而且轻装上阵是必须的。

此外，信用社根据其性质和"人帮人"的定位，满足了其社员范围内广泛人群的金融需求，在社区开发与发展中扮演了关键角色。

5.金融危机证明了合作金融制度的适应能力和发展前景

2007年以来的次贷危机是美国自20世纪"大萧条"以来最为严重的金融危机，金融危机已导致多家银行倒闭，其中2008年联邦存款保险公司接管了25家银行，2009年有140家银行倒闭。与此相反，2008年之前的5年里，仅有11家银行倒闭。相比之下，和商业银行相比，规模小的农村信用社在金融危机和风暴当中没有出现大规模倒闭现象，可以说是安然无恙。在次贷危机中，信用社总体表现良好，无论是资产规模还是社员数量均不降反升，资产质量也令人称道。

截至2010年3月，美国7 636家信用社总资产为9 098亿美元，较危机爆发前（2006年底）增加1 836亿美元；单个信用社平均资产规模1.191亿美元，较危机爆发前增加460万美元；贷款余额5 747.7亿美元，较危机爆发前增加679亿美元；存款余额（社员股份）7 841亿美元，较危机爆发前增加1 688亿美元；盈余总额3 016亿美元，较危机爆发前增加1 111亿美元；社员人数9 148.5万人，较危机爆发前增加409.9万人。这些事实再次表明，真正的合作金融制度具有较强的适应能力和良好的发展前景。针对这次危机，《多德－弗兰克华尔街改革和消费者保护法》主要将监管改革的重点放在银行机构及其他影子银行系统而不是信用社，是非常正确的。这部"大萧条以来最严厉的金融改革法律"对大型金融机构的资本、风险管理、消费者保护等方面进行了严格限制，防止其再度成为金融危机的诱因，但包括信用社在内的小型合作金融机构豁免遵守这些要求。在差异化监管模式中，信用社将面临更加有利的制度环境和发展空间。

（四）重构我国农村合作金融法律制度的基本方向

1.合作金融制度与民间金融的法制化应当更好地结合

自改革开放以来，我国民营经济发展迅速、居民储蓄连创新高。截至2010年年底，城乡居民人民币储蓄存款余额达到30万亿元。这些储蓄中有很大部分可以充作资本使用，但是由于金融业属于国民经济的基础行业，一直以来受到国家严密的控制，民间资本进入金融业获得银行牌照困难重重。一方面是巨额的居民储蓄和富裕资本，另一方面则是失血的农村金融，对于两者如何结合，不少学者提出了放开民间合作金融的建议，有关民间合作金融法制化等相关话题一度引发学界热议，并且也受到了政府的高度重视。近年来，无论是"中央一号文件"还是有关深化经济体制改革重点工作的意见都有放开限制的说明，让民间资本进入金融市场，推动民间金融的发展。特别是在2010年5月下发的《国务院关于鼓励和引导民间投资健康发展的若干意见》指出："支持民间资本以入股方式参与商业银行的增资扩股，参与农

第五章 基于"政策支持"下的农村金融法律制度建设思路

村信用社、城市信用社的改制工作。鼓励民间资本发起或参与设立村镇银行、贷款公司、农村资金互助社等金融机构,放宽村镇银行或社区银行中法人银行最低出资比例的限制。"

为确保民间资本更加顺畅地被引导进入农村金融领域,金融监管部门也已先后制定和出台了若干具体制度。2007年,银监会(现为中国银行保险监督管理委员会)先后公布了村镇银行、农村资金互助社管理暂行办法;2008年5月,中国人民银行联合银监会(现为中国银行保险监督管理委员会)联合发布《关于小额贷款公司试点的指导意见》,鼓励和指导民间金融进入农村市场。此外,中国人民银行一直积极推动《放贷人条例》出台,引导民间资本建立商业性、专业性放贷机构,尽管该法目前已搁浅,但其主要内容已移入《贷款通则》修改稿中。从这些法规文件中可以看出,开放民间金融将是一大趋势。但在具体规定中,由于金融业的特殊性,目前已经放开的部分,如村镇银行、小额贷款公司,都是要求面向"三农"的。换句话说,这些是打着服务"三农"的旗号放开民间资本金融业的准入门槛。

但如前所述,资本具有天生的逐利性,特别是对于民间金融资本,其逐利性较之国有大型商业银行有过之而无不及,它们往往参照民间利率和当地的平均资本回报率来比较其盈利水平。由于"三农"自身直接经济效益不高,再加上政府(特别是在贫困地区)扶持水平还有待提升,因此由民间资本设立的新型合作金融机构高盈利空间受到一定的限制,支农内在动力缺乏,商业经营难以持续。以小额贷款公司为例,我国的小额贷款公司在经营规模上存在局限,再加上各种税费及提取呆账准备金后,盈利空间并不乐观,在后期发展中转型村镇银行暂时无望(有关规定要求商业银行作为村镇银行发起人,原小额贷款公司股东意味着将丧失控制权)。一些小额贷款公司正面临着可持续发展的困境,一部分小额贷款公司在业务处理中偏离部门宗旨,转而投向城市和非农产业。各个省为了提高对小额贷款公司的管理质量,颁布了相关的管理办法,并且提出了关于服务"三农"的要求,但是受限于当地金融管理部门在人员、监管等方面的不足,往往流于空文,缺乏监督执行,支农实效存在疑问。

总之,忽视"三农"的特质,基本否定制的农村金融产权制度改革有待商榷。虽然相关部门已经制定相关办法来尝试放开民间金融,通过增盘改革引入竞争机制来改善农村金融服务,但是上述做法主要考虑的是民间金融股份制、商业化思路,忽视了民间金融的另一个取向,即发展合作制民间金融,忽视了通过法律制度催生农村内生金融,实现民间金融与"三农"经济的内在对接。因此,我国农村合作金融制度改革的方向应当调整，改变以前重视股份制和商业化的导向，积极探究如何有效地将民间金融和合作制结合起来，推动两者的共同发展和进步。

2.民间资本化为农村金融产权制度改革提供了新思路

既有的实践表明，股份制与弱势"三农"缺乏有效结合，股份制信用社缺乏服务和发展"三农"的内在动力。金融合作制度是合作经济的重要组成部分，同时是一种特殊的金融制度，除了具有一般金融制度的特征外，还具有区别于其他金融形式的内涵和特性。从立法角度进行分析，有效激励农村地区资本化可以为我国农村金融产权制度的创新提供新思路。

第一，站在全球角度来看，多个国家大量的实践已经证明，合作金融在解决"三农"问题，有效满足弱势群体融资需求等方面发挥着重要作用，同时是非常必要的制度途径。在全面推动农村金融法制创新改革的过程中，合作制的金融应该被重点发展，而不应被完全消除掉。就信用社在我国的发展而言，在几十年来的发展过程中，虽然没有获得非常理想的效果，甚至一度陷入资不抵债的边缘，但是这并不代表合作金融无法在我国实行和获得理想效果，反而证明了偏离制度精神和原则的信用社机构终将名存实亡。换句话说，正规合作金融法律制度失灵并不代表其在中国发展道路的终结，而是会推动新型合作金融组织的出现并获得发展。

第二，合作制在农业领域有着巨大优势。农业具有布局上的广延性、时间上的季节性、种植上的灵活性、对自然条件的依赖性、再生产周期长等特点，农村居住分散、信息采集成本高、抵押品不足，商业性金融制度很难适应其千差万别的自然条件。反观合作金融则能够有效地适应这一现状，因为本土性及灵活性是合作金融的显著特征，可以充分满足农业小规模信贷的需求，而且能够有效克服单个家庭经营的局限，不仅有利于资金的聚集，还能够在农业领域进行灵活的发展和应用，在很多地区的实践当中有着明显优势。从农村的整个金融市场和金融体系来看，商业金融及合作金融有着互补关系，积极推进股份制改革工作的同时并不排斥农村合作金融的发展。

第三，合作金融是经济的重要组成，同时是经济民主的有效载体，和我国的民族传统及政治制度有着天然契合点。合作制是弱者的联合，能够有效满足处在社会当中弱势群体对社会和经济发展的现实需求。合作制下的股金有着有限性和均齐性的特点，而且广大社员不会因为股金方面的差别出现地位上的不平等，广大劳动者可以平等地参与其中，在很大程度上有助于劳动者当家做主，使劳动者能够充分行使自身的权利，这与我国当代经济民主的理念是相符的。合作制对内强调实现共同富裕，而对外追求利益，这也与我国社会和谐发展方向相符合。1995年，国际社联盟一百周年大会重申和强调了合作社的文化意义："自助、民主、平等、公平和团结，合作社社员信奉诚实、公开、社会责任和关心他人的道德价值观。"合作是抑制资本阴暗面的一个重要手段，可以转变过度强调竞争和利润的局面，保障社会正义和公平分配。因此，合作社的发展水平越高，社会的两极分化就会越小，只要弱势群体存在，那么合作金融就有存在的基础及存在的必要性。

第四，合作社在我国具备非常深厚的经济基础，和我国乡土社会的特点也十分契合。我国传统社会可以说是一个熟人社会，人与人之间有着一种私人关系，并且利用这样的关系构成一张张关系网。而西方社会在结构上则十分单一，因此我国的乡土观念更加深厚和明显，关于宗族和地域的观念更根深蒂固。合作社正是以亲缘和地缘关系形成和建立起来的组织，其强调共同纽带，所以在我国发展合作社就有了便利的基础条件，也能够为后续控制信贷风险提供有力帮助。

第五，合作金融在中国有着内生性和自发性的特点，这是从大量的实践当中总结出来的。当前，我国农村存在各种各样松散和自发的资金互助组织，它们都属于合作金融的范围，可以实现互助融资的目的。民间融资实际上也属于一种自发合作金融的形式。

（五）重构我国农村合作金融法律制度的具体建议

在完成农村金融的股份制改造工作后，健全我国农村金融法律制度的关键是打开民间金融市场，通过立法的方式为农村金融的发展提供有效的制度保障，并且在立法当中明确指出民间合作金融所要遵循的原则，有效利用税收优惠等多种措施区分民间金融和商业金融化的民间金融，引导资金进入农村，充分调动"三农"体制内的资源，为推动农村社会经济的发展提供动力，使大量的金融资本留在农村。具体建议如下：

1.肯定农村信用社产权制度改革的开放性，明确民间金融合作化的基本思路

全面推动农村信用社改革不能千篇一律，应当肯定农村信用社产权制度的开放性。只要是有助于农村信用社自身发展，并且能够有效支持"三农"，任何产权制度形式的探索都应当允许。长期以来，我们一直寄希望于商业银行或政策性银行等外力救济，在制度供给上忽视了真正的合作制金融的力量。相比之下，合作制金融机构属于农村内生性金融资源，在农村既有的组织资源的有效动员与利用上比股份制金融更有优势，更容易降低交易成本和克服信息不对称。我国民间资金充裕，但在农村体系内资金相对缺乏，而且存在资金外流的问题。农村资金回流机制尽管受到

最高决策层的关注,但截至目前尚未出台有力的政策措施,即便出台也可能面临不符市场规律的争议。为此,有效调动农村体系内部的资金,引导农村体系内部资金实现自助,防止在利润压力下金融资本逃离"三农",是全面推动农村合作金融法制创新最优之选和重要的突破口。合作金融的特点及国外大量经验表明,社员"共有、共享"的机构在服务弱势群体方面较外部商业机构更有动力和优势,且避免了政策性金融的低效率问题。因此,有必要丰富现行的农村信用社改革方案,肯定民间合作金融化的基本思路及其对"三农"的现实价值,构建完善的合作金融法律体系,对现有农村信用社区别情况进行分类引导,充分挖掘"三农"体系内的资金资源,促进内生型金融发展,培育一批农民自己的真正意义上的金融组织。

2.制定合作金融的专门法律,加强合作金融的制度供给

传统经济学理论认为,要想推动经济快速增长,需要发挥多个因素的共同作用,其中包括技术、劳动、人口增长、资源等因素的作用。制度经济学理论认为,制度是关键的社会资本,也是经济发展必不可少的软件条件,而且软件要比硬件(有形事物,如物质资源)重要。因此,制度是一种重要的经济发展资源,要想构建属于农民自己的金融组织,就必须完善金融法律体系。

除美国的《联邦信用社法》外,其他国家也为合作金融的发展提供了坚实的制度保障,如德国有《银行法》,日本有《农业协同组合法》等。对中国合作金融制度进行分析可以发现一个明显的问题就是制度供给不足,一些农村信用社法规没有真正体现信用组织的特征,且法律位阶较低,执行效果不佳。《商业银行法》规定:"城市信用社、农村信用社办理存款、贷款和结算等业务,适用本法有关规定。"这样的规定可以说将农村信用社基本等同于商业银行,忽视了农村信用社的特殊性。2007年出台的《农村资金互助社管理暂行规定》虽然试图构建新型农业金融机构,但是并没有将资金互助社进行准确的定位,也没有认识到资金互助社的性质。

因此,我国应该尽快制定《农村合作金融法》,明确农村合作金融的宗旨、目标、机构设立、经营管理等,将农村合作金融办成真正区别于股份制商业银行、专门为社员服务的社区性合作金融机构。在机构设立方面,考虑到在我国农村地区没有实质意义的合作金融,可以为其提供优惠支持条件,采用激励和引导的方式鼓励农村信用社进行转制,构建具有真正意义的合作金融机构。对于还没有设置农村合作金融机构的地区,可以先进行乡镇试点,从中积累丰富的经验,之后再推广。

3.明确农村合作金融的性质,区分其与营利性商业金融机构

按照法人成立的目的,法人分为营利法人和公益法人。营利法人以追求少数人

的私人利益为目的，公益法人则以追求不特定的多数人的社会公共利益为目的。信用社的主要工作目的是为广大社员提供便利的金融服务和廉价的信贷来看，因此需要将其作为公益性法人，并将其定位为非纳税团体。从金融理念出发，合作金融机构坚持"人帮人"的互惠宗旨，并不将盈利作为追求目的，力求通过共赢的方式让广大社员从中受益，满足他们的金融需求。合作金融的社员资格应该是开放的，符合一定条件的自然人都能加入各自所属的信用社。总之，金融性质更多地体现社员之间金融服务需求上的互助，带有一定的扶贫救助性质，这就从根本上决定了农村信用社不能办成一个营利性的商业金融机构。因此，区别于以营利为宗旨的商业金融机构，应明确将信用社等金融机构界定为非营利性的公益法人，并按照公益法人进行规范。

4. 明确农村合作金融的运行原则，完善合作金融治理机制

长期以来，农村信用社都属于一种有名无实的合作金融结构形式，在这种情况下，一些学者及政策的制定者甚至想要放弃我国农村的合作金融之路。对此，必须展开专门的立法工作，注重建立和完善农村合作金融机构的治理机制，切实将合作金融的精髓和宗旨体现在制度当中，用立法的方式提供保障。与此同时，要有效吸收我国农村合作金融长期有名无实的历史和教训。在实际的立法工作中，可以将互助原则分为三个具体层次：第一，自愿原则。如果合作金融机构依靠的主要力量是强制的行政手段，那么就和自愿原则形成了明显的悖论，难以发挥合作金融的优势。第二，平等原则。平等原则要求要实现社员地位平等，而且农村的合作金融机构在对待每一位社员时，都要秉持平等态度，真正做到一视同仁。在这一过程中，要关注的一个焦点问题是，不少发达国家在探索合作社改革工作中出现了一个非常普遍的现象，那就是非互助化的发展趋势。对此，我国要从中吸取经验和教训，参考发达国家这种改革的趋势，有效贯彻平等原则，真正实现互助合作。第三，民主管理。农村信用社和农村基金会在我国失败的根本原因在于政府干预过多，以致治理机制混乱。因此，在对合作金融进行立法时，必须重点规范合作金融机构的治理机制，建立真正的民主管理机制，排除政府的不正当干预。在民主管理不完善的条件下，可通过相关部门的外部监督，引导合作金融实现互助融资的基本目的，但前提是不能干涉其日常经营。

5. 积极构建特殊支持制度，给予税收优惠支持

市场经济在发展过程中要体现出平等和公平竞争的原则。但是，按照正义原则的要求，农村金融处在弱势地位，它们需要获得更多的倾斜和帮助才能逐步跟上城

市金融行业的发展步伐，从而有效解决城乡发展不平衡的问题。"三农"问题是涉及国计民生的大事，在国家经济发展有着战略性意义，农村信用社又是金融领域的"弱势群体""幼稚产业"，有非营利的特点，因此在金融立法中，要给予农村合作金融组织适当的支持和鼓励提高农民通过组织动员内生金融资源服务自身发展的积极性。

从美国合作金融改革当中吸取经验与教训，并且借鉴其中的正确做法，笔者认为应该免除农村金融机构的所得税。取消所得税的做法可以说是对农村金融发展的一个有力支持，也是农村金融改革的一项重要举措，有着巨大的历史意义和实践价值：第一，能够为农村信用社的发展注入生机与活力，进一步降低其运营成本，大大降低贷款利率，让社员获得良好收益。利率在经济上作为资金风险的对价，应当反映风险的真实水平，但在农村地区，由于生产力水平低下，一些贷款项目甚至与生产无关，较高的利率可能令其陷入贷款循环，更有甚者，背负民间高利贷。尽管很多学者认为，应放开农村利率限制，让资金取得合理的回报，以吸引更多的资本进入，但需要注意的是较高的利率本身并不必然促进"三农"发展。目前，农户贷款基本上都是基准利率上浮，如果可以通过制度设计，降低合作金融机构经营成本，克服信息不对称问题，减少风险暴露，节约下来的利率完全可能成为农民扩大再生产的储备资本。第二，对于农村合作金融机构而言，提高存款利率可以吸引存款，鼓励储蓄。农村信用社在免交所得税后，可以适当减轻负担，社员存款利率可以高于其他金融机构，以增加合作金融机构对资金的吸引力，这实质上增加了可用于"三农"的资金来源，缓解了目前的县域资金外流问题。国家免除的税收可以完全留在当地，用在发展"三农"上，避免目前涉农贷款补贴机制下国家财政资金的可能渗漏。第三，大量实践证明，欠发达地区农村合作金融机构的盈利空间十分有限，采用减免所得税的措施不会对国家的财政税收造成较大影响。新时期"三农"工作提出的一个重要方针就是"多予、少取和放活"。我国农村合作金融组织的盈利能力有待提升，而且在整体规模和专业人才方面有着很大的限制，免除其所得税并不会对国家整体税收造成很大冲击。

6. 合理设定监管边界，选择恰当的监管模式

我国农村信用社监管负担较重，可以说是受到监管最多的一类合作金融组织，包括省联社的监管、地方政府的监管、银保监会的监管、人民银行的监管，尤其是地方政府和省联社介入较多。目前，农村信用社规模小，抵抗外部干预的能力较低，如果对其进行过多的外部干预，很可能会使其自主经营权被剥夺，广大社员原本享有的民主管理权利也得不到保障和发挥。合作金融与股份制银行相比，存在规模小

和业务简单的特点，不会对金融体系造成较大风险。因此，在农村金融立法中，必须加大对农村信用社的支持力度，有效引导民间资本的融入，而且在实际监管工作的实践当中要做到差别对待。在监管中需要注意以下几个问题：第一，保障社员充分享有民主管理的权利；第二，避免合作金融机构在社员外非法吸收公众存款；第三，加强操作风险监管；第四，限制投资行为；第五，制定与净资产、贷款不良率相匹配的即使纠正措施。农村合作金融机构补充资本金的渠道较少，社员股份存在一定的波动性，因此要更加重视未分配收益情况，对于出现风险苗头的机构要及时采取针对性措施，防止风险。

第六章 基于"金融监管"下的农村金融法律制度创新思考

在国家的整个金融监管体系中,农村金融监管是其中的重要工作任务,也是推动农村金融组织规范化发展不可缺少的内容。农村金融监管必须充分发挥自身职能,并且达成以下几个目标:杜绝操纵农村金融市场,鼓励农村金融机构之间互相竞争,保护农村金融客户取证投诉,维持农村金融市场的信心,减少违规行为。世界银行指出,要想保障好整个金融市场的稳定运行,强化监管并且建立完善的监管制度是不可缺少的条件。在全面推进农村金融市场发展的形势下,能否建立起切实可行和科学的金融监管体系是影响农村金融市场构建和农村社会经济最核心的要素。农村金融和城市商业金融监管的特点不同,而且侧重点有着极大差别,因此,要建立农村金融监管体系,就必须考虑到农村金融的特殊性,积极思考目前农村金融监管制度建设当中存在的缺陷,从实际出发,建立契合农村经济发展需求的农村金融监管制度。

第一节 构建农村金融监管法律体系的必要性

一、坚持民生理念,实现农村居民生存与发展需要的目标

生存权和发展权都属于人权的重要组成部分,无论哪一种法律都必须将保障公民的生存权与发展权作为根本目标,并且为这一目标的实现而不断完善法律。塞内加尔法学家卡巴·穆巴依提出:"发展是所有人的权利,每个人都有生存的权利,并且每个人都有生活得更好的权利,这项权利就是发展权,发展权是一项人权。"发展权可以说既是国际人权,又是国内人权,国际人权的发展权最终也会转化成国内人权,并在国内的立法当中确定为个人平等拥有的人权。《关于发展权的决议》指出:"发展权是一项人权,平等的发展机会既是各个国家的特权,也是各国国内个人的特

第六章 基于"金融监管"下的农村金融法律制度创新思考

权。"《发展权利宣言》也指出:"发展权利是一项不可剥夺的人权,发展机会均等是国家和组成国家的个人的特有权利。"

从发展权的角度探究如何保护农民的金融权,其最为核心的内容是要分析国家运用何种手段合理地对金融资源进行分配,并且在分配中考虑到农民的发展权,使他们的权益不受到损害。换言之,就是要注重解决广大农村居民的民生问题。金融的本质内涵就是要让民众在生产和生活中的资金需求得到满足,让民生得到根本性的保护。从这方面看,有效坚持和落实民生观念是保护农民发展权和生存权的有力武器。随着市场经济的展开和深入发展,利益多元化和主体多元化都成为十分明显的发展方向,也促使更多的公民投入金融市场中,积极展开相关的经营活动,以期获得更大的经济效益。所以,要想保障经营活动顺利实施,就必须有资金支持。农村经济发展水平较低,融资更是成为公民生存和发展的重要条件。例如,印度私人借贷占农村融资额的18%~20%,我国并没有在这一层面进行过较为细致的统计,仅从估计上看,民间融资占到农村经济活动总额的70%以上。大量的理论和实践证明,推动农村经济发展和农民增产增收就必须重视农村金融,而农村金融具有更为突出的解决基本民生问题的功能。农村金融监管制度在本质上要做好安全保障工作,使各项融资活动得到监督和保护,不能异化成排斥和抑制资金流动的错误行动。

在农村金融法律制度的构建和完善方面,长期以来不能把握正确的方向,错误地将金融问题归为经济发展和资源配置方面。在错误方向的指导下,各项法律规章制度的安排都忽视了民生问题这一核心内容,使民生得不到有效保障,并且为了维持金融稳定,损害了广大民众的自由融资权,为金融制度建设带来很多隐患,这也可以说是制度缺陷的根源。政府在多年的实践中总结经验、教训,积极采取有效调控和引导措施增加农村资金的供给,以期能够满足"三农"发展的需求,但是这些措施在很大程度上都属于手段层面的改革,没有从根本上转变农村金融监管制度的设计理念。因此,我们必须从根本上树立正确的农村金融监管理念,并对农村金融的监管制度进行重构,使其符合现代农村经济的发展,推动农村金融制度的现代化发展进程。一方面,要彻底改变仅注重金融稳定和经济发展而忽视公民金融权利保护的理念,将关注和保障民生作为基本目标,并且切实将融资权纳入公民的发展权范围,采用制度规范的方式进行保护,承认和尊重广大农村民间融资的客观存在和正常需求;另一方面,在整个价值体系中,农村金融监管制度需要将基本价值目标锁定在促进公民实现生存权和发展权方面,并将其作为稳定金融和发展金融的方向,以此为基础确定与之相对应的融资权利类型,为公民融资权的实现提供法律保障。

二、坚持协调发展理念，确定金融效率优先的目标

从国内外的大量制度改革实践来看，金融监管的目标往往徘徊在金融安全和金融效率之间，无法确定金融监管所要追求的最终目标。金融安全指的是货币资金融通的安全和整个金融系统的稳定，这也是金融活动开展的前提条件；金融效率指的是金融方面的投入和产出比。

纵观我国的金融业监管，崇尚安全是一直以来的目标，我国农村的金融监管同样如此。从打击非法金融一直到亚洲金融危机爆发之后关闭大量农村基金会等行为来看，就能发现政府限制民间金融的意向。抑制民间金融发展的做法在很大程度上能够降低农村金融市场存在的巨大风险，但是金融安全本身意味着一种动态的、发展的安全观，长期实施金融约束的政策实际上并没有让我国农村的金融市场走向繁荣和发展。商业金融机构的大量撤出和农村信用社在整个农村金融市场中垄断严重的问题反而使我国农村金融的效率大大降低。与此同时，大量的民间金融组织不断发展和壮大，大量不受监控的借贷行为在边缘流动，积聚了大量风险。为了给我国的农村金融市场注入活力，监管部门开始大力发展农村新型金融机构。也有一些地方政府为了实现经济发展的目标，大量组建小额贷款公司，一时间效率至上的呼声甚嚣尘上。监管部门对农村金融机构设置的市场准入标准正在不断降低，这也推动了大量新型金融机构的出现。从发展的角度分析，要保持农村金融的适度自由，金融监管立法应当从遵循农村经济社会发展的现实要求和规律出发，把握好金融自由与金融管制的关系，重视农村金融的效率。

金融安全和金融效率是基本价值范畴的组成部分，也是永恒的矛盾，如果在实际当中过分强调和追求其中之一，那么另一种就会消减。当价值冲突出现时，监管部门如果不能在价值选择中做出理性的判断和考量，就很容易陷入管理怪圈。就我国目前农村金融监管制度而言，长期偏重于追求金融安全的价值目标，带来了巨大的负面效应。因此，在实施农村金融监管的过程中，必须将传统的单一追求金融安全转到金融安全和金融效率并重上。从表面来看，金融安全和金融效率存在诸多冲突和矛盾：追求金融安全可能会造成监管制度和措施过于严厉，从而降低金融市场效率；追求金融效率可能会降低市场准入门槛。从实质来看，金融安全和金融效率有着一定的互补性。一方面，确保金融市场安全能够推动金融效率的提升。在牺牲金融安全的基础上追求金融发展的高效率只能是昙花一现，无法持久。另一方面，金融效率过低或者没有效率存在的金融市场即使十分安全，它也是不健康的，最终

会出现垄断，让整个市场失去活力。因此，最佳的选择是构建金融安全和金融效率统一的农村金融监管制度，通过发挥行政和市场在金融资源优化配置中的作用，在金融效率和金融安全之间寻求平衡，用一种艺术性的监管手段增强农村金融的监管效果，避免价值冲突的两难境地。在某些情况下，农村金融市场的复杂性决定了安全与效率的取舍很难协调。尤其是对农村的民间金融，在对其进行监管时需要优先考虑到金融安全，将制度的构建作为基础，在打好基础后再追求金融效率。

长期以来，我国在农村金融的监管方面都属于一种过度监管，出现这一问题的原因是将金融安全作为主要的价值追求。在经济不发达的地区和国家，制度与政策方面的落后和不合理会使市场主体在面对金融风险时不能有效地应对和处理，从而加大风险造成的不良影响和后果。由于对民间金融的压制，金融市场的主体开始创设多样化的民间融资组织，跳脱出非正规金融体系，形成了系统较为完善并且在业务操作上十分便捷的民间金融机构，为农村地区中小型企业和农户提供了金融支持。在很大意义上说，农村金融能有效纠正正规金融市场失灵的问题，这也是农村金融制度改革中收获的可喜成果。

还需要强调的是，无论金融安全还是金融市场中的自由竞争都是金融法制建设中的价值追求。纵观我国的金融体系，处在绝对优势地位的是正规金融，其他部分往往是被抑制的，进而出现了金融市场结构不平衡的问题。因此，涉及民间融资问题时，最为有效的处理方法是借助自由竞争，而不是绝对意义上的管制。农村金融监管法律制度的建设必须以适当促进金融的自由竞争为价值目标追求，尊重市场规律，放开民间金融组织的权限，使其能够进行自由选择，也让广大融资者在一个和谐的自由竞争氛围中享受到应有的成果和收益。按照这样的目标追求，政府在农村金融监管实践中要重点监督运行过程，对其中的违法乱纪行为予以查处和打击。并采取相应措施活跃农村金融市场，完善金融制度，推动农村资源的优化配置。

三、坚持统筹与均衡发展理念，实现建立公平保护价值制度目标

要想让权利资源配置更加高效，就需要确保实际配置当中的公平，使整个金融市场中的主体都能够被公平对待。如果从当代法治建设、市场经济建设的角度出发，农村金融改革及制度建设并没有将公平作为目标追求，所以在错误目标追求指导之下建立的金融市场拥有巨大的缺陷，不是完全意义上的现代金融市场，更不是我国现代化法治国家建设希望看到的现状。社会资本包括民间资本和国有资本，应该享受平等待遇。从农村金融发展的现状来看，我国当前的农村金融监管制度应促进并

体现农村经济统筹和协调发展，而不能单纯地服务于部分市场主体，尤其是不能将金融监管变成某些金融机构获得自身利益的工具。我国还没有建立起完善的金融体系，在这种情况下，监管制度的建设要突出公平，进一步缩小金融主体的利益差额，平衡弱势金融主体和强势金融主体之间所应承担的风险。在我国广大的农村地区，农村金融和一般市场意义上的金融交易有着极大的差别，金融资源的获取条件也不同，这就需要政府充分发挥自身的监管职能，矫正事实差别，使农村企业和农民享有相对公平的融资机会。因此，我国在全面推进农村金融法律制度的构建当中需要有意识地消除与统筹协调发展理念相悖的内容，在法律及体制层面为农村金融营造平等氛围、提供平等发展的机会，各个金融主体之间能够公平竞争。

经济快速增长会推动金融的飞速发展，而金融监管就是随着经济发展的需要而产生的，其目标是促进经济发展，而金融业的安全并不是金融监管的中心目标，也不是金融业存在和发展的终极目标。从这一角度来看，金融监管的终极目标应当是满足金融业繁荣发展的需要，并以此促进社会经济的稳定发展，提高社会福利。由于我国农村的经济社会结构比较特殊，农村金融不属于完全意义上的商业金融，在确立与之对应的金融制度时需要确立其主要目标，那就是让农民公平获得发展机会和结果。因此，我国农村金融监督必须将公平作为自身的价值追求，而且在具体实践中必须有明确的体现：第一，以促进农村企业和广大农民获得公平融资机会为出发点，以保障融资权利的公平实现为最终目标。如果监管导致获得金融资源的机会和结果存在不公平，监管制度就应当改革。第二，对农村金融的管制要着眼于提高金融资源配置的公平性，通过鼓励、引导、规范和监督管理提高金融业的整体社会效益，而不是制造少数人的富有。所以，监管不能导致金融业偏离社会整体公平的目标运行，更不应当影响整个社会资源的公平配置。第三，民间金融法律管制的公平目标从"条件""模式""后果"等法律规则的逻辑结构及其直接作用表现出来，也受金融立法博弈结果的影响。

因此，要从制度层面着手检讨和衡量我国农村金融监管制度是否和公平的目标相背离。

第二节 农村金融监管法律体系构建策略

一、农村金融监管体系向多层次方向转变

金融监管应该具有不同层次的监管主体，还需要将多元化的监管措施整合起来，最终形成一个科学、全面和立体化的监管体系。多层次的监管体系包括国家监督、行业自律、被监管机构自身内控体系、社会监督四种类型。这四种类型的监管必须地位分明，主次清楚。其中，国家监督是整个监管体系的核心，是弥补市场缺陷的重要方法，能为市场秩序的维护提供保障；行业自律是整个监管体系的主要支撑，也是连接政府和被监管主体的桥梁与纽带，可以实现双方的协调互动；被监管机构自身内控机制的建立和完善能够有效降低外部监管成本，推动自身可持续发展；社会监督属于监管体系的补充，可以弥补上述三类监管的漏洞和不足。这四个监管体系是确保农村金融安全发展必不可少的条件，各有优点和不足，必须互相协调，扬长避短，形成强大的合力，才能实现对农村金融的有效监管。

（一）农村金融与政府监督

庇古的福利经济学及泰勒尔等人的"代表"假说构成了政府对金融监管的理论基础，而经济发展中频发的金融危机则提供了政府金融监管的现实基础。我国的农村金融尚处于起步阶段，整个农村金融市场的发育还不完全，缺乏相应的规范和支持，必须依靠政府的监管来为其保驾护航。

首先，政府应从整个国家的金融状况出发，加强对农村民间金融活动的监测和管理，防范农村民间金融风险的发生。相关部门应当采取如下措施：一是树立支持农村金融和经济发展的理念，因为现行的金融理念往往将重点放在对金融机构利益和存款人的保护方面，而相对忽视经济发展利益；二是放宽市场准入门槛，增加农村金融机构数量，通过鼓励竞争来改善消费者的福利；三是制定宽严相容的监管规则，采取针对性措施加强对农村金融机构的监管，防范非法吸储、非法集资、金融诈骗等农村金融活动中易于产生的问题，防范局部风险的发生。中国人民银行要注意处理好以下几个关系：一是处理好和银监部门、省级政府（省联社）在监管范围、监管权限和职责上的分工，避免出现重复监管和监管空白的问题，降低农村金融机构的监管负担；二是处理好服务和监管之间的关系，切实了解民间金融机构的特殊

性，采用差异化的监管手段提升监管的有效性；三是处理好严格监管和知识创新之间的关系，将推动企业创新发展作为前提条件。

其次，发挥政府部门和政策性金融机构在我国农村金融监督管理工作中的作用。农村金融政策性的特点符合农村的实际发展状况，并且与农业经济活动息息相关，因此农村金融监管要充分发挥政府部门的作用，这样在贯彻国家农业政策时会更加机动、灵活，也能够规范信贷活动，使大量的金融资源和资金进入农村。另外，要有效发挥政策性金融的特殊职能，运用多元化的金融活动来弥补农村金融市场的缺陷。

第一，发挥农业部门的政策导向作用。农村金融具有较强的政策性，而且农村金融的发展离不开农业政策的配合和支持。农业部门负责制定相关的农业政策，同时对农业政策的执行情况进行监督，因此，农业部门是重要的金融监管主体。我国目前的农村金融监管体系当中没有突出农业部门的作用，也没有体现出农业部门作为金融监管重要主体的价值。中国总是把农村金融机构当作一般的金融机构看待，仅要求投入金融资源，没有对农业作为产业的独特性而由此产生城市和农村金融之间的显著差别的足够认识，其实农村金融要与国家的产业政策紧密结合，其本质主要是贴近农民，而不是贴近金融机构。农业部门必须承担起监管主体的职责，只有这样才能逐渐推进农村金融机构和国家农业政策的接轨，实现服务"三农"的目标。农业部在农村金融监管中的政策导向作用主要通过对政策性农村金融机构进行农业产业政策方面的引导来实现。

第二，发挥政策性金融机构的作用。农村金融具有弱质性特点，这一特点加大了农村金融市场培育和资源配置的难度。政策性农村金融可以削弱或者克服这一弱质性的不良印象。农村政策性金融是指和政府某些经济职能相联系，为贯彻政府社会经济政策或意图，不以商业性标准为原则，以国家信用为基础，在农业及相关领域从事资金融通，并为政府所有、参股、担保和控制，支持、保护农业生产，促进国民经济协调发展和农业收入稳定增加的一种特殊金融活动。这一定位决定了政策性农村金融一方面可以配合政府在不同历史时期、不同发展阶段实施特定的农业政策，另一方面可以通过委托贷款等方式，充当农业贷款"批发"机构，并由农村金融、商业金融以农业贷款"零售"机构角色增加对农业信贷的资金投放，从而补充、纠正商业金融、金融在农业信贷领域的不足和偏差，在三者之间形成互补格局。

具体来说，政策性农村金融的调控职能表现在两个方面。①政策性农村金融和商业性农村金融相互协调，互为补充。商业性金融本应是提供金融服务的主体机构，但是其趋利性特点显著，很难在农村发挥应有的作用。农村金融领域有市场失灵问

第六章 基于"金融监管"下的农村金融法律制度创新思考

题,需要政策性金融机构主动介入,以国家信用为基础,淡化盈利目的,在商业性金融机构不愿涉足的领域从事农业信贷业务,承担农村金融弱质性的风险成本,满足农村经济发展的资金需求。比如,在美国,农村政策性金融机构提供的贷款是提供一些商业银行和其他贷款机构不愿提供的贷款,在贷款对象上的侧重不同。再者,政策性金融不是地区经济增长的结果,而是实现地区经济增长的先导因素;已不是简单地、被动地满足、适应经济活动对它的需求,而是通过供给超前,不断开辟新的投资领域和扩大投资去主动地创造这种需求。因此,政策性金融要发挥自身应有的扶持功能,有效推动经济发展,在切实满足和迎合商业性金融机构盈利需要的基础上,充分调动商业性金融机构的积极性,使资金逐步地流向农村。②对农村金融的推动和引导。考察各国农村金融发展进程可以发现,农村金融的发展一般要在政策性金融的推动和引导下进行。

鉴于此,我国在构建农村金融监管体系时,应该将政策性金融机构改革和农村金融改革相结合,并且充分发掘两者的共同通性和相容性,从而建立协同互补机制。比如,农业发展银行可以利用出资入股等方法参与农村金融机构的重组和治理;可以加大对农村金融机构的信贷支持,将基层农村金融机构作为其长期农业开发性贷款和扶贫贷款的承贷主体,充分利用后者服务网络覆盖面广、贴近农户生产生活、熟悉农户经营状况等优势,监督和保证所涉款项的合理使用与及时回收。

(二)农村金融与行业自律

政府的干预虽然在很大程度上可以弥补市场缺陷,但是常出现管理失灵的问题,这就需要另一种监管力量进行补充和协调。在市场经济飞速发展的情况下,大量非行政性的监管主体涌现出来,并且在政府与市场互动的架构中的地位和作用越来越突出,成为"小政府—大社会"格局中"大社会"的重要组成部分、现代市场经济体制中经济民主的重要实现形式。鉴于农村民间金融的活动规模和发育程度由其所处的农业发展阶段决定,且农村金融的政策性特点明显,运行中出现风险的概率较高,受到农业政策的影响力较大,而行政性监管主体力量有限,因此有必要对农村民间金融实行以社会中间层为辅助的行业监管模式,即充分发挥农村民间金融组织行业协会的自律监管作用。自律性监管有非常显著的特点,即监管主体和受制主体存在契约性组织隶属关系,并将特定协议或者团体章程作为监管的依据之一。行业协会协助行政性金融监管主体对农村民间金融活动进行监管,制定行约、行规,并监督执行,维护国家金融安全。非行政性金融监管主体可以根据市场条件变化做出适当调整,而且可以实施灵活的、高标准的道德规范和行为准则。与此相比,行政性金融监管主体应努力提升监管活动的稳定性和连续性,并且一般只能规定最低标准。所以,加强对我国农村民间金融行业自律组织的发展和培育工作,发挥其在金融监管中的作用,可以形成政府监管与行业自律的良好互动。

基层监管机构受到条件及地域的限制,人员配备非常有限,而且金融监管的整体力量薄弱。如果只依靠政府的监管难以保证农村金融健康发展并发挥应有的功效,而行业自律组织却能成为政府监管的有效补充。行业自律组织具有专业方面的优势,比政府监管更有预见性,能够有效规避风险,保障行业的健康发展。这种行业自律机构与监管职能部门相互配合以形成良好的金融秩序的做法已成为学术界和实务界的一种共识。2005年,我国成立中国银业协会农村金融工作委员会,将农村信用业作为主要规范对象,但是其中没有涉及关于新型农村金融机构的内容。因此,需要将中国银行业协会农村金融工作委员会在现有基础上进行扩充,真正把它规范和完善成为推动农村金融发展和为农村广大金融企业服务的自律性组织,而且各地可以从自身出发,在地方政府和监管部门的指导下建立行业自律组织,并通过多种措施的实施来协助政府的监管工作。

从我国农村民间金融发展历程来看,很早就存在某些约定俗成的潜在行业自律规则,这是我国农村民间金融行业自律管理的基础。目前,很多地方自发组建了一些民间金融行业联盟,在一定程度上提高了行业自律水平,规范了行业管理。因此,要重视培育和发展我国民间金融行业自律组织,发挥行业自律组织在金融监管中所起到的积极作用,形成政府监管和行业自律之间的良好互动。在制度安排方面,应积极倡导并鼓励建立农村民间金融的行业性自律组织,如农村民间金融协会、小额信贷发展促进协会等,为这些行业组织提供良好的发展平台和制度环境。同时,加强监督指导,推进农村民间金融的规范与完善,更好地发挥其中介、桥梁的作用。随着农村经济的发展,各种农村民间金融组织层出不穷,其质量良莠不齐,整个行业亟待规范。由于法律和监管上的缺位,农村民间金融行业内各种问题不断凸显出来,如农村民间金融组织在借贷利率、运作程序、中介收费等方面都不统一,这些对国家和地方金融安全来说是很大的隐患。行业自律协会一方面可以制定同业公约,强化行业管理,加强同行业农村民间金融组织的交流,创造开放、竞争的农村金融环境;另一方面可以作为政府监管部门与农村民间金融组织之间的桥梁,协助国家监管机构维护农村金融市场的有序运行,更好地实施宏观金融管理。

(三)农村金融与机构内控

政府监管和行业自律都属于外部监管,外部监管的作用是为农村金融的发展营造和谐的外部环境。任何组织和行为仅仅从外部进行规制是远远不够的，只有从机构内部的组织管理制度入手，才能从根本上达到有效监管的目的。机构内部自身的内控机制是行业有效进行的"生理循环"，进而得到更好的生存和发展的重要因素。农村金融机构内控制度建设是建立有效监管体制的关键，也是有效监管的基础，农村金融要实现可持续发展，必须重视内部组织和内部管理制度的建设。良好的内控制度能够切实提升经营者的管理水平，保障各项经营活动的稳定运行，对可能出现的金融风险起到防范作用。新型的农村金融机构往往规模不大，人员较少，而且不可能像大型金融机构那样设置专门的自律机构和人员配备。目前，国家在这方面的立法引导存在明显不足。另外，因其自身的脆弱性及其所处环境的复杂性，适当的符合其发展模式特征的机构内部自律机制的建立就显得更为迫切。要规范制度建设程序，从源头上加强内控制度的操作效力。要增强对违规行为的惩罚和整治力度，提高内控制度的威慑性和严肃性。要加强其信息披露义务，辅以长效风险监管。要注重农村金融主体的内部治理和控制，自下而上地培育农村金融本土力量。农村金融监管中内部治理的作用集中体现在农村金融组织中，基层金融组织中自愿入股的成员通过完善的治理结构，形成、表达并实现自己的意愿。同时，由于基层成员是最为贴近金融需求、了解融资状况的主体，因此对资金发放、运用以及贷款的回收等事项具有最为直接和灵活的监督管理作用。另外，在培育农村本土的金融力量时，要让农民掌握选择权，加强实践和探索，自下而上地生成一套成功的借贷模式和本土金融组织形式，充分挖掘和切实满足当地多样化的金融需求。

首先，完善农村民间金融组织信用制度。信用对民间金融来说至关重要，也是民间金融机构展开多种金融活动的命脉所在。农村民间金融机构需要努力提高信用度，保障业务处理的透明性，还可以对能够按时还款的企业或者个人定时进行公布，以鼓励那些企业和个人重视自身信誉的培育。另外，可以借鉴探索格莱珉银行的小额贷款联保小组制度，如果小组中有一人违约，那么整个小组都将失去贷款资格，这样，小组成员之间便可以互相监督，形成一种社会压力，使贷款业务可以顺利地运行下去。

其次，完善农村民间金融组织管理制度。按组织控制方法，建立相应的咨询决策机构，并对各自所要承担的职能进行明确划分，形成一个权责明确、相互牵制、相互补充的统一整体。在建立咨询决策机构时，必须将相互协调和平衡制约作为依照原则，合理设置部门及岗位人员，同时不断地完善绩效审核制度，尤其要关注重要岗位和要害部门之间的相互制约和监督，建立完善的资产负债比例管理制度、信贷风险管理制度、财务管理制度，努力提升制度的科学性和可操作性。

最后，完善农村民间金融组织业务制度。农村民间金融在制定经营方针时必须坚持稳健的原则，从市场经济的原则出发，恰当地组织和制定业务发展战略。

(四)农村金融与社会监督

政府、自律组织和金融机构作为经济人，都存在自利倾向，因此需要全社会的共同监督，尤其是会计、审计等专业性强的机构的监督。社会监督与其他形式的监管有着较大不同，其具有独立性和全方位性，可以说，社会监督是无处不在的，除了能够监督金融机构以外，还能够对政府和行业自律组织的监管行为进行有效监督。金融活动涉及社会经济生活的各个方面，因此金融风险的诱发因素是多方面的、复杂的，为了更好地对金融市场进行监管，有效防范金融风险的发生，金融监督活动的实施需要全社会共同参与。由于各种条件的限制，我国农村金融企业接受监管部门认可的会计师事务所和审计师事务所对企业财务报告的真实性进行审计的情况还是常态，导致社会中介监管的效力难以发挥，再加上没有有效的信息交流和信息披露机制，社会舆论监管更是无从谈起。

构建新型农村金融机构应形成基层政府为核心，包括各职能部门、社会中介机构、社会公众等在内的社会联合监管防范体系，从而创设有效监管的外部环境。一方面，对于条件成熟、发展水平较高的农村金融机构，监管部门可以委托会计师事务所、审计师事务所和资产评估事务所介入，就其财务报告、资产质量等进行全面和细致的审计；另一方面，要加快对农村金融企业的资信评估工作，在向社会公布的基础上尽快完善信息披露和风险预警机制，以社会底层监督督促金融机构加强和改善农村金融服务。

二、农村金融监管模式向包容性方向发展

我国农村金融机构数量较多，分布范围广，往往设置在县或者县以下的区域，这些特征使金融机构和监管主体不能顺畅连接，信息反馈也不及时。随着新型农村机构的兴起和发展，农村金融市场日趋复杂化和多元化，监管模式也有了新要求。农村金融具有高风险性、弱质性和易受自然灾害的影响等特点，这就需要针对现实情况采用恰当的金融监管方法。具体来说，在农村金融的监管模式方面，应注意以下几个方面：

(一)准入监管和日常监管相结合

要想增强农村民间金融的稳定性，保障企业和谐运转，其中重要的条件就是要

第六章 基于"金融监管"下的农村金融法律制度创新思考

做好程序控制,而在程序控制中完善市场准入制度和市场退出制度是重中之重。市场准入规则是指金融监管部门对新设民间金融机构和由非正规向正规改制的民间金融组织的管理规则。金融体系有着外部性和脆弱性的特征,这两个特征决定了整个金融行业稳定、健康发展的重要性。因此,对金融机构实施市场准入限制就很有必要,金融机构必须符合一定的条件,遵循一定的行为准则和行为规范,同时达到一定的资本充足率;要具备高素质的经营管理层和合格的工作人员;要建立完善、科学的内部组织机构,健全管理制度和相关章程;要拥有固定经营场所和相关配套设施。具体来说,新设农村民间金融机构可能存在组织结构不健全、风险控制机制不完善、员工队伍素质普遍不高、注册资本金不足或存在虚报注册资本的机构不予批准等问题。依据当前我国农村经济发展的现实状况,农村民间金融组织难以达到金融机构的一般标准,但是制度安排必须遵循相应的规范和原则,最大化地减少由于农村民间金融进入而对整个市场带来的风险,使民间金融在一个和谐、稳定的环境中发展。从金融监管的层面分析,对市场准入的控制能够有效防范金融行业的风险,为金融行业的稳定、健康发展提供保障,同时把可能会为金融体系健康运转带来危害的金融机构拒之门外,使金融机构的设立符合国民经济的发展。

与此同时,我国要尽快消除民间资本参与金融的壁垒,适当调整金融机构市场准入的规则,允许民间资金活跃的地区由民营企业创建地方性民营银行和中小金融机构。发展民间金融,要把准入的标准和程序以法律的形式加以明确,保证准入过程的公开和公平。这就要求监管部门建立健全相应的登记和备案制度,为农村地区的民间金融机构颁发相应的执照,并进行详细的登记和备案。另外,为了提升农村民间金融市场的透明度,有效减少违规操作的问题,监管部门可以从当地实际出发,在网络上统一公布具备相应资质的农村民间金融机构的名称,并将没有资质或存在违规操作、金融诈骗的金融机构在网上公布。这样不仅有助于农村民间金融活动从"地下"转为"地上",减少因逃避监管而增加的风险,还有利于监管部门及时掌握农村民间金融市场的动态,防范风险。虽然现在银保监会对村镇银行采取"低门槛、严监管"的模式,但其"低门槛"最主要体现在注册资本的大幅调低,与实质意义上的"低门槛"相比,仍相距甚远。所谓实质意义上的"低门槛",应是允许各类产业资本尤其是民营资本主导发起设立村镇银行,充分调动各类资本进入农村金融市场的积极性。村镇银行最大股东或唯一股东必须是银行类金融机构的规定却明显将民营资本等作为发起人排斥在外。我们可以将银保监会设置此规定的出发点理解为非银行类资本缺乏运营银行的相关专业技能和经验,容易导致农村金融的不稳定,进而影响到国家金融网的安全和社会稳定。殊不知,在社会经济市场化的今天,资本永远不会缺乏对某一新领域的快速适应能力,其专业知识的缺乏可以通过人才、管理等要素的流动来弥补,政府所要做的只是对各类资本进入村镇银行设置严格的监管标准,引导其按要求规范经营,如此才是"低门槛"的应有之义。否则,村镇银行不过是银行类金融资本设立在农村的一个"分支机构"而已,极易产生股东权利得不到保护、经营道德风险等问题,这事实上已经偏离了农村金融主体多元化的改革大方向,也不利于村镇银行的长远发展。

准入监管只在农村金融机构成立初期对其成立条件的合规性起到监控的作用,金融机构成立以后,在运营过程中,资产和信贷状况是时刻变化的。因此,为了防范其在成立之后违背初衷,疏于对自身经营状况的注意和保护贷款人的利益,我们有必要对其进行日常经营的跟踪审查,密切关注农村民间融资及贷款的去向,积极开展活动信息的收集工作。当前,我国一些地方人民银行分支机构已经建立了地方民间借贷市场监测系统,开展定期的利率月度监测和不定期的专题监测,为民间融资的利率水平和发展趋势提供实时信息。金融监管部门必须充分承担起自身的职责,完善监测指标体系,扩大监测网点,以便对农村金融的融资规模、资金流向、利率变动等情况有宏观把握。因为这些机构本身十分活跃,风险性要比传统的金融机构大,业务范围涉及很多新领域,随之而来的风险具有较强的隐蔽性,只要风险没有暴露,一般情况下是不会受到严格检查和监管的。这就加大了风险的不确定性及贷款人对其经营信息的难掌握性。当一些金融机构通过积极开展金融活动而获得非常明显的收益时,由于整个市场有着显著的示范效应,那么其他农村民间金融机构或者农户就会效仿,因此让流入农村的资金规模不断扩大。一旦发生意外事件,每一单个储户的最明智选择就是立即加入挤兑的行列,一系列的金融风险就会爆发出来,规模越大,危害越大。因此,必须及时掌握与农村民间金融活动相关的内外部信息,这样才能及时、有效地对风险进行识别、评估、控制和化解,建立完善的法律风险防范体系。这就要求监管机构在其日常的营运中加大监督检查的力度,及时地了解其运营信息,以便适时地分析其风险指数,使其保持为农业金融服务的本质和初衷,适应农业季节性和地域性变化的特点,更好地完成其辅助农业发展的目的和自身有序持久盈利的目标。

(二) 合规监管与风险监管的结合

合规性监管是指通过行政手段,对银行执行有关法规、制度和规章等情况进行监管,以规范银行经营行为,维护银行业内秩序。合规性监管着眼点在于维护国家法规、政策的严肃性，是一种静态、消极和刚性的监管方式，无法有效地动态追踪金融企业的风险，难以适应新形势下农村金融监管的需要。目前，我国农村金融监管的合规性监管理念正受到以下因素的冲击：我国农村金融监管法律制度严重落后；现有行政法规和规章对规制农村金融市场已显不足；新型农村金融机构的不断出现导致了相关法规的不完备性。尽管有关部门近年来加强了农村金融制度供给，但是由于农村金融的复杂性和金融组织的特殊性导致了立法和执法、司法在一定程度上必然的脱节。因此，在农村金融迅速发展的新形势下，单靠合规监管已经跟不上金融发展的脚步，已不能迅速防范金融风险。鉴于此，我们需要把合规监管和风险监管结合起来，动静结合地跟踪农村金融的发展动向。

风险性监管是建立在合规性监管基础上的审慎性监管，把防范金融风险放在首要位置，是动态、积极的监管。目前，监管机构应该做好以下几个方面的工作：

第一，合理制定风险权重系数[1]，建立科学的风险评测体系，从多个指标出发对农村金融机构进行实时监控，从而有效提升金融机构的资产质量，最大限度地减少呆账、坏账。机制完善、规模较大的农村金融机构可以比照商业银行实施五级贷款分类制。

第二，将现场监管和非现场监管结合起来。现场监管有着真实性和指引性，这是现场监管的优势，但是现场监管同样具备强制性和应急性的缺点。为了完善农村金融的监管体系，还需要发挥非现场监管的主要作用。农村金融机构是为服务农村经济发展而存在的，设立的位置往往距离农村较近，如果按照目前监管资源的分布格局来实施监管，农村金融机构和监管机构之间在对接上存在现实困难，仅依靠现场监管的方法是不能满足监管需求的。对此，在监管方式上，要注重发挥非现场监管的主导作用，做好监管数据的跟踪管理及分析工作，更加客观、科学地对农村金融机构的运营状况和可能出现的风险进行评估，从而为现场监管提供依据和参考，提高农村金融监管的效率和可操作性。

第三，健全信息披露制度，涉及重要数据和事件必须做到及时披露，同时要将这些信息呈报给监管部门。为了做好农村金融信息披露的各项事宜，需要监测和收集软信息。所谓"软信息"，通常是指难以量化的信息、无形资产和非法律形式的约束，如人与人之间的血缘关系和贸易关系，借款人的工作能力、经验和信誉，左邻右舍之间同辈的压力等。农村金融的特殊性体现在需要依赖软信息，对农户、农村中小

---

[1] 郭春慧.基于央行治理视角下的风险管理审计[J].金融发展研究，2014(12)：86-88.

企业等相关主体的信用状况进行判断,并在此基础上判断和衡量农村金融机构的风险状况。因此,在农村金融监管中,要全面收集"软信息",以便客观、准确地确定金融机构的风险状况,采取相应的监管措施。

第四,建立健全农村金融风险预警机制,做到防患于未然。在对农村民间金融机构实施监管时,需要建立起完善的风险评估和预警机制,这种事前的风险防范机制是确保农村民间金融和谐发展的前提。农村金融服务多为小额贷款,贷款周期较短、受自然条件影响比较大,借款主体还款能力较弱、可担保的财产形式较少,更加容易引发信用风险。因此,在监管方式上不应向普通商业金融监管一样关注风险的事后化解和对某一特定时点金融机构资产状况的专项审查,而应当注重对风险的事前预警性防范,采用动态监管的方式,对金融机构的风险予以持续性的跟踪、控制和防范,以便能够及时应对和化解农村金融机构经营中存在的风险。可设立由有关金融专家组成的危机评估机构,与监管部门配合,监测地区内外各种风险、危机对本地区内各金融机构的影响,进行追踪分析、预测,建立警报发布机制,对各类较大的金融危机的危害程度进行评估,并提出应对措施,供决策层参考。政府要从国家的金融状况出发,加大对农村金融活动的管理和监测力度,防范农村金融风险。当地政府部门应密切关注农村融资动向,定期搜集相关的活动信息。金融监管部门要建立完善的监测指标体系,进一步扩大监测网点,宏观把握民间金融的融资规模、资金流向、利率变动等情况。

(三)统一监管与分类监管相结合

共性和个性是一切事物固有的本性,每一事物既有共性又有个性。农村金融是金融行业的一部分,和很多其他金融机构的监管有很多共性之处,因此监管部门对农村主要金融机构采用了比照商业银行监管标准的统一监管的理念。尽管这一做法具有相当的合理性,反映了农村金融作为金融共性的一面,但由于农村金融(再如小额信贷)自身的特殊性,越来越倾向需要专门的监管对待,随着金融监管实践的发展,这一需求在国际上得到了很多国家政府和国际组织的响应和落实。

首先,"三农"的弱质性是与生俱来的,受自然环境和市场价格波动的影响较大,银行业金融机构在服务"三农"的过程中相对风险大、成本高、收益低,客观上与金融的商业化运作之间存在一定的矛盾。如果机械依照商业银行的监管标准,照搬农村银行业金融机构监管的各项指标是不客观和不科学的。

其次,我国地域辽阔,农业经济发展特点各异,所需的金融服务也各不相同,这在客观上要求金融监管措施的实施必须具备差异化特征。

再次,农村金融机构在地域、类型、管理、业务等方面存在很多不同,因此形成了类型化和多样化的农村金融机构,它们在目标要求和发展路径上有所不同,所以对其的监管标准也要做到区别对待。

最后,外来金融企业向农村渗透的情况逐步增多,如果运用统一性的监管模式是很难确保外来金融企业和谐发展的。

在对农村民间金融实施监管时,监管当局必须从根本上转变监管方式,确立合适的标准,采用分类监管手段,做好区分监管工作。民间金融有着广泛的外延,因此更加需要在监管上做到有效区分。在针对农村民间金融制定监管制度时,必须区分"黑色金融"和"农村民间金融"这两个概念。黑色金融会为整个社会的发展和金融进步带来严重危害,威胁到市场化经济的发展进程,必须予以取缔;农村民间金融在市场化经济的深入发展中不可或缺,需要继续发挥其优势。因此,必须对民间金融监管对象进行分类,考虑到不同地区的农村民间金融活动的表现形式各有不同,可以按照下面的标准进行分类:按照东部、中部和西部区域的经济发达程度不同分类监管;按照机构的性质不同分类监管;按照金融机构的风险状况和管理水平的不同分类监管;对农村信用社的省联社和基层社要分类监管。

第三节 城乡统筹背景下农村金融监管制度完善建议

农村金融的研究不能单独就金融研究金融,农村金融的发展离不开城乡统筹发展,离不开新农村建设,既要从农村生产发展、增加农民收入等方面进行讨论,也要从农村生产发展、农民收入增加背后的体制或制度环境进行研究。如果没有制度演变,没有制度创新,经济金融的发展是不可能的,农村金融的研究也只会是空中楼阁。只有建立健全金融市场体系、金融服务体系和金融监管体系,才能有效配置社会经济资源和分散金融风险,从而为社会经济的全面发展提供良好的金融环境,进而从根本上维护金融市场的稳定。所以,在城乡统筹发展的背景下,在建设社会主义新农村的形势下,加强农村金融市场的法制监管和规范发展对农村经济建设意义重大。

一、我国城乡二元结构分析

对我国来说,城乡关系是一对重要的关系,涉及产业结构、社会结构、政治结构和文化结构，也决定着一个国家的发达程度。我国不论在社会地位、经济地位还是政治地位上，都面临着如何处理城乡关系的重大问题，或者说如何构建新的城乡关系。在社会经济、政治乃至文化的发展上，"三农"问题的解决不能仅仅从农村内部解决，还要从城乡关系中寻求答案。

20 世纪 50 年代，城乡二元体制从政策和体制上将城乡分割为两部分，这势必会影响到一个国家的现代化进程。具体到农村金融监管方面，要考虑到这种城乡二元结构的现状，其中如何进行农村金融市场监管，监管到何种程度，监管权如何配置，这些问题已经成为当前我国农村金融市场监管体制改革与发展中必须面对的重大理论与现实问题。所以，在当前中央致力于统筹城乡经济社会发展和推进新农村建设的现实背景下，为解决城乡二元结构问题，有必要研究中国农村金融市场监管的法律问题，实现农村金融创新与农村金融市场监管的协调发展，以为我国建立现代农村金融制度，深化农村改革发展提供途径。

为了解决城乡发展的二元分化问题，我国在市场经济体制改革进程中以马克思主义为指导，充分认识并论证了建立现代农村金融制度的重要性。深入贯彻落实科学发展观是《中共中央关于推进农村改革发展若干重大问题的决定》文件中确定的努力方向。要实现这一目标，必须抓紧在农村金融体制改革关键环节上取得突破，强化农村金融发展制度保障，真正建立起保障与促进现代农村金融制度发展的法律机制，继续扭转发展的不断分化趋势，不断缩小城乡差距。在经济社会发展相对滞后的广大农村地区，金融业发展水平总体较低且参差不齐，金融监管制度的建设比较薄弱，必须进行全面的体制转轨和政策倾斜。农村工业化也遭遇到巨大的甚至是不可逆的瓶颈性障碍。自农村乡镇企业完成改制后，很多企业开始向城镇特别是大城市集中，这是因为在农村面临着信息不灵通、交通不便利、人才缺乏、资金困难等问题和困境。这意味着农村工业化遇到了很大困难。城市能为私营企业发展提供更好的条件，因此企业向城市集中是不可避免的。

另外，在农村，农民的负担也比较重，主要包括教育负担和医疗负担。所以，在城乡统筹发展中，需采取一系列措施，让处于弱势地位的农民主体积极参与社会建设，分享改革开放的成果，保障他们的利益。在农村金融研究中，要将农民的金融权利、农村金融机构的产权改革等方面的内容同新农村建设、农村经济发展、农民的增收及"三农"问题一起进行深入探讨，突破二元经济制度的藩篱。

二、农村金融市场监管呈现出一定的二元结构特征

农村金融是我国整体金融系统中不可或缺的有机组成部分。由于农村金融滞后于城市金融,我国金融发展和金融市场监管呈现出了一定的二元结构特征。我国农村金融市场监管制度的二元性决定了我国农村金融市场监管自身的特点。无论从时间还是程度来看,农村金融的改革发展都滞后于我国城市金融的发展。另外,在管理方面,农村金融的落后性更为明显。我国政府对农村金融以垂直管理为主,对农村经济以水平管理为主,这滞后于整个农村经济的制度变迁。

一个在整体制度上呈现出二元结构特征的金融,其监管自然也依附于这种二元结构本身。简言之,我国农村金融市场监管也体现出了二元结构特征,而这是由我国农村金融的发展水平决定的。

三、城乡统筹下农村金融发展的新思路

(一)深化二元经济体制改革

促进农村社会发展必须深化二元经济体制的改革。从静态上看,大多数发展中国家城乡经济社会的二元结构和"三农"的发展滞后都是客观存在的。从动态上考察,发展中国家如果一味强调城市现代经济的发展,乡村经济的落后不可避免,这是由资源的流动规律决定的。在二元经济体制改革中,必须避免农村必要劳动力和资本土地等资源持续流向城市和非农业。劳动力的转移不是相对于土地而言的,而是农业的弱质性决定了其在市场竞争中处于不利地位,造成单位劳动力投入在农业中的边际效率较低。只要城市非农产业劳动力投入的预期收益大于农业中劳动力投入的边际效益和转移成本,农民就会离开农村。

对我国现代经济发展来说,劳动力的供给无限,即供给数量不成问题,但供给质量的问题很大。农村尤其是偏远的农村,其交通、通信都不便利,农民接受的外部信息少,当地教育、文化落后,进城的农民在家乡所受的教育基本上都在初级阶段。大多数进城的农民仍主要按传统技术从事土地劳作,且思想观念保守,固守着农村传统的生活习惯和习俗。所以,要改变农村居民的观念,对他们进行技能培训,使他们适应在城市的生活,懂得基本的信息技术和现代化经济知识。笔者认为,我国进城农民要解决就业问题关键是要加强城乡二元经济体制的改革。

(二)同整个社会协调发展

从金融市场的本源看,金融的市场性、逐利性和风险性与生俱来,农村金融市

场也不例外。然而，这一点有悖于发展农村金融的意图，由于农村金融的独特性，如何保持农村金融发展同整个社会的协调发展是一个值得思考的问题。而金融有逐利的特点，如果农村经济社会得不到充分发展，资金不可能流入农村，也就不大可能有农村金融的实质性发展。

改革开放前，在高度集中的计划经济体制下，金融只是被当作国家计划分配资金的一种辅助手段，连城市金融活动的市场性都受到了极大的限制，更别提农村金融的发展和建立完善的农村金融服务体系了。改革开放以来，我国农村金融得到一定程度的发展，这种发展是与农村金融机构的改革和完善、建立新型农村金融机构和融资体制改革等联系在一起的。但是，农村经济社会发展的滞后在一定程度上也影响和阻碍了农村金融的发展。金融是现代经济的核心，金融活动涉及经济社会生活的方方面面，因此农村金融运行的秩序与效率、稳定与安全就成了金融改革与转型最重要的问题之一。

国家宏观金融调控、金融风险防范和金融市场监管作为农村金融运行的三个重要组成部分，是既相互区别又相互联系的三大金融管理范畴，是保持整体经济运行稳定与协调发展的关键。这三大金融管理范畴同样作用于农村金融，由于农村金融的重要性和特殊性，强调农村金融发展的协调性和金融市场监管的完善就显得更为现实和迫切。

我国要构建和谐社会，就必须保持城乡社会的协调发展，保持金融业的健康、稳定发展，这其中离不开农村金融业的稳定、持续、健康发展，也离不开完善和加强农村金融市场的监管。总之，研究我国农村金融协调发展及其监管问题是一个前沿性和对现实极其重要的课题，极具理论和实践意义，至少可以归纳为以下几个方面：

第一，农村金融的协调发展问题。运用财政政策和货币政策解决农村居民的民生问题，尤其是农地补偿问题。部分农村不合理的收费和负担也造成了农村资金大量流出。

第二，公平享有获得金融服务的权利。人人平等正是现代社会赖以存续的重要价值基础。金融公平意味着获得金融服务的权利不因贫富而有所区别。这要求城乡享有同质同量的金融服务，并且农民和市民一样享有获得金融资源的机会。国家对公民所公平享有的金融权利的保障体现在农村金融监管中。

第三，我国农村金融市场的竞争不充分、活力明显不足。在现实需求和国家政策推动下，农村金融市场已经呈现出主体多元化的趋势，新型农村金融服务主体不断涌现，这为农村金融资源的有效配置和农村金融市场效率的提升提供了新的契机。建立良好的竞争规则和竞争环境已成为当务之急，这样才促进农村金融的发展。

第四，农村金融机构应加强对员工职业操守的培养，尤其要强调员工对法律和公司规章制度的遵守，要确保规章制度能在日常业务经营中得到实际履行。在激励机制方面，农村金融机构要全面了解员工的需求，制定大多数人认可的激励制度，并严格执行，将激励和考核机制相结合，激发员工的竞争意识，使这种外部的推动力量转化成一种员工自我努力工作的动力，充分发挥员工的潜能，进而促进农村金融机构的进一步发展。

第五，完善农村信用社管理体制，提高农村金融效率，为农民提供便捷的金融服务。要研究农村信用社经营行为的规范，重点研究建立和改善农村金融的效益观念、成本控制、内部管理及风险防范的制度等监管框架。

四、城乡统筹背景下农村金融市场监管的对策

我国农村金融市场监管的法律问题是农村金融体制构建中的重点问题，也是我国农村经济体制改革和社会主义新农村建设中的敏感问题。2008年由美国次贷危机引发的全球金融海啸导致国际金融体系剧烈震荡，全球经济增长放缓，其重要原因在于现在的金融制度仍然存在缺陷甚至硬伤。所以，在城乡统筹背景下，对农村金融市场的监管要明确原则，并建立相关制度，设置多元化的农村金融监管主体，在中央致力于统筹城乡经济社会发展和推进新农村建设的现实背景下研究中国农村金融市场监管的法律问题，实现农村金融创新与农村金融市场监管的协调发展，以为我国建立现代农村金融制度，深化农村改革提供理论供给与实证支持。

（一）明确农村金融市场监管的原则

1. 保障金融市场安全原则

防范金融风险、确保金融市场安全是金融市场监管永恒的主题，抛开了金融市场安全便无所谓金融市场监管。安全不仅是法律追求的终极目标之一，也是人类社会得以维系的基础。从更深层次的意义来说，对于安全的追求是现代社会形成的原动力。现代社会的概念隐含着对安全的特殊要求，如果脱离了人身与财产安全的价值目标，现代社会便毫无实际意义。所以，法律、经济、政治无不关心并致力于解决安全问题。现代金融因其行业所固有的脆弱性，更关注和强调金融市场的安全。因此，要深化金融体制改革，完善金融市场监管，维护金融市场的稳定，必须建立健全金融市场体系、金融服务体系和金融监管体系，只有这样才能有效配置社会经

济资源和分散金融风险,从而为社会经济的全面发展提供良好的金融环境,从根本上维护金融市场的稳定。

加强和改进金融监管、切实防范系统性金融风险、提高资源配置能力和保障金融市场安全等是金融市场监管的重要议题。农村金融市场监管是我国金融监管体系的重要组成部分。新一轮的农村金融市场的拓荒与金融全球化相伴,农村金融所特有的风险及薄弱的金融市场监管在金融市场开放的趋势下将面临空前的挑战,传统的金融市场安全观已难以应对当下的复杂局势,以系统性市场金融安全为核心兼具全球化视野的新的金融市场安全理念亟须确立。

2. 追求金融市场公平原则

发端于小额信贷的普惠制金融体系理念源于弱势群体因无法从既有金融体系获取金融资源而在体系外谋求出路的探索。因而,强调金融公平正是对金融不平衡发展这一现实的矫正。金融公平意味着金融服务的公众性、普遍性、不存偏颇,否认歧视性待遇,因而金融普惠源于金融公平,金融普惠致力于实现的目标正是金融公平。

金融公平具体包含两方面的要求:其一,公平享有、利用金融资源。金融资源绝不是富人垄断的专有之物,而是各个阶层、各方群体公平享有的公共资源。金融是现代经济的重要支撑,这一重要资源的分配应针对所有阶层和群体,每一阶层、每一群体都应当公平的享有和利用金融资源。其二,公平享有获得金融服务的权利。金融公平意味着人们可以平等地获得金融服务的权利。基于此,城乡享有同质同量的金融服务,农民和市民一样享有获得金融资源的机会。

(二)建立并完善相关农村金融市场监管制度存款保险制度

1. 存款保险制度

当前,我国农村金融中尚没有建立存款保险制度,但由于农村金融的特殊性,其在政策目标上具有稳定储户信心、防止金融危机扩散的作用,因此在农村金融中较快建立存款保险制度具有积极意义。这是基于农村存款保险制度的目标更多的是定位于对广大农村储户利益的保护。不过,由于存款保险制度存在可能诱发金融机构和储户的道德风险而受到批评,长期以来,对我国建立存款保险制度有许多不同的看法。

存款信贷机构、金融监管机构、存款保险对象在强制性、参保方式、保费设定及收缴、基金管理与使用等关键性环节一直存在分歧,因此存款保险制度还需要较多的探索,一时难下定论。不过,从农村存款保险制度所保护的对象来看,需要设立高效率的存款保险机构。存款保险机构应该根据目前农村金融市场上的不良资产

第六章 基于"金融监管"下的农村金融法律制度创新思考

处置与风险防范的基本情况,对不同类型的存款类金融机构采取不同的存款保险制度。这种区别对待会带来存款保险机构的高效率。随着资金利用率的提高,存款保险制度的运行逐渐良性化,市场行为逐渐规范化,存款类金融机构的竞争公平有序,这样就直接促成了农村金融市场的稳定,并且增强了广大农民储户对农村金融体系的信心。由于农村信用社有不同于其他金融机构的特点,具体情况较为复杂,可以考虑单独为其设立一个存款保险基金。

从功能角度来看,农村存款保险制度的核心在于为农村金融体系提供一张安全网,这张安全网有其特殊性,是针对"三农"进行保护的。随着我国金融体制改革的进一步深入,我国将会涌现出大量股份制银行、民营银行及外资银行等。在这种形势下,合理设置保险补偿的最高限额,可以实现存款保险的最终目的,使金融危机下的金融风险最小化。

因此,要设置一个合理的对存款额的最大保险补偿百分比和一个适宜的保险补偿最高限额。但由于我国理论界和实务界对这个问题存在严重的分歧,因此至今尚未建立明确的农村存款保险制度。不赞成建立农村存款保险制度的观点认为,在农村地区,大量农民工返乡,原有的农村金融机构承兑压力逐渐增加。从总体上讲,我国农村金融市场广阔,空间极大,增长潜力也不能轻视,农村地区金融优势的发挥还远远不够。从我国的现实情况来看,我国当前的金融结构还存在一定的缺陷,金融市场发育滞后,金融管制广泛存在,不能期望通过农村存款保险制度来掩饰金融市场化程度低下所带来的金融资源配置的低效率。此外,在存款保险费率机制等技术层面,不可避免的道德风险及同中央银行和金融监管部门的关系协调等方面都非常不易处理。加之,还需要建立一个庞大的、运行成本高昂的官僚化的运作机构,这些因素对建立农村存款保险制度都是不利的。

当前我们最为需要的除了建立农村存款保险制度外,还需要健全、高效的市场化农村金融监管,及时、有效的中央银行最后贷款人职能,必要的银行破产清算制度,以及金融市场的完善和金融改革的推进。目前,一些银行存在着大量不良资产,在金融的系统性风险没有彻底解决之前,建立农村存款保险制度还有许多前期工作要做,因此农村存款保险制度的建立是一个系统性工程。从我国目前的情况来看,建立农村存款保险制度不但十分必要,而且十分迫切。毕竟有限的明示农村存款保险制度要优于我国目前模糊的隐性保障制度。为保障存款人的利益和保证银行体系的稳定性,我们应立足实际,借鉴国外的积极经验,尽快建立适合我国国情的责任清晰、有限额的农村存款保险制度。

2. 普惠制金融制度

金融资源分布的不均衡和城乡二元经济结构制约着我国全面协调可持续发展的实现。具体表现为资金由农村流向城市，由此形成了严重的系统性负投资问题。农民的贫困问题在一定程度上正源于此资源不平衡。贫困农户在生产、生活中难以获得资金，只能继续维系在较低层次，脱贫致富自然也就难以实现。农村微型金融的出现则为农户带来希望，带有扶贫性质的金融服务可以在很大程度上解决信贷难题。鼓励和大力支持农村微型金融的发展成为大势所趋，这也是金融普惠的价值所在和目标所向。

作为城乡统筹建设的金融制度创新，普惠制金融的理念得益于近年来亚洲、拉丁美洲等地区小额信贷的广泛而深入的实践，是联合国在"国际小额信贷年"上作为一个新的概念被官方正式提出的。我国普惠制金融制度建设的目标是既强调金融服务的普遍性，又关注收益的普遍性，即金融服务要面向所有阶层、集体，同时各个阶层和群体均能从金融服务中得到切实收益。作为金融运行的有力保障，金融监管工作亟须将金融普惠理念纳入其中，将它作为设计农村金融监管的具体制度，出台农村金融市场监管配套政策、措施，指导农村金融市场监管工作。

3. 农村金融机构撤销与破产制度

完备的退出制度能促使农村金融机构的市场有序、规范。首先，要转变机构监管理念。农村金融机构应当从事后的、注重审批和准入控制的监管向事前的、以风险导向的强调持续控制的监管转变。传统的城市化的机构模式在日益复杂化的风险面前已经愈发不适应，所以要转变监管理念。其次，要完善托管制度，遵循基本的自治原则，明确相应的权利与法律责任。通过法律规定使农村金融机构的撤销破产清算程序化、法制化、规范化，使各项信息具体、透明，防止徇私舞弊。

另外，要构建农村金融机构破产法律制度，要将破产中的诸多事项以法律形式加以确定。将维护农村金融体系的安全和稳定及平衡债权人间利益作为农村金融机构破产的立法目标，规范合理的破产启动条件和个人债权清偿制度。

4. 金融风险提示制度

农村金融市场中的金融创新产品一般都较为复杂，根据产品信息了解产品特征需要很强的专业能力，一般的农村金融消费者很难具备这样的专业能力，而文化素质相对较低的农村居民在这方面更显弱势。所以，相比于信息的披露，进行合理的风险提示对农村金融市场消费者来说有着更现实和直接的意义。这就要求农村金融机构根据特定的农村金融消费者实际情况和特殊需要向其提供适合他们的金融产品，在此基础上向其充分而准确地提供产品信息并提示风险情况，以此帮助农村金融消费者理性选择金融创新产品，避免盲目性，并约束金融机构的经营行为，抑制其进行机会主义行为。

在风险提示方面，农村金融机构应当以书面形式进行提示，对于关键性内容的说明须以明显的标志予以注明。因农村金融产品发生民事纠纷，农村金融机构负有举证责任；若农村金融机构不能拿出相关证据，则证明未尽风险提示义务，不管是由于懈怠还是其他不正当目的。

（三）完善农村金融监管权法律配置

1. 确立中国银行保险监督管理委员会的核心监管地位

农村金融市场监管必须明确监管主体的主次地位，没有主次的监管权力配置，会引起监管体制的混乱，造成监管权力之间的相互掣肘、监管权责不清、监管低效。所以，必须整合农村金融市场监管权力。总体思路是，中国人民银行负责宏观性监管，制定和执行货币政策，防止和化解金融风险，维护金融稳定，并享有农村金融监管协调权；中国银行保险监督管理委员会、证监会负责微观性监管，中国银行保险监督管理委员会收回省级政府金融办的监管权力，并确立其在农村金融市场监管中的核心地位。权力配置的目标是农村金融要与国家的产业政策紧密结合，其本质主要是贴近农民，而不是贴近金融机构。各地区银行保险监督管理委员会的权力和地位需要明确。

在确立银行保险监督管理委员会的核心监管地位时，要着力解决的是如何实现对地方的针对性监管和差别性监管。银行保险监督管理委员会对农村金融市场监管权力的集中可以在较大程度上破除地方保护主义，减少对监管过程中因权力与资本的结合而滋生的金融风险，但权力配置和具体制度安排上又必然顾及当地经济发展水平、金融市场整体环境等诸多要素，减少监管副作用，寻求监管与发展的平衡。

2. 弱化省级政府和联社的职能

鉴于地方政府在金融监管中职权手段与管理目标的不匹配及地方保护主义的内在倾向等诸多弊端，应当在农村金融市场监管权力配置中对地方政府的监管权进行必要的限制。地方政府及金融办在监管中不宜居于主导地位，而应配合辅助银保会的监管工作。具体而言，省级政府享有金融突发事件处置权，对于地方性金融突发事件，省级政府有权对事件的处置进行整体性安排，其他金融监管机构配合省级政府开展工作。但省级政府的处置权也应受到国务院的制约，省级政府对金融突发事件的处置方案应该及时上报国务院，获得批准后方可执行。

在省级联社方面,改革重点在于回收省级联社监管权力和转变省级联社职能。作为盈利性企业法人的省级联社过多介入农村信用社的行政性管理,需要通过回收省级联社的行政监督权力,矫正目前的权力配置现状。同时,弱化省级联社的管理职能,减少行政权力介入,真正保障股东权利,实现农村信用社及各级联社的自治。但这并不否定政府干预,政府干预与农村信用社治理可以通过省级联社的股份制改革实现平衡。通过省级联社、省级政府与地方联社等共同持股,政府作为股东和管理者进行内部治理,外在的省级联社的监管权内化为股东权利,可以抑制行政权力的行使限度,并实现激励方式的转变。

3. 重视外部监督权力作用

首先,要发挥各类中介机构的约束作用,如律师、会计师、资产评估师、审计师等社会中间层组织是社会信用体系的组成部分,这些中介机构可以维护和促进信用交易的顺利进行,以维护社会信用关系,降低交易成本。中介机构通过发挥它的决策、自律和监管功能,减少了各个社会主体之间的摩擦和矛盾,维护了各市场主体的利益,加速了各生产要素的流动,保证社会经济在公平、公正的条件下顺利运行。

其次,扩大和保障媒体的信息传播权,加强媒体的监督。媒体主要是通过公开报道手段实现对农村金融市场监管机构的监督和约束。媒体的作用之一是通过信息的传播,使市场参与者能够利用农村金融市场监管机构发布的信息对农村金融机构经营活动和风险做出准确的评估。单个参与者的行动能集合市场约束作用的实现。另外通过舆论作用对企业的声誉、管理者的能力和品质做出价值或道德评价,达到促进农村金融监管机构改善的目的。

4. 采用适合农村金融市场特质的监管方式

(1) 注重农村金融市场预警性风险防范。由于经济生活的风险性与复杂性,现实中各类农村金融风险往往相伴相随,交织一起。在广大农村地区,生成农村金融风险的机理及原因更是错综复杂。因此,我们要建立农村金融市场的风险预警信息机制,目的是进行风险识别,准确判断金融风险的具体类型,找出金融风险的基础根源。

建立风险预警信息系统必须包含引起风险的原因估计,科学的风险预警信息系统应当包括金融机构的盈利情况、国家调控能力、外汇与人民币利率等。有效的信息系统能够支持系列性的风险管理活动的有序开展,关键是要为开展评审贷款和识别风险提供真实有效的信息资料,以此为开展农村风险的量化分析提供基本的数据信息。还要建立完善的信息传导机制,这对个人独揽大权、营私舞弊、工作中互相推卸责任的风险也有防控作用,增强操作风险的可控性。

(2)强化市场退出的市场化作用。在金融机构市场退出的制度安排上,要把市场激励机制与政府按规则干预的原则妥善结合,要积极引导我国农村金融机构开展以并购为主的主动性市场退出机制,实现行政干预和农村金融机构主动性相结合。在构建我国农村金融市场的风险预警制度时,要逐渐开辟多样化的援助资金筹措渠道,通过各种途径的实施来分担损失。发达国家的金融机构市场退出更加注重以并购为主的主动性市场退出。并购需要控制权市场的形成和完备的产权交易机制,而我国还未建立。因此,我国农村金融机构的退出大多是"拉郎配"式的行政性重组。对于这种存在弊端的行政性干预,我国要慎用。同时,放宽持股资格限制,允许实力民营机构参与股权多元化,推行招标制的市场化重组模式,由专门机构接管问题金融机构,在清算及适当注资后,支持优秀金融机构参与问题机构的兼并重组,从而引导市场资源的优化配置。

(3)强化农村金融的信息披露工作。对于农村金融市场的信息披露工作,没有强制性的信息披露要求,经营者便不会主动、完全公开信息,信息供应不足便必然存在。事实上,信息不对称已经成为农村金融消费者蒙受损失的主要原因,也是造成农村金融市场风险的主要原因。法律对农村金融消费者权益的保护和对市场风险的防范主要通过要求农村金融机构充分准确地披露信息,以平衡信息分布而得到实现。

鼓励农村金融发展和创新,资本要求可以适当降低,但信息披露绝不能放松,且必须做到持续披露,尤其是证券化的产品,有必要对其信用评级。传统的监管更重视金融机构和金融系统本身的安全,对于金融产品可能蕴藏的对金融消费者的侵害少有关切。因此,信息披露在内容上要做严格的要求。农村金融机构自身对农村金融产品潜在的风险应做出详细的分析论证,并向监管机构披露金融风险的形态,也要向监管机构和社会公众公布特定农村金融创新产品的盈利模式及农村金融消费者所面临的全部风险。

5.构建农村金融市场的风险保障机制

(1)建立突发事件应急机制。由于农村经济发展具有长期性、高风险性、盈利性低、多样性等特征,农村金融机构在扶持"三农"的过程中间接承受了农村经济发展的特点,时常出现不稳定的状况。虽然在吸取了2008年金融危机的教训的基础上,我国总体上也开始注重对银行业的风险监管,并在一定程度上考虑农村的经济和金融发展状况,开始尝试对农村金融机构实施持续、差别、动态的风险监管,但是由于我国技术发展无法摆脱金融相对落后的束缚，我国农村金融市场监管机构的监管水平还基本上处于合规性监管的层面，无法减少农村金融机构破产的风险性，难以杜绝农村金融机构破产等突发事件。

在推进农村金融发展，推动农村经济发展，实现全面小康社会的大背景下，要重视正确处理农村金融机构的破产清算等突发事件，避免农村金融危机的产生。银保监会接管被清算的农村金融机构可以在一定程度上减少债权人的损失，稳定当地的农村金融秩序，同时需要建立一个应对突发事件的应急机制。在农村银行业金融机构建立相应的风险预警与应对机制，需要结合我国农村金融业的实际情况，借鉴美国的"路驻"评级体系，构建一套针对农村金融机构的风险评级机制，在农村金融市场监管机构内部设立金融稳定委员会，保障农村金融的稳健运行。

（2）加强对游资流动的监管。加强对游资的妥善监管，是一种对问题金融机构快速纠偏的科学机制。在农村金融市场上，由于游资的不断涌入，直接给农村的金融安全与稳定带来了冲击。只有加强对游资流动的监管，才能在一定程度上确保实体经济健康发展。虚拟经济产生于实体经济系统，又依附于实体经济系统存在，但游资的泛滥容易造成虚拟经济与实体经济的严重背离。因此，政府要加强国际和国内游资的监控，防止大量投机资金通过各种渠道进入我国，尤其是进入农村地区，冲击我国的农村金融体系。

要严格控制信贷资金盲目进入农村金融市场，防止催生经济泡沫，对有问题的农村金融机构建立快速纠偏机制，完善与风险处置相关的配套政策，如对合并重组关闭的金融机构制定减免法律诉讼费、财产过户费及税收优惠政策，为及时处置风险创造条件。对亏损严重的农村金融机构，由中央银行暂时接管，通过注入资金和内部整顿，把内部问题解决后再令其重新开业。我们可以借鉴美国建立以资本充足率为主线的快速纠偏机制。

（3）强化农村金融机构内部控制。没有一个专门的法律规范农村金融的发展，就不可能有专门的法律来保障监管的实施。考虑到农村金融发展的特殊性，我们需要制定相关的农村金融市场监管组织法律规范，确定农村金融市场的监管主体，明确农村金融市场监管主体的监管权，针对农村金融机构的特殊性和差别性，细化监管机构的监管职能，落实监管人员责任，强化监管工作考核，开展监管绩效评价，防止监管工作流于形式。针对新型农村金融机构的监管人员，除了从外部聘请具有金融机构工作经验的人士以外，也要从人才短缺的现状出发，加大对现有员工的培训力度，建立一套适合监管人员的培训机制，提升监管人员的监管能力和综合素质。

第七章 金融发展权视角下农村金融法律制度问题探讨

第一节 金融发展权视角下农村金融法律制度立法层面问题分析

目前,农村金融立法建设方面涉及的农民金融发展权内容较为缺乏,造成的最直接的影响是农村金融机构在运营管理和实际发展中违背发展性原则。继续按照银行保险监督管理委员会改革思路来推动农村金融机构改革工作,这些机构会真正改制为农村商业银行。我国的新型农村金融机构在主体法律形态上存在模糊的定位,产权界定不清晰,缺乏政府相应的政策支持,外部监管方面过于严格,严重影响到我国农村金融法律制度的完善和发展。

一、农民金融发展权立法不足

农村金融在业务上一直把《中华人民共和国商业银行法》当作规范,在监管方面将《中华人民共和国银行业监督管理法》作为依据,但是缺少专门立法来切实为农村金融的发展提供制度支持。农村金融机构和商业性金融机构在本质上是截然不同的,前者属于人合性组织,而商业性金融机构属于自合性组织;农村金融机构将服务社员作为根本目标和宗旨,商业性金融机构将追求利益最大化作为根本宗旨;农村金融机构服务的人群是弱势融资群体,而商业性金融机构在服务对象方面没有设置任何限制,也不指定为特殊的人群服务;农村金融机构兼具经济组织和社会组织的性质,而商业性金融机构属于单一经济组织。在对农村金融进行立法时采用商业银行化的立法模式,没有综合考虑到农民金融发展权存在特殊性及农村金融机构存在特殊性,这就会造成金融机构在实际的运营管理中将重心放在利益的获得方面,没有切实满足广大农户的金融服务需求,影响到农村金融机构的发展,也无法真正维护好农民的金融发展权。可以说,在我国农民金融发展权仍然局限在理论研究过程中，尚未进入实战阶段，在现实发展中需要得到认可和保护。在发展农村金融时，仍然采用商业化银行立法方法给予企业制度上的保障，会直接改变农村金融发展方向，逐渐偏离合作精神和轨道，更是会让农民离金融发展权越来越远，使广大农村金融机构最后彻底变成商业性银行。

二、农村金融主体法律形态定位与农民金融发展权冲突

《农村信用社管理规定》《农村资金互助社管理暂行规定》都把农村信用社及农村的资金互助社定位为独立企业法人。这样的规定存在着一些问题：第一，资金互助社、农村信用社等都在法律上被认定是企业法人，这样的规定和金融法律性质存在明显冲突。两者都属于农村金融机构，所以在具体的工作实践中就必须将服务广大社员及提供资金互助作为根本宗旨，不能将追求利润最大化作为目标。如果在性质上认定其为企业法人，企业属于追求经济利益最大化的金融的主体，并且以实现利益最大化为重要目标，这明显有悖于金融本质。第二，在立法上将两者的主体法律形态定位为企业法人和《中华人民共和国公司法》的规定相悖，在实际运行中也会出现困扰。如果是公司，按照相应的法律规定在构建组织时就无法依照一人一票的原则展开表决，社员没有办法自由退股，只能进行转让股权的操作。由此可见，两款规定之间存在对农信社和农村资金互助社主体法律形态定位的矛盾。从上面的规定中能够看到，国家对农村金融机构性质的认识模糊；一方面，要求农村金融组织要给予农民足够的支持，让他们不再处于弱势地位；另一方面，鼓励农村金融机构注重自身利益的获得，从而实现更大发展。这样矛盾的做法会带来一些问题：在独立企业法人的定位下，农村金融机构在处理各项金融业务时非常盲目，甚至会违背初衷和为广大社员服务的宗旨，反过来又将部分商业化经营导致的亏损转嫁到"支农"服务的名目下，最终由国家或政府埋单。

三、农村金融发起人条件限制造成农民金融发展主体权异化

农村信用社发起人包括自然人、境内金融机构、境内非金融机构、境外金融机构及银行保险监督管理委员会认可的其他发起人。《中国银保监会农村中小金融机构行政许可事项实施办法》对不同类型发起人必须符合的条件进行了规定。农村金融发起人立法缺陷问题主要体现在以下几个方面：

第一，《中国银保监会农村中小金融机构行政许可事项实施办法》仅对境内非金融机构和自然人发起人给出限制，而且限制侧重于地域，这与金融组织的人合性和

地域性的特征相符合。但是在规定中，对于境内外的金融机构发起人没有给出地域限制。出现这一问题的原因是非金融机构发起人和自然人发起人都是农村经济主体的角色和身份，所以其通过入股的方式进入农村金融市场，实际上是出于服务"三农"的目的。而境内外金融机构发起人在目的方面则不够纯粹，更多关注的是在农村金融市场中看到的利润潜力，想要从中获得巨大收益，这样的营利性目的和农村金融互助性的目的有着明显冲突。

第二，对发起人持股比例给出限制，造成的直接结果是境内和境外的金融机构发起人牢牢把握控股权。我国在立法方面对不同发起人的持股比例给出了明确的规定，而且规定中提及的发起人往往资金雄厚，他们要想在农村金融机构中拥有超过一半的股份是轻而易举的，因此就会成为占有绝对优势的控股股东，即使他们的股份总数不到50%，由于自然人发起人持股有分散和小额的特点，他们想要达到实际控股的目的也能够实现。如果最后境内外金融机构发起人真的成为金融机构的控股股东，就会让我国农村的金融机构走上商业化发展道路，一味地追求盈利，违背服务"三农"的宗旨和目标。

第三，关于农村金融机构发起人的规定中没有指出农村经济组织属于特殊的主体类型。在具体的实践中，农村经济组织由于不在工商行政管理机关登记注册，不具备法人资格，而不能作为境内非金融机构发起人入股农信社。《农村资金互助社管理暂行规定》规定"符合入股条件，承认并遵守章程，向农村资金互助社入股的农民及农村小企业，章程也可以限定其社员为某一农村经济组织的成员"，遗憾的是，农村经济组织并不在以上范围中。

四、农民金融发展主体权尚未得到充分保障

首先，在理论上农信社产权关系清晰，规定归社员所有，在实践中却忽略了社员的产权主体地位，甚至是将其异化成模糊的集体，出现严重的产权主体错位。出现这一问题的原因是当前的法律规定存在缺陷，具体体现为：一是自然人股占有很大的比例，法人股占有较小的比例，有着明显的股权分散问题。在这样的情况下，搭便车的问题十分突出，使社员的民主管理作用得不到发挥。二是名义上社员在入股之后可以获得分红，但是事实上社员只能得到固定的收益，不管农村信用社的经营状况如何都和社员没有关系。三是农信社在发展和改革进程中有多次增资扩股的行动，但是没为社员分红、付息，这就使资产积累数额在信用社的所有权权益结构中占有较高比例。这部分资金的产权主体并不明确，表面上看属于公积金，也就是

归集体所有，但是集体具体指谁在立法上却没有说明。社员不能对这部分公积金享有知情权和控制权，而且这部分资金会怎样运用也不会为社员所知，主要的控制权被农村信用社的管理层掌握。

其次，《农村资金互助社管理暂行规定》在界定产权上规定："农村资金互助社是独立的企业法人，对由社员股金、积累及合法取得的其他资产所形成的法人财产，享有占有、使用、收益和处分的权利，并以上述财产对债务承担责任。"如果只是从字面上看，产权关系有着明确的定位。但《农村资金互助社管理暂行规定》第6条规定："社员对外承担责任的基础是社员股金和在本社的社员积累。"第26条规定："农村资金互助社社员的股金和积累可以转让、继承和赠予。"第29条规定："社员资格终止后股金和积累的处理：按照农村资金互助社章程规定的方式、期限和程序，及时退还退社社员的股金和积累份额。"从这三条规定中能够看到社员对股金积累享有最终所有权，但是和上面对农村资金互助社的产权界定形成矛盾。

综上所述，农村资金互助社的法人财产权不完整，对于社员股金和在本社的积累部分，其法人财产权是受到某种限制的，与《中华人民共和国公司法》中的公司所享有的完整的法人财产权是有区别的。立法中多次提到的"积累"是指农村资金互助社的公积金积累还是社员在本社的股金积累？立法对"积累"部分的产权界定的语言不详，导致现实中产权主体的错位和越位。

五、立法对社员退社自由的限制导致农民自由融资权实现受阻

《农村信用社管理规定》第19条和《农村信用社章程（范本）》第15、19条规定，农村信用社的社员如果想要退股，首先需要用书面申请的方式向理事会提出，在征得理事会的同意之后才能退股。社员是否可以退股，其决定权在理事会，但是理事会在怎样的情况下同意社员提出的退股要求，却并不存在非常客观、公平的标准，属于一种主观性判断。实质上，社员并不享有非常充分的退社自由权。《农村资金互助社管理暂行规定》第27条对社员退社给出限制：社员退社必须提出全额退股申请；所在农村资金互助社当年盈利；退股后农村资金互助社资本充足率不低于8%；退社社员在本社没有逾期未偿还的贷款本息。上这说明社员在符合一定条件的基础上可以退股，但是前提是要受到诸多立法层面的限制，而且在一些立法条款方面有着不合理的地方。例如，只有在当年农村资金互助社保证盈利的基础上，才能同意社员的退股申请。之所以会给出这样的限制，主要是想保护债权人权益，因为如果社员退股，债权人权益必定受损。事实上，无论农村资金互助社是否处在盈利的状态，

第七章 金融发展权视角下农村金融法律制度问题探讨

只要其中不存在没有弥补的亏损,就使债权人的权益得到了保护,而在这样的条件下就不应该对社员的退社申请给予干预。限制条件提出社员在资金互助社中不存在没有偿还贷款或者没有按照规定期限偿还贷款等行为才能够退社。之所以会给出这样的限制,是因为考虑到社员退社之后原本和金融组织的利益共同体的关系也就终结了,如果存在未偿还贷款,在今后的贷款本息追缴和催收过程中会出现障碍。但是对这方面的限制,应该采用立法方式还是用章程或者理事会的方法还是值得商榷的。总而言之,采用立法的方式,对社员的退社自由权给予限制,不利于从真正意义上保障农民自由融资权的实现。

六、农村金融法人治理结构不合理设置导致农民金融发展权难以发挥

根据相关立法要求,农村信用社及农村资金互助社在设置法人治理机构时都需要按照"三会一层"的原则建制。这样的治理结构在设置上是非常科学合理的,但是在具体的立法中却有以下几个方面的问题:

第一,从理论上看,农村信用社的最高权力机构是社员大会,其掌握着重大事项决定权,但是对社员大会在表决、召集等方面的立法不完善,而且立法缺陷的问题十分明显。在选举产生社员代表时,并不是由广大社员通过民主参与和选举的方式来进行,更多的是要遵照管理层的意志。

第二,在农村资金互助社[1]中,社员大会由全体成员组成,并且在重大事项上享有决策权。但是《农村资金互助社管理暂行规定》中规定社员大会(社员代表大会)的召开应当提前通知属地银行业监督管理机构,银行业监督管理机构有权参加。这样的规定实际上要说明的是,银行监督机构拥有参会权,而且是社员大会召开的先决条件。其原因是什么呢?这条规定在很大程度上体现出对农村资金互助社自治能力,使社员大会本该享有的自决权及自治权得不到充分发挥。

第三,《中国银行业监督管理委员会农村中小金融机构行政许可事项实施办法》规定金融机构的高级管理人员必须符合银监会确定的任职资格条件,按照行政许可的程序由辖内银监分局或银监局受理、审查和决定。该规定使本应由社员大会通过民主程序选举产生理事和经理,成为银监部门行政许可的事项,按照"上级部门提名——社员代表大会或理事会投票选举——银监分局或银监局进行任职资格审查和

---

[1] 王杨.新型农村合作金融组织社员权的法律保障——以农村资金互助社为研究视角[J].中国农村观察,2019(01):115-128.

许可"的程序进行行政化任命,忽视社员的选举权和金融机构自身的自治权。金融机构高级管理人员的非民主选拔程序决定了其只有满足上级联社和银监部门的需要,才能保证现有的职位,获得行政上的提拔和自身经济利益的满足,受到这种"硬约束"的影响,高级管理人员更多地听命于上级部门和银监部门,产生行政干预下的"内部人控制"。

第四,农村信用社的监督机构是监事会,在农村信用社的运行中承担内部监督职能,而实际上,内部监管的职责更多的是由职工兼任。立法规定农村资金互助社的监事会由社员、捐赠人以及向其提供融资的金融机构等利益相关者组成,该条规定与监事会的设置宗旨和相关理论不相符。监事会属于内部监督机构,由社员组成,但是捐赠人和提供融资的金融机构是债权人的一部分,如果在监事会成员中包含这部分人,就和法理依据相背离。按照《公司法》的相关理论,监事会中应当有适当比例的职工代表,因此监事会成员中还应当包括农村资金互助社的职工。如果监事会人员设置不合理,那么内部监督的效用就得不到有效发挥,也会违背监事会设立的初衷。关于监事会的职责问题,在立法方面没有给出全面和完善的规定,监事会承担的职责主要涉及的是内部稽核审计,没有突出对日常事务的监督管理;没有明确指出应该按照怎样的工作程序来开展工作,也没有强调理事会成员必须拥有并且正确地行使弹劾权,最终导致监事会的监督权力和制约作用得不到充分发挥。

七、金融监管体系不完善造成农民金融发展权保障不力

我国大部分农村信用社在实际发展中依照的是省联社发展模式,省级联社被授权代表省级政府行使管理职权,但其中存在明显的法律冲突:省联社是由各县(市)级农村信用社联社出资组建的,本应受到出资人以及各县(市)级联社的管理,然而事实却恰恰相反,县联社的人事、工资、财务、业务等必须接受省联社的指导,各层级信用社体系之间变成行政隶属关系,作为股东的各县(市)联社无法履行出资者的职能,作为经营者的省级联社也自然不会对出资人负责。省联社的"行业管理"变异为行政管理,出现人事管理权限上收、下达指令性经营计划等现象,机关化、行政化趋向明显。省级政府作为省级联社的授权者,追求地方经济发展的冲动会刺激其寻求对信用社金融资源的控制和支配,与使农信社成为真正的市场经济主体的改革初衷相悖。另外,省联社受省级政府的授权,必然对其负责、受其监督,无法真正代表各基层农信社的利益要求,履行真正意义上的行业管理职责,而往往

第七章 金融发展权视角下农村金融法律制度问题探讨

表现为政府行政干预的一种有效工具,提供的更多的是管理,而不是服务,是命令,而不是指导。

在对金融监管权进行配置方面,监管权的越位、错位及交叉等问题十分明显。《关于明确对农村信用社监督管理职责分工的指导意见》(以下简称《指导意见》)从表面上看,利用列举方式明确各方需要承担的监管职责,但是实际上这些监管权之间有着很多重合,降低了监管效率。

第一,《指导意见》强调银保监会要履行评价及指导职能,评价省政府对农村信用社工作的管理是否符合实际管理需求和相关规定。在这样的情况下,省政府在行使自己的职权时会更多地依照银保监会给出的评价指标和工作要求来开展金融管理。省政府在金融监管中会受到诸多限制,而且一味地迎合要求也会带来金融监管的不合理问题。

第二,虽然在《指导意见》中非常明确地指出不同部门所要承担的监管职责,各部门分工明确,并且互相配合,但在实施中,部门间的沟通机制还没有稳定地构建起来,不能实现信息的共享,因此监管重复和监管空白的问题也就不可避免地出现。

第三,从理论上看,省联社在整个农村信用社的系统中属于管理机构和行业自律性机构,需要协调好各个基层农信社并对其实施科学管理。省联社的管理权力应该是基层信用社赋予的,并且需要为基层农村信用社提供有效的服务。而在农村金融法治建设过程中,省政府对省联社授权,要求省联社对基层农村信用社进行管理,可见在权力的授权上已经错位。实际上,省联社不应该拥有监管权力,那么在监管权的配置方面就必须对其进行纠正,以便发挥省联社的行业自律作用,为农村信用社提供更加丰富、全面的服务。

和农村信用社的监管制度相比,农村资金互助社有着明晰的监管制度,但是仍然存在一定的缺陷。《农村资金互助社管理暂行规定》第七章规定了其监督管理工作:农村资金互助社的监管主体是中国银行业监督管理委员会,监管原则为审慎监管、持续监管、动态监管和差别监管。但是其中有着非常明显的问题:首先,农村资金互助社设置的地域是乡镇(行政村)一级,但是当前银监部门由于受到建制的限制不能够延伸到相应的领域,只是在经济发达地区设有县级监管办事处,但是整个办事处中人数较少,主要负责县域内的监管工作,没有较为完善和强大的监管,那么监管的触角要想延伸到乡镇村一级是很有难度的,缺乏监管实现的有利条件和支撑。其次,银保监会在对商业银行实施监管时设立的规定十分严格,如果采用同样的标准来监管互助社是不恰当的，不仅会给互助社的发展带来阻力，还不利于其业务拓展。最后，在制度建设环节忽略农村金融机构系统构建的规定，也没有涉及关于行业自律监管的问题。农村资金互助社的规模较小且十分分散，在这样的情况下更加适合采用行业自律监管的方法，能够极大地提高监管的效率，而且构建完善的农村金融体系也能够有效改变当前农村资金互助社势单力薄的状况，提高风险应对水平。

八、新型农村金融机构准入标准高使得农民融资权实现困难

《农村资金互助社管理暂行规定》《中国银行业监督管理委员会农村中小金融机构行政许可事项实施办法》对互助社设立的条件给予明确规定。单独看立法对农村资金互助社的注册资本的要求，相对于现行的银行业金融机构，准入标准确实不高。但仔细分析设立条件，并结合我国农村经济发展水平和现行行政许可制度的现状，认为准入门槛相对于人均收入不足7000元且平均受教育程度为8年的农民来说，仍然偏高。首先，《中国银行业监督管理委员会农村中小金融机构行政许可事项实施办法》规定经理、理事长必须具备高中及中专以上的学历，还需要当地的银监分局对其资格进行审查，最后才能确定理事长和经理的任职人员。在中西部的很多村级地区，提出这样的任职资格在实践上难度极大。其次，新型农村金融机构的建立必须具备符合要求的营业场所、安全防范措施及和金融业务相关的其他措施。最后，社员出资需要按照《农村资金互助社管理暂行规定》的要求给出证明文件，并且承担相应的资质验证费用。由于存在实质准入标准高的现状，"最有农村金融市场前景，最符合农民信贷需求，被政府高层寄予厚望"的互助社直到2012年6月底总共只有49家。笔者认为，对于新型农村金融机构设置较高的准入门槛虽然具备一定的优势，也能够极大地提高安全性，但是我们仍然不得不重新对这一问题进行考虑，保证安全的基础是各项金融业务能够顺利地实施，而且广大社员能够充分享有各项金融服务，否则原本机构设置的初衷就不能得到保障，安全更是无从谈起。如果片面追求高门槛，最后的结果只能是农民融资权得不到最终实现。

第二节　金融发展权视角下农村金融法律制度缺陷原因探究

在前面非常详细的分析中能够清楚地看到农村金融法律制度建设没有涉及很多

第七章 金融发展权视角下农村金融法律制度问题探讨

有关农民金融发展权的内容,也没有明确指出对农民金融发展权的保护。上面提到的问题更多的是在立法思想、模式、内容等方面该如何进行创新,但是其中又不可避免地出现了一些法制建设的缺陷和不足。只有发现问题,才能更好地解决问题,而且关键是针对问题出现的原因进行研究和分析,最终提出有效的解决策略,真正在我国建立起符合国情并且与农村发展相协调的金融法律制度。

一、农村金融法律制度立法指导思想存在偏差

《中华人民共和国宪法》是国家的根本大法,更是其他一切法律的基础,而其中对我国经济认识方面的内容却存在一定的问题,这也使金融立法指导的思想与我国农村金融的发展存在相悖的情况,在对金融进行功能定位时,作为集体所有制的金融组织形式,这为实际工作的开展带来了一定阻碍。出现这一问题最为主要的原因是我国在经济思想的设定方面更多地受到马克思和恩格斯思想的影响,认为集体金融和金融、集体经济和经济相同。马克思和恩格斯均认为,在无产阶级夺取政权后,在农民个体所有制大量存在的地方,应当把农民个体所有制作为改造农民的社会主义经济形式。我国在金融及经济方面的认识受到马克思以及恩格斯等的影响是非常深远的。在一个集体性的经济组织中,如果农民扮演的是劳动者的角色,在组织中无偿地提供各种产品和服务,那么金融市场中又让农民的主体地位被消磨,广大农民也不能再享有具有独立性质的金融主体权益。在这样的情形下,金融发展赖以生存的环境和动力将不复存在。此时如果对农村金融进行定性分析,将它列入集体经营的范围,就和计划经济体制相符合。所以,农村金融发展的初期是在这样的认识指导下进行的,选用的立法指导思想非常片面和不科学,而且把农村金融纳入集体所有制管理中,作为国家全面实现大金融目标的手段。农村金融属于一种次要性的金融组织,是国家银行的一个助手,而国有金融组织具有主导地位,农村金融组织只能为其提供服务和成为其附属品。国家和政府在对农村金融及其立法价值认识方面还存在很大的不足,这也使农村金融的优势得不到有效发挥。基于这样的思想基础和实践背景,农村金融在发展中存在从所有制的法律定性将其法律属性归属于集体所有制的金融组织的错误认识。这种立法指导思想的偏差导致农村金融几经改革和发展,始终没有真正承认和落实农民在农村金融中的金融发展权主体地位,没有以农民的个人产权为基础来架构农村金融组织的产权制度,没有弘扬和确认农民的融资权和自由融资权,没有从基础金融服务均等化的角度去保障农民的公平融资权,农民的金融发展权没有受到立法的重视。

二、农村金融法律制度立法忽视农户金融需求

麦金农和肖提出"金融抑制"是发展中国家和经济转轨国家在金融发展中普遍存在的问题,金融抑制是指政府实施过度的干预,强化对金融市场的管理以及抑制,压低汇率和利率水平,原本的实体经济和当前的金融体系处在羁绊关系中,影响到二者共同发展和协调进步。

中华人民共和国成立之后,我国逐步进行金融体制改革,改革的根本路径是发挥政府的控制作用及对金融资源进行恰当分配,政府进行这样的金融制度安排,是由于我国经济体制改革需要政府主导作用的发挥。政府为了确保经济发展目标的实现,将重点放在发展工业方面,在金融资源方面给予支持和帮助,垄断原本多元化的产权机制,根据国家发展及自身管理工作的需求来为特定领域提供资金支持。在这个层面,政府对金融的应用实际上是对工具的应用,已经超出宏观调控的范围。在金融方面的制度建设中也更多地体现出对金融资源的控制以及对自身需要的满足。如果从这一角度出发来对我国农村金融的法律地位进行确认,对农村金融的管理体制和监管制度进行安排,忽视了广大农户的金融需求,也让大量的金融法律制度在实践中和金融发展实际相悖,难以满足农户的金融服务需求,制度设置的相关问题逐步凸显,已经背离原本的目标和宗旨。政府运用金融抑制的政策手段将农村金融机构变成政策性工具,也使农村金融组织发挥准财政职能,难以实现自主经营,而且如果长时间地采用这一方法进行运营,也会因为失去运营动力而导致破产。

如果将金融作为一种工具,并且在这样的思想指导下进行立法,我国当前关于农村金融过多地强调国家及监管部门的监督控制,忽略了农户借款人权益的保护,让原本的宗旨和目标得不到充分的践行。在设置农村金融法制的内容时,银保监会更多地会考虑到自身监督和管理工作的现实需要,并以此为基础来设置相关的规定内容,而涉及为农户考虑的制度条款内容则比较少。从众多法律的梳理和分析中能够看到,《农户贷款管理办法》中体现要从农户视角出发来规范机构行为。这一管理办法与之前单一强调保护金融机构等内容在观念上是明显不同的,从中也能够看到立法观念的逐步转变。农村金融制度的立法模式要采用的是禁止和限制的手段,让社员本该享有的民主管理权受到威胁,而金融机构的风险也相应增加。如果政府单纯地将金融作为宏观调控的工具,并且借助行政方法来配置资源,农村金融的独立性和自主性就会受到损害,民间金融发展受到诸多限制,农民的金融发展权也不会得到尊重和保障,要想实现这一权利更是难上加难。

三、农村金融法律制度立法路径存在错位

上面对农村金融制度的变迁和改革进行了分析,从中能够看到很多共性问题,虽然经过较长时间的发展,新农村建设中的金融制度改革工作与传统制度遵循的模式还是一致的,都将政策的建设作为前提条件,之后才展开相关的制度建设工作。农村金融法制变迁会随着一定时期政府经济发展战略和政策变迁而发生改变,这些转变都坚持的是政府主导,且带有明显的强制性特征,制度的变革形式十分单一,这样的制度变迁并没有考虑到实际需求,在实施过程中和实际不符,从而产生阻碍,给农村金融发展带来了阻力。我国在农村金融法制建设时,将强制性的制度变迁路径作为主要途径有一定的必然性,主要体现在:在中华人民共和国成立初期,国家面临的外部发展环境复杂多变,各个行业都处在发展的低潮期,此时政府的作用就显得尤为关键,必须在政府的支持下建立起集中性金融管理体系;我国经济发展水平不高,而且基础薄弱,不少农户不能正确地认识信用的重要性,这一认识的缺乏就要求政府必须担当起领导者及推动者的职责,在金融事业的发展中起到领导作用。采用这样的制度变迁路径在实际实施中优势明显,这些优势主要体现在成本较小,速度较快,金融法制和政策的一致性高。同时有一定的劣势,这样的做法忽视了农户意愿,没有考虑到他们的实际需要和权益需求,也不能自主选择,制度的供给和农户金融产品方面存在的需要不能准确对接,原本的金融效率得不到保障。

第八章 金融发展权视角下农村金融法律制度革新路径

第一节 基于国外农村金融制度立法经验的思考

一、发达国家农村金融制度

(一) 美国农村金融制度

美国的农业发展水平在世界范围内都是数一数二的，农业发达程度及现代化程度普遍较高，取得这一成果的主要原因是美国有着较为完善的农村金融制度。美国农村金融制度坚持了以市场为导向的原则，在此基础上形成了一种多元复合型的信用型模式，其特征体现在以下三个方面：第一，为农业发展提供完善的信贷资金机构；第二，在农村金融组织体系设计中具有完善的资金供应体系及金融组织体系；第三，具备健全的保险机制。美国农村金融制度具有庞大的系统，在整个系统中私营金融机构是基础，合作农业信贷体系是主导，同时政府会发挥辅助作用，通过共同运作来满足美国农村金融发展的需求。通过多元金融机构的共同参与和相互协作配合，最终形成一个完善的农村金融制度，这也为美国农业及农村经济的发展提供了必要的金融资源帮助。我们从中能够非常清楚地看到金融对农村经济的发展起着引导及扶持的巨大作用。

1. 政策性农村金融制度

美国把《农业信贷法》当作基础来构建符合美国农业发展实际的政策性金融制度。在制定符合美国国情的农业政策性金融制度后，与之相关的各项活动都能够有效得到信贷支持，享受到丰富的资源和资金的服务，进一步扩大了农业生产规模，也保障了农业生产能够在正确方向指导下推进，而且各项农业政策也能够顺利落实。组成农业政策性金融体系的机构都是在美国联邦政府的主导下建立的，针对的是美

第八章　金融发展权视角下农村金融法律制度革新路径

国的农业及农村经济的发展，其资金来自政府支持等，这些资金都会为美国农业发展和农村经济建设提供支持。我们从中能够看到非常明显的政府扶持性质。可以说，美国对农业发展有着很大的扶持力度，而且无论是农业发展还是战略实施都有着政策金融制度的支持。美国政策性金融机构主要包括以下几个方面，它们在贷款对象方面有不同的侧重点：

农民家计局是美国农业部门的直属单位，工作目标是让广大农户充分享受到政府的扶持，也使农业生产活动的开展和农民生活的改善目标得以实现，并且切实为贫困地区提供帮助，使农民收入问题得到有效解决，使其收入水平得到稳步提升，也为农村经济的发展注入活力。农民家计局没有将获得最大化的盈利作为根本性目标，而是真正成为政策性金融机构的一个代表，机构的信贷资金来自政府拨款等。目前，农民家计局在美国农业发展中仍然发挥着重要作用，其承担的职责主要体现在：第一，给予担保及贷款支持。贷款类型有紧急性贷款和直接性贷款。担保涉及的主要内容是为农民借款人提供担保，并且当商业银行机构为农户提供贷款支持时，为其中产生的利差提供补贴支持。第二，改善农村条件，完善各项基础设施，规范农业经济秩序，提高经济整体发展水平。

农村电气化管理局是农业部下属单位，成立这一单位的目的在于完善各项公共设施，逐步优化环境，提升环境质量，承担的职责是向农场、农村电影合作社等借款人发放贷款，并用这样的方式来有效提升农村电气化水平。农村电气化管理局在资金利用方面采用的是贷款以及担保形式，对于农户贷款有着大力度的优惠政策支持，提供的担保服务也比较完备。

商品信贷公司成立于1933年，属于美国农业部农业稳定保护局的一个下属公司，设立的目的是有效应对农业危机和自然灾害，提高农民收入水平，使广大农民的切身权益不受到侵害和威胁，也使农业条件得到进一步优化和完善。为了达到这一目标，商品信贷公司会适当提高农产品的收购价格，而且在农业发展中给予补贴支持，使农业生产的各种条件和技术等得到有效改善，保障最终目标的实现。商品信贷公司从根本上提高对收入支持和价格管理工作的重视程度，对农产品价格进行适当管控，避免价格波动幅度扩大或者与市场规律不相符的情况，让消费者及农户都能够维护自身权益。政府国库会为商品信贷公司提供资金支持，使其能够在农业生产方面支付补贴和贷款。

小企业管理局是美国联邦政府贷款机构，支持的主要对象是小企业，这部分企业由于缺乏从多个渠道获得金融资源的能力，且自身的融资水平较差，所以不能支持自身的可持续发展和运营。而且小企业大多和农业生产相关，小企业管理局就会给予其大力的扶持和资金方面的帮助，在从国会拨中获得资金之后，将资金用于发放贷款，让这些涉农小企业得到资源及资金方面的帮助，获得可持续发展的动力。小企业管理局和农民家计局针对小农场贷款分工较为细致和明确：借款人经济水平低，而且只要得到贷款支持的金额较小，这部分贷款可以由农民家计局承担；造成小企业运营危机的原因是自然环境变化，而且从其他途径获得资金的难度较大，这部分贷款由小企业管理局来承担。

美国政策性农村金融机构不仅在金融服务和产品方面做到了有效覆盖，还注重为农户提供咨询服务，针对与金融相关的知识对农民展开专业技能的教育，使农民的管理能力和知识水平得到提升，为他们改善生活和提高经济能力提供有效支持。另外，美国实施的是多元金融服务的方法，这样的方法能够为贷款的及时回收提供保障，也使政策性资金的利用率得到有效提升，切实保障了贷款项目的成功运作。

2.农村合作金融制度

从1916年开始，美国逐步完善农贷方面的法律制度，注重发挥政府的主导作用，积极推进信贷系统的构建。之所以要构建完善的信贷系统，是利用为农业相关项目提供放贷支持的方式来扩展农业可利用的资金来源，使农民在实际的工作和生产方面获得多种福利，提高农民收入水平，推动农村及农业长足发展。整个信贷系统包括三大金融机构，这几个金融机构在建立时都受到政府的主导及出资支持。

联邦中期信用银行是整个信贷系统的关键组成部分，承担的是中期及短期贷款方面的业务，通过提供这两个类型的贷款来让农民得到有效的贷款扶持。联邦中期信用银行也是信用合作系统的一部分，将中期和短期贷款的期限设置为1~7年，在其中扮演信用批发商的角色，属于中间层。

与联邦中期信用银行相对的是联邦土地银行系统，它在内部实施股份所有制，但是下属合作社不能承担贷款发放和办理等相关业务。联邦土地银行系统发放的贷款类型是长期贷款，期限长达5~40年。要获得借款资格，必须向其缴纳5%股金。

合作银行系统承担的主要职责是为合作社添置设备、对营业资金给予补充和贷款等。合作银行系统向上和向下都能够进行延伸，向下为下属合作社发放贷款，向上可以为区域性的合作银行金融组织给予资金扶持。

3.美国的农业保险

美国政府构建农业保险体系的原因是稳定农村经济，构建完善的社会福利体系，保障整体福利质量和水平。保险业对农业发展有较大的投入，并且在其中发挥着重要作用。早在 1938 年，美国就颁布了《联邦农作物保险法》，其目的在于尽可能地避免自然灾害和危机给广大农户带来生存威胁。在经过长时间的完善之后，美国农业保险体系初步形成，其运行模式的转变分为三个阶段：第一阶段是政府承担着办理保险业务的职能；第二阶段是政府委托商业保险公司来负责农业保险的运营；第三个阶段是由商业保险公司代理各项业务的办理。农业保险系统要想获得稳定的运营和发展，必须在合理的运行机制的指导下来运营：风险管理局负责制定农业保险险种，并且要有效履行防控风险职责，为私营保险公司提供再保险帮助；私营保险公司和风险管理局签订相关协议，承诺执行其制定的各项规定；农作物保险的代理人和查勘核损人负责具体业务的落实及实施。在美国农业保险体系的构建过程中，除了商业保险公司发挥其积极作用以外，政府的大力支持也是必不可少的。

在经过多年的发展和实践后，美国的农村金融完善程度大大提高，逐步建立起层次分明、制度完善以及有着明确分工的金融体系。这一完善的农村金融体制的基本特征是拥有商业性金融机构及个人信贷的支持，能够有效发挥农业信贷系统的价值，也能够通过发挥农业保险作用来实施全方位的农业发展保障。最终通过多层次农村金融机构的相互配合，明确分工，根据实际需要构建金融发展体系，对经济发展有着显著的推动作用。

（二）日本的农村金融制度

日本的整个农村金融体制包括政策性金融机构、合作性金融机构及其他金融机构三种类型。三者在整个运行机制中是通过协同配合和有效运作来切实为日本农业发展提供保障的，这也是日本农业发展水平较高的直接原因。政策性金融机构和合作性金融机构的协调配合让日本农业发展有巨大的生机与活力，前者将政府的农业金融政策、目标和措施等进行具体化，后者负责实施和操作具体的业务。可以说，在日本的农业金融制度体系中，合作金融占据主体地位，政府负责提供强大后盾。

1. 日本政策性金融制度

日本在政策性金融发展方面有着悠久的历史，而且体系都比较健全，整体实力相当雄厚。政策性金融在日本的飞速发展让日本的近代历史上出现了持续的经济腾飞，也为日本跻身于发达国家奠定了坚实的基础。

第二次世界大战后，日本农业大受打击，无论是生产效率还是质量都出现明显下降的问题，缺乏粮食和工业品的有效供给，整体经济一度陷入瘫痪。为了有效地挽救国民经济，将其拉入正轨，提高农村经济发展水平，日本开始实施土地改革。1953 年 4 月，日本农林渔业金融公库建成，这不仅在当时发挥了重要作用，还一直延续到今天,成为整个政策性金融机构中的领导者及佼佼者。农林渔业金融公库资金的来源是预算资金、借入资金、自有资金,这些资金主要用于支持农村地区的基础设施建设,各项金融业务的开展采用的是农协代办或者直接放贷的方法,如果委托代办,就支付相关费用。贷款类型属于长期贷款,而且贷款的利息水平较低,一般情况下期限设置是20年。日本农业经济发展速度较快,而且发展质量较高,使金融公库对贷款的利用也在进行相应的调整。公库的资金主要用来为农村基础设施建设提供支持,之后,工商业发展水平逐步提升,甚至远远超过农业的发展。在这样的背景下,公库改变了资金运用的方向,将其投入农业领域。随着日本农业现代化进程的加快,农产品市场化的程度逐步提高,公库开始将资金用来扶持日本农业金融的发展,积极构建农村金融市场,在提升农业竞争力及可持续发展能力等方面发挥了巨大作用。

2. 日本农村合作金融制度

农协系统是日本支持农业发展的主要合作金融机构,在1947年成立,属于农民合作经济组织,是由日本农村的弱小经济个体组成的,其目的是最终实现共同富裕,而在实际的运营过程中奠定了较为坚实的公平、平等的思想基础,也推动了小农经济的发展。日本农协为小农经济占优势的日本经济的发展做出了巨大贡献。

农业合作金融具备独立融资的功能,在设置机构时,往往将行政区域作为主要的划分标准,主要由农协、都道府县的信用联合会和农林中央金库组成。对于组织机构的安排,为了保证组织设置的合理性,运用逐步推进的方法:有效引导和激励农户利用入股的方法加入农协,而农协同样利用入股的方法加入信农联,以此类推。三个机构在行政上并不存在隶属关系,都属于独立经营和核算,在职能上却是相互配合和关联的关系。

基础农协是基层机构,由广大农户和居民团体通过入股的方式组成,该机构的性质是非营利性组织。农协的作用是发放贷款和吸收存款。发放贷款的对象是生产生活中缺乏资金支持的会员,吸收的存款都是会员存入机构的款项。这些资金最后都会依照一定比例上交信农联。信农联是专门从事信用业务的联合会,在整个农协系统中处在中层位置,联系着基础农协和农林中央金库,扮演纽带角色。信农联开展各项金融业务针对的是会员,涉及存款和贷款,通过调节的方式来弥补资金空缺,引导和规范基层农协的各项工作。其资金来自基层农协的上存资金,余下的资金需要上交农林中央金库。对信农联提出的一个要求是不能兼营与信用无关的金融业务。农林中央金库是农协信用业务的最高机构,负责对全国信农联的资金活动进行统一调度和协调，并按照国家法定要求对资金进行运营，同时向信农联提供咨询服务，更好地指导其开展相关工作。

3.农业保险

为保障日本农户的权益不受威胁，维护经济发展的稳定环境，日本政府着手建立农业风险防范机制，并重点扶持农村金融，使他们能够免受损失。1947年，日本颁布了《农业灾害补偿法》，其中规定日本农业保险采用共济组合形式，由市、村的农业共济组合，都、道、县的共济组合联合会和全国农业保险协会构成。通过三者的紧密联合和相互配合，形成了当前日本的农业保险组织体系。日本对农业保险的设置采用的是自愿性和强制性组合的方法。国家通过立法对采用何种保险方法都有特殊的限制，会给国家经济及农业发展带来直接影响的大宗农产品适用于强制性的保险政策，并且严格按照相关的法律规范来顺利地参加农业保险。在农业保险发展过程中，日本政府逐步强化财政扶持的相关工作，为农业保险体系的构建和完善注入源源不断的动力。首先，由于农业保险工作的实施会涉及大量费用，这会增加农户的成本，也会影响到农业保险政策的落实。对此，日本恰当地设置农业保险的补贴比率，而且费率和补贴率成正比。其次，农业保险公司的运营者会得到来自财政部门的业务补贴，从而减少企业的运营成本。最后，共济组合会的各项费用全部由日本政府承担。

日本农业保险制度从整体上看比较完善，各个组织机构的设置较为合理，而且不同的组织机构之间的配合度较高，能够实现相互配合和协调，这也使日本的农业保险模式得到了肯定，并且在很多国家都进行了推广，为多个国家的农业保险建设提供了宝贵的经验。

日本农村金融制度最显著的特征是做到了政策性和合作性的完美融合，这也使政府的职能得到了充分发挥，让农村地区受益。日本农村金融制度之所以成功，与政府的支持密不可分。政府制定了优惠政策，在财政和税收上给予补贴，在贷款方面给予低息，还直接出资支持合作性金融的发展。日本的农村金融具有很强的政府主导和扶助特色，这与其国情紧密相关，属于典型的政府主导型的农村金融模式。

（三）法国农村金融制度

法国是西欧农业最发达的国家，这与法国农业金融有着悠久的发展历史紧密相关，从中也能够看到农村金融对农业经济的巨大影响。法国在农村金融制度的设置方面，带有明显的国家控制特点：第一，政府关注农业资金问题，并且能有效地做好跟踪调查工作，通过数据统计和综合分析来积极运用多元化的措施拓展资金来源，切实解决资金问题；第二，政府关注有关农业保险事宜，能够最大限度地发挥农业保险优势，让广大农户得到保险支持，形成对农业的全方位的保护，减少自然灾害对农民造成的损失。

1. 法国政策性金融制度

法国很早就注重对农村金融制度的建设，而且农村金融制度建设开始得较早。例如，法国成立的农业信贷银行是世界上第一家政策性农业银行。随后，农业信贷中央银行建立，并且得到了制度上的支持，逐步发展为全能银行，而且在发展过程中联合了民间金融，具有较为完善的农业信贷保护措施。

法国政策性金融组织有着悠久的历史，而且由于建立的时间较长，在发展过程中做到了结合实际发展情况的创新改革，注重分工及完善体制，在法国银行业中地位十分突出，在后续的发展中也在进行着创新。这些都属于法国政策性金融机构的特征及巨大优势。此外，法国政府注重运用多种扶持手段来对政策性金融机构进行全方位的保护，从而增强农业发展动力。

法国政策性金融制度有着明显的政府控制色彩，政府在其中起着领导作用或者控制作用，而且机构设置有着极强的专业性，在政策和规章引导下专门为农村金融发展提供支持。

2. 法国合作性金融制度

法国合作金融管理体制的突出特征是垂直性，也就是受政府的直接领导，而政府直接给予合作金融组织扶持和保护。法国的三大农业合作金融机构及其在管理体制中的发展情况如下：农业信贷互助银行是整个合作金融体系的主体，在性质方面属于商业性的行政机构，直接受农业部门和财政部门的领导，在实际运行中发展速度很快。其资金来源是政府的财政拨款，负责对农业信贷银行的经营政策等进行审议，采用为省互助银行及地方的互助银行提供预付贷款的方法来对贷款的投向和规模等进行控制，同时负责监督协调省农业互助信贷银行。在整个管理体制中，省农业信贷互助银行是第二层，属于半官办机构，领导地方农业互助银行。一方面，省农业互助信贷银行处在总行的控制下；另一方面，负责对基层营业所的直接领导，负责管理基层互助银行，并且对管理资金进行恰当分配，同时涉及投资转账等业务类型。如果对法国的农业信贷银行进行性质分析，从中可以看到明显的互助合作性，并且严格按照合作制的原则进行经营。

农业信贷互助银行属于混合式的运营和发展模式，其金融业务与政府的意图、国家政策有着密不可分的联系，可以说其是为政府政策服务的，只要与国家政策以及发展规划相符合,都能够得到农业信贷互助银行的优先支持。无论哪个层级的合作银行实际运营和发展中遵循的都是合作经济准则,并且重视业务范围划分,能够切实做到自负盈亏和财务独立。无论处在哪一个层级,这些合作银行都拥有独立核算的地位,并且在银行内部全面贯彻民主监督和管理机制。从整体的角度分析,在混合体制模式的影响下,政府干预力度较大,实际上导致金融机构独立性不高,经营效率也较低。

3. 法国的农业保险

法国在农业保险方面有着非常悠久的历史,第一家地区性的农业保险公司是在1840年成立的。1960年,法国在农村金融制度建设中将农业保险制度的内容明确地写到法律条款中,随后又出台农业损害保证制度,并且确定成立国家农业灾害基金会,赋予基金会补偿农民损失的工作职责,支出的资金中由政府支出50%作为受灾基金。1982年,法国政府通过决议通过了自然灾害保险,并在立法层面将其法制化。法国针对农业保险实行补贴和汇率调整的政策,注重提高对农户的补贴水平,有效降低汇率,其中农民只需要承担20%～50%的保费,政府承担剩余部分。由于法国建立起了系统性的农业保险制度,并且通过政策支持和政府干预的方法让广大农民享受到保险支持,给他们的生活带来了改善,极大地刺激了农民的生产积极性,使他们积极投入生产活动,为农业生产的发展及整个农村地区的经济繁荣注入了活力。

法国农业保险是独一无二的,因为农业保险制度及制度的创新改革都有着本国特色,建立起完备的机构和体制,让各项保险业务都能够在一个健全的体系中开展。另外,法国是政府主导型国家,无论是商业保险机构还是农业政策性保险机构都是在政府的帮助和支持下建立的,体现出政府的主导作用,而且政府对保险机构实行直接财政补贴,法国每年都会全面展开保险预算工作。这部分基金主要是在国营保险公司最困难的时候应用,上面的这些措施为农业保险机构开展各项业务提供了有力支持。除此以外,为了让保险行业得到稳定发展,法国成立农作物保险集团,这一集团集合了政府和社会的力量,政府是控股主体,社会的各方力量运用入股方式来参与其中,最终构建起股份公司。通过成立保险集团的方法来发展农业保险,为农业生产提供保险业务的支持,对农村经济的发展有着重要意义,而且能够起到减少成本和整合优势的作用。农业合作保险组织也是法国农业保险体系中不可缺少的部分,属于民间性的农业保险组织,在其中能够有效发挥农民的主体作用,确保农民各项权利的实现。

法国农村金融制度最突出的特征是有较为发达的农村合作金融和政府的大力支

持，可以说，法国农村金融制度是政府支持和主导的成果，可以被称为国家控制型金融发展模式。法国农村合作金融机构有着健全的规章制度，在机构设置和组织安排方面科学合理，各项金融业务运行良好，并且呈现逐步扩大的趋势，在实际运营中能够做到多样化发展，这些成果都得益于政府政策。可以说，法国农村合作金融机构符合法国国情，能够兼顾对农业的政策性信贷支持，还能够保障自身盈利。

（四）德国农村金融制度

1. 德国合作金融制度

德国早在19世纪50年代就建立了第一家信用合作社，为农村金融服务问题的解决提供了有效保障，而且信用合作社在实际运营中坚持了民主管理的原则，在发展和创新中逐步形成合作银行。综观德国的合作银行体系，可以形象地将其比作金字塔，这座金字塔总共有三层。金字塔的底层也就是根基部分，是基层合作银行，中间层包括德国的三家地区性合作银行，顶层是中央银行，负责整体的协调。无论哪一个层次都属于独立的企业法人，在共同为德国农村金融服务的过程中形成了良好的合作关系。

（1）自下而上入股、自上而下服务的合作银行体系。在整个合作银行体系中，主要资金来自基层的合作银行，中央合作银行股份的80%以上来自地区合作银行，政府持有的股份比例很小，剩余股份是由实业部门及相关企业持有的。

第一层次是德意志中央银行，也是信用合作金融制度的最高机构，有着全面拓展各项业务的权力，而且能够对全国合作金融制度进行统一调度和协调。德意志中央银行不承担行业管理责任，主要涉及的是支付结算、资金融通等业务。

第二个层次是地区中心合作银行，起着金融中介的作用，负责处理基层合作银行的相关业务。例如，地区中心合作银行可以向基层的合作银行提供资金、结算服务、短期融资等。除此以外，地区中心合作银行可以通过介入外部资金的方法来开展证券投资等业务，从而有效壮大自身的实力。

第三个层次是信用合作社和合作银行，它们遍布德国的城乡各地。

合作银行几乎涉及德国的所有金融领域，可见其经营范围之广泛，这些合作银行带有商业银行的特性。在合作银行的内部，无论是风险防范系统还是保护系统都非常完善，同时对每一家合作银行提出了要求，要求它们能够按照比例共同构建特别专项基金，这部分资金主要用来处理成员财务危机问题，而且可以由基金会全额补偿。这能够为合作银行体系的资金及效益提供良好的保障，也能够形成对其良好的规范。不同层级的合作银行必须认真履行各自的职责，相互支持，并通过全方位的合作来恰当地做好资金的调整和融通。这能够在很大程度上确保合作银行资金的安全和有效流动，降低多种风险，同时在风险防范机制下，合作银行会更加稳定地发展。

（2）信用合作联盟与其他合作社融合的行业自律体系。全国信用合作联盟是行业自律组织的一个重要组成部分，其成员包括不同性质和处在不同层级的合作金融公司。各个成员需要为信用合作联盟支付会费，而信用合作联盟也会为会员提供多元化的信息支持，做好合作银行及政府部门的协调，帮助合作银行树立良好的形象，为银行处理各项公共关系提供支持。除此以外，德国还建立了全国性的合作社联合会，其承担着培训和审计的职能。德国各州根据自身实际需求设置行业自律组织，以便更好地推动德国金融行业的发展。

（3）相互协调的综合监管机制。德国是综合监管和金融混业经营的一个代表，合作银行由中央银行及金融监管局采用分工的方式来分别监管，形成了一种综合监管体系。德国在金融监管方面只设置了一级机构，下属没有监管分支；采用非现场监管方式对合作银行实施监管，联邦中央银行及分行、审计联合会负责做好日常监管，将从中获得的信息向金融监管局报告，最后由金融监管局做出最终决定。这样的综合监管机制极大地节约了监管资源。规范和发展农村合作金融，德国主要依托行业审计的监管体制及联邦中央银行的风险防范系统。

2. 德国的农业政策性金融

德国农业政策性金融有着悠久的历史，其设立的目的在于为农业提供保护和扶持。德国农业政策性金融机构不会追求最大化的利益，而是要通过自身的运营和协调来支持农业发展，使农业发展拥有资金和生产资料等。德国农村地产抵押银行在德国的农业政策性机构中占有重要地位，并且有着特殊功能，主要为农林各业及食品行业提供信贷资金服务。德国农业地产抵押银行主要提供四个特别信贷项目，其中最突出的是种养业特别信贷项目和青年农民特别信贷项目。种养业特别信贷项目面对的是缺乏财政资金支持的农村种养业项目，主要为其提供最优惠的贷款利率，范围涉及所有农村投资领域。青年农民特别信贷项目支持的是从事农业不超过五年且年龄低于40岁的青年农民，其目的在于鼓励德国大量的农村有志青年主动参与到农业经营和生产活动中。这一项目正式开始是在1985年，而且这一项目的信贷条件更加优越，利率比种养业特别信贷项目更低，申请贷款的额度也高。

德国在农村金融制度建设方面有着悠久的历史，德国是世界上最早建立农村金融制度的国家，这对德国来说非常重要。在德国的金融体系中，合作金融占据重要地位，而且有着诸多发展优势。合作金融整体上运营健康稳定，组织体系完善，注重风险预警和风险防范，并且建立起统合保护系统，这也使德国农村金融制度有着极大的优越性，并且符合德国的国情。

二、发展中国家农村金融制度

（一）印度农村金融制度

印度属于典型的农业大国，农业在整个国家的产业体系中占有重要地位，得到了国家的重视和大力支持。20世纪80年代以来，政府的大力支持极大地推动了印度农村金融的发展。目前，印度的农村金融制度比较完善，储备银行扮演着中央银行的角色，在全国范围内对各项金融活动进行统筹协调和综合管理，还能制定金融货币政策，负责对下属机构实施有效监管；国有商业银行为农村金融的发展提供支持，并且是主要的支持渠道。在印度农村金融制度的整个体系中，合作金融处在基础地位，并且发挥其基础性保障作用，国有商业银行提供的农业贷款成为支持农村金融发展的主要资金来源，政策性金融负责提供辅助支持，农业保险是农村金融的一项补充。

1. 印度农业政策性金融

印度是发展中国家，是农业大国，农业在整个国民经济中有着不可替代的作用，直接决定国民经济增长水平。1960年开始，印度为了对农业发展形成强大的刺激，在国内实施大范围的绿色革命，采用多种措施来推动和支持农业发展。其中包括提高农业技术水平，扶持农业信贷发展，给予财政补贴，等等。在这样的情况下，印度政策性金融蓬勃发展。

印度农业政策性金融机构包括：第一，印度国家农业和农村开发银行扮演中央银行的角色，承担监督检查的职能，同时要重点在商业银行提供农村信贷的领域给予资助，鼓励商业银行积极主动地为农业生产提供资金支持，还负责管理全国范围内的信贷活动，是农业金融领域的最高机构。印度农村经济发展有着十分强烈的资金需求，如果缺乏资金支持，各项工作都得不到有效实施。对此该行从诸多金融领域进行资金筹措，是对农业投资开发公司执行职能的接替，继承了印度储蓄银行在农业信贷方面的职能。该行不仅为推动印度农村经济发展提供现代化服务，还为其他金融机构提供贷款支持，对金融机构的信贷发展进行协调。第二，地区农业银行属于政策性银行，在实际经营中不以营利为目的，主要职能是吸收存款，并且向农村地区提供贷款支持。第三，印度农业中间信贷和开发公司负责中期和长期贷款的发放，也负责管理贷款援助资金，并将这些资金准确地落实到农村发展中。这个机构在贷款方面做出了突出贡献,支持了大量农业基础项目建设,其中水利方面的贷款比重最大,支持力度也最大。

2. 印度农村合作金融

印度农村合作信贷机构包括两个系统:一个是初级土地开发银行及中心土地开发银行系统,这一系统提供的是长期信贷,主要是指土地开发银行;另一个是包括农业中心合作银行、联邦合作银行及农业信用合作社的系统,这一系统提供的是短期农业贷款,主要针对的是信贷合作社。

信贷合作社的主要职能是让农民的信贷需求得到满足,因为无论是农业生产还是农民的实际生活都离不开信贷的支持,这也是其获得生活和经济发展保障的有效渠道。同时,农民的收入水平较低,难以支付较高的贷款费用,需要得到廉价的信贷资源。信贷合作社就是在这样的形势下产生的,并且发展为中坚力量,让农民能够享受到廉价而丰富的信贷资源,有效支撑他们的生活和农业生产活动,具体包括两个层次的内容:初级农业信用社为广大贫困地区的印度农民提供短期及中期的贷款,而且利率较低,期限为一年;中层信贷合作机构向初级农业信用社发放贷款,以此来解决其在资金方面存在的困难,资金的主要来源是各个成员投入的股金,还积极吸收公共存款。另外,邦合作银行是印度各邦最高的信贷合作机构,其成员为邦内所有的中心合作银行,主要资金来源是从印度储备银行取得的短、中期贷款,以及吸收一部分个人存款及中心合作银行的储备,获得资金后再向其成员提供资金,以满足他们的信贷需求。

3. 印度商业银行

印度商业银行是农村信贷活动中的骨干力量,按照法律规定的指标在农村地区设置机构和投放资金。印度商业银行将40%的信贷资金投放到农贷部门。商业银行在印度农村地区的建立和发展时间并不长,但是发展速度很快,业务扩展速度不断增加,主要分为直接信贷和间接信贷。直接信贷是将融通资金提供给农民,使他们能够将这些资金用于生活和生产。间接信贷是首先将贷款提供给农村的金融机构,再由这些农村的金融机构为广大农户提供资金支持。随着商业银行的发展和在农村金融中所处地位的提高,商业银行已经成为印度的第二重要金融机构,仅次于农村合作金融组织。

印度农民数量多,而且普遍贫困。无论是日常生活还是参加农业生产都需要资金的支持,其中最有效的渠道就是从金融机构获得贷款支持,但是无论是何种形式的贷款都会设置相应的利率,要求农民能够偿还相应的贷款利息。商业银行是为农民提供信贷支持的主要机构，其运营和发展都把提高盈利作为主要目标，如果单一地采用这样的形式会让广大农民的负担加重，并且会制约农村经济发展。这就要求印度政府能够对商业银行提出一定的要求，规定其要加强对农村经济发展现状的了解，切实了解农民的发展需要，并坚持从实际出发来实施差别利率，让广大农民能够享受到最优惠的利率支持，为了让商业银行的利益不受损，政府也要实施利率补贴政策，最终实现商业银行和农村经济共同发展。

从整体上看，印度农村金融机构结构合理且制度完善，有着非常明确的层次划分，尤其是可以准确地定位政策性金融，相关的政策性金融机构能够有效履行自身的特殊职能，对农村金融活动进行统一协调，充分发挥其引导和支撑职能；国有大型商业银行在印度农村的经济发展中能够发挥服务作用，有助于提升印度农村金融服务水平，推动印度农村经济发展。点多面广能够有效概括印度合作金融机构的优势，并且正因为这些优势的发挥使其成为推动农村金融建设的主力军，为印度农村经济的发展贡献了巨大的金融力量。此外，领头羊计划在印度的农村金融市场中正在稳步推行，也就是要优先发展关系到农村金融市场构建和经济发展的行业和企业，让其享受到多元金融服务，提高其发展速度和质量。印度农村金融制度完善，不同性质的农村金融机构在整个金融体系中能够发挥各自优势，并做到优势的整合，从而加快资金流通，为金融事业发展提供动力。

（二）孟加拉国小额信贷

小额信贷主要为处在中低收入水平的人群提供较小额度的短期金融贷款支持。小额信贷最初是一种可持续发展金融模式，以消除贫困和发展农业生产为其基本服务宗旨。小额信贷作为一种支持低收入者扩展生产经营、改善其经济状况的创业启动资金的新型融通方式，带有很强的福利性，得到了广大农民的积极响应，发展迅速。

在多个国家的多元化小额信贷模式中，孟加拉国的乡村银行可以说是领头羊，并且拥有丰富的经验。孟加拉国乡村银行在农村地区积极推行小额信贷业务，切实为穷人摆脱贫困做出了突出贡献。孟加拉国乡村银行这样的小额信贷发展模式不仅在孟加拉国获得了推广，也因为成功的经验和收获的可喜成果扩大了国际影响力，不少国家纷纷效仿，让很多贫困农民走出了困顿的生活。孟加拉国积极推行小额信贷，使58%的孟加拉国穷人摆脱了贫困，成为直接受益者，因此推动了孟加拉国农业金融的发展。

1976年，穆罕默德·尤努斯教授在孟加拉国推行小额信贷试验。1983年，乡村银行在孟加拉国的中央银行与政府相关机构共同出资下正式注册成立。孟加拉国乡村银行属于非政府组织从事小额信贷的模式,在性质上属于非政府组织,在经营结构及组织系统方面有着独立性。

孟加拉乡村银行提供的是综合性金融服务,是存贷款及保险一体化的金融系统,服务的主要对象是广大农民,农民的生活比较贫困,而且没有土地作为根本支撑。孟加拉国银行的资金主要来自外部的支持及内部的储蓄积累。对于贷款额度的设置,总体上不能低于个人储蓄总额的150%。如果要偿还贷款,偿贷的方式十分灵活,按周还款或者按月还款都能够实现。在整个银行运作中,广大农民在自愿原则的基础上组成自主组织。如果其中的一个成员没有按时还款,那么整个小组为其中的贷款风险负责,同样需要承负还款责任。

小额贷款是孟加拉乡村银行的主要特征,也是极具特色的金融业务形式,在具体的实践应用当中具有如下特征,具体表现是:

1. 贷款对象是穷人

小额贷款业务支持的是金额较小的短期贷款,贷款的主要对象是贫困无地的农民,而且信用额度相对较低。乡村银行明确规定,贷款对象必须属于极贫户,且拥有的土地不得超 2 023.43 平方米。另外,即使贷款对象没有土地,他还需要满足家庭财产总值低于 4 046.86 平方米土地价值的条件,否则也不能够被纳入极贫户的范畴。如果不符合以上两个条件,将无法得到乡村银行的小额信贷资金。在小额贷款的相关规定和限制当中,对孟加拉国贫困妇女给予了一定的特殊支持,并将贫困妇女作为重点贷款对象。之所以会产生这样的现状,主要是因为妇女在摆脱家庭贫困及运用劳动改变命运等方面的意识更为强烈且妇女利用提供的小额信贷资金开展生产或者从事其他产业经营更利于改变家庭命运。另外,为了提升贷款偿还率,孟加拉国乡村银行将小额贷款作为主体内容来实施综合性服务,其中最具代表性的是对贷款对象进行教育,帮助贷款对象树立正确的还贷观念,提升其还款能力,最终使各项贷款都能按期、按量地完成偿还工作。

2. 组织结构严密

孟加拉乡村银行的小额贷款模式之所以能够在全国及全世界范围内实施,并且获得可喜效果,其中一个明显的特征是孟加拉乡村银行拥有非常严密的组织结构。孟加拉乡村银行在运营和发展当中制定并且全面贯彻落实"小组+中心+银行工作人员"信贷制度,这也是构成严密组织结构的主要原因。整个制度中主要包括三个层级,分别是贷款小组、乡村中心及工作人员。其中,贷款小组、乡村中心是银行运行的基础，承担着重要的工作任务。孟加拉乡村银行明确规定："贷款小组由村中每五位穷人自愿组成，将若干贷款小组组成贷款中心。在总行的统一领导和统筹下，各个地区设立分行。分行下再设有10～15个支行，每一个支行大约管理120～150个乡村贷款中心，支行财务运营属于自负盈亏和自主经营。"为了在处理各项金融业务时做到公开透明，银行采用中心会议手段进行信息公开。中心会议由乡村贷款中心负责，会议的主要内容是金融业务的处理，除了涉及金融业务以外，还会对成员展开教育培训工作，培养他们的团队协作精神，提高他们的自主性和自觉性，使他们能够相互监督和互相扶持。乡村银行的工作人员与组长、中心负责人需要定期进行工作对接，以便及时发现和解决问题。在这样的模式和制度的支撑下，组织的严密程度大大提升，每一个层级的把控度和对接程度得到了提高，除了能够缩小经营环节以外，还降低了成本支出。

3. 小额贷款制度贴近国情

小额贷款的还款期限一般是一年，而且可以机动灵活地选择是按月偿还或按周偿还。如果想要获得下一笔贷款支持，必须在还清本笔贷款之后再行申请。孟加拉乡村银行推行的小额贷款模式及制度都有着明显的国家色彩，贴近本国国情。考虑到贫困人口多这一现实状况，其贷款数额设置较小，而且利率设置会依据实际情况进行恰当的调整。另外，贷款资金全部应用到生产活动当中，为国家的发展及农村建设水平的提高创造了有利条件。

4. 建立激励约束机制

孟加拉乡村银行实施具有严密组织的信贷管理制度是其成功的秘诀。乡村银行实施的是免抵押贷款的方法，所以必须具备监督约束机制来确保贷款的有效偿还。在积极组建小组的同时，设立激励机制，落实一人无法偿贷、全组承担风险，引导小组当中的各个成员做到互帮互助和互相监督，由此，一个巧妙的制约机制由此建立。如此一来，银行在监管方面的成本大大降低，内部监督效用得到强化，小组成员的竞争意识和互相支持意识也能够获得提高。除了拥有支持小组以外，六个小组构成一个中心，这个中心是村里小组构成的联盟，在整个联盟内部每周召开一次会议。所有成员共同选出中心负责人，负责人需要处理好中心的各项事由，为中心的各个成员小组解决难题，同时和银行工作人员进行配合和合作。这样的监督约束机制能够有效贯彻孟加拉国的信贷政策，也能够极大地降低金融风险，也让贷款人的自我管理意识大大提升。

5. 资金来源多元化

孟加拉乡村银行刚刚成立时，得到了很多外部资金的支持，这些外部支持包括国际社会、基金组织等方面。如果对外部资金有强大的依赖性，会直接影响银行的自主运营和稳定发展。在认识到这一问题后，孟加拉乡村银行从1996年开始不再吸收外部资金，并且步入快速发展阶段。孟加拉乡村银行虽然不吸收公共储蓄，但是要求借款人以周为单位缴纳小组基金，即集体基金、儿童教育基金、保险基金。集体基金及儿童教育基金主要用于小组当中成员子女的教育和公共事业。保险基金主要用于风险储备。就当前现状而言，借款人持有孟加拉乡村银行94%的股权。消除贫困是一项艰巨的任务，而且这一任务的解决并不是一蹴而就的，同时需要通过有力的手段来艺术性地加以解决。孟加拉乡村银行的举措是非常值得借鉴的，这一组织充分承担起解决贫困的重任，全面推进市场化改革，不仅获得了自我维持和自我发展的力量，对贫困问题的妥善解决也有着重要意义。

6. 政府积极参与

政府的广泛参与和支持是孟加拉小额贷款模式的一大特点，而且政府的政策支持和国家的重视投入让小额信贷模式获得了飞速发展，为持续运营和发展提供了条件。从大量的实践中可以发现，具备前瞻性特点的创新型财政和税收政策是确保小额贷款稳定发展和规模壮大的前提。孟加拉国政府对乡村银行的支持是其发展的巨大动力。政府的普遍参与和支持体现在：在态度上，政府体现出绝对的支持及宽容的态度，让小额贷款模式的应用和推广无后顾之忧；在资金上，政府为乡村银行提供庞大数量的贷款支持；在法律上，政府在相关的农村金融制度中指出乡村银行可以利用多种非政府组织方式实施金融活动；在政策上，乡村银行可以享受到来自于政府的免税优惠。

三、基于金融发展权视角的农村金融立法启示

1. 实现农村金融法制化

上面利用大量的文字对很多国家的农村金融改革发展之路进行了研究和对照，不难发现这些国家在国情方面存在较大差异，在农村经济发展水平方面和法律文化传统方面也有着较大不同。但是，它们有着一个共性，那就是建立了专门的农村金融法律，采用立法的方式来规范农村金融市场的发展，并且切实用立法方式保障了农民金融发展权的实现。我国的农村金融已经经历了多年的发展，但是很长时间以来都没有形成专门的法律制度，虽然也有一定的立法根据，大多属于规范性文件的

层次。要想真正推动我国农村金融事业的发展，规范农村金融市场，为我国农村金融的发展注入可持续发展的动力，必须实现法治化，制定在效力及法律地位上能够比肩商业银行法律的制度体系。

2. 坚持法制的基本准则

无论是哪一个国家在发展农村经济，并且针对农村金融构建完善的法律制度时，都要从多个角度进行综合思考。第一，本国的农村经济基础如何。如果一个国家的农村经济基础较为稳定和深厚，制度建设的难度就会大大降低，而且能够从商业银行的金融法律中获得丰富的借鉴。如果经济基础薄弱，就需要在制度建设中更加谨慎和细致地针对薄弱环节来制定制度条款。第二，本国农村的信用文化如何。如果一个国家的农村地区的信用文化水平较高，那么制度的保障和执行力度都会得到增强，反之会加大立法的难度。第三，本国的农村政策导向是如何设置的。农村政策导向的差异体现在法律制度建设会对其中的制度内容产生直接影响。在考虑到以上问题的基础上，还需要依据经济发展现况及农户在金融服务方面的需求变化进行调整和修订。世界金融发展存在一个非常普遍的现象，那就是金融的异化，但是互助扶弱是制定和调整法律的核心准则，这一准则适用于各个国家的立法。例如，德国在《德意志联邦银行法》中规定合作社银行必须将经营目的确定为提高成员收益和确保成员有效经营。法制的基本准则发展到现在已经伴随着金融发展出现了微妙的变化，而且不同的国家由于在农村金融层次等方面有着明显差别，农民对金融产品的需要也各不相同，所以在基本原则的制定当中会有不同的侧重点。未来，我国在进行农村金融的立法时，同样需要考虑国家的国情和农村金融发展的现状，恰当、合理地制定准则。

3. 确立农民产权主体地位

信贷资金真正做到取之于农和用之于农，就必须保障农民产权主体地位不受损害。所有国家在制度构建的过程中都将农民放在重要位置，并且努力确立其在金融组织中的产权主体地位。例如，德国在构建农村金融体系时，采用的是地方银行—地区银行—中央银行三级制；印度实施初级农业信贷社—地区中心银行—中心银行三级制。各个国家在推进农村金融体系的构建时，都坚持循序渐进的原则，构建明晰的产权关系，并且强调不同的层级都处在独立的法人地位，切实保障自主经营权的有效发挥。按照这样的形式，基层的农业合作金融机构可以充分利用自身的优势和农户构成直接的金融服务关系。在这样的关系体系下，农民的主体地位能够得到有效保障。上一级联合组织承担管理服务及调剂余缺的职责，从而形成金字塔式的产权关系和完善的组织体系，而金融体系化水平的提高会使其应对金融危机和不良经济事件的能力得以提高,也能够最大化地发挥国家职能。我国在构建农村金融法律体系时,必须注重建立清晰、明确的产权关系,确立农民在整个农村金融组织机构当中的主体地位,切实保障农民的金融发展权。

4. 明确农村金融主体权利义务关系

德国、日本等国家在农村金融制度建设时都会有意识地将社员组织、金融组织及政府之间的权利和义务关系进行明确的区分。例如,日本的《农业协同组合法》明确规定政府和农协要做到彼此支持和相互促进,农协属于政府指导下的国家农业政策方面的辅助实施机构,需要代表广大农民的利益,真正保护好农民的权益。农村金融组织是政府和农户间的中间组织,需要全面贯彻落实国家的金融服务于各农户的政策,还需要切实满足农户的金融需要。美国政府直接退出农村金融产权领域,让农村的金融组织机构及社员拥有自主权,积极优化农村金融市场的环境,并采用立法的方式规范农村金融的发展,实现良性循环。但是,印度农村金融在发展中却有着非常浓重的官方色彩,强调立法和行政命令并行,造成了产权模糊的现象。可见,政府对农村金融机构的运营过度干预,机构自身享有的自主管理权利会受到侵害。由此观之,在制度建设过程中,在制度条款中明确指出金融主体的权利和义务法律关系,以及法律地位是确保农村金融组织健康发展的前提条件,也是保障农民金融发展权实现的核心因素。我国在关于农村金融机构的法律制度中要明确定位金融机构的独立主体地位,明确不同金融主体的权利和义务关系,切实发挥好金融机构的主体作用。

5. 健全农村金融监管法律制度

农村金融机构所处的外部环境非常恶劣,之所以产生这样的说法,是由于农村地区经济基础较差,经济发展水平较低,往往处在国家的弱势地位,在这样的外部环境影响之下,这些金融组织资金不足,加之人力及财力的缺乏,共同造成了组织结构构建不合理的问题。在遇到金融风险时,这些金融组织无法拥有较大的承受力,最终会导致破产,并对农村金融产生巨大冲击。要让以上状况大为改观,先要有完善的监管法律制度提供保障,提高农村金融发展的规范性和稳定性水平,切实解决农村金融立法方面存在的难点。例如,德国在农村金融监管方面采用的是非现场监管和现场监管两种方式,不仅提高了德国农村金融发展水平,还保障了社员金融权益的实现。日本在农村金融的监管方面是由专门的监管部门及专业自律机构形成全方位的监管体系。从国外农村金融监管法律建设中能得到一定的启发,其中有以下两方面的内容值得借鉴。第一,实现监管主体多元化。对农村金融机构实施监管时,要将专门性的金融监管和行业的自律监管结合起来，同时要融合官方和非官方的监管，将社会范围内的各方力量召集起来。第二，农村金融监管必须和商业性金融监管分开落实各项监管任务。因为农村金融和商业性金融无论是从发展条件还是从目前的发展需求来看都有着极大的差别，如果实施的是统一对待的监管，那么农村的特殊性得不到保护，监管的意义也将不复存在。当前，我国农村监管方面存在的一个突出问题是监管主体单一，因此在制定完善的农村金融监管法律时，要充分借鉴以上几个国家的经验，同时考虑自身建设中存在的问题，从我国国情出发，建立多元化的监管体系。

6. 构建农村金融的风险分担和补偿法律制度

农村金融市场的发展有着较高的风险，其主要原因是农业生产的自然风险较高及农业生产的市场风险较高，极大地增加了农村金融机构的运营和发展风险。农业贷款品种单一，抵押担保品无论是在内容还是范围上都存在极大的缺陷，因此农村金融机构要想有效地应对金融风险难度极大，而且采用的方法也有局限性。农业贷款有着分散性和效果性的特征，再加上农户征信体系不健全，使农村金融机构要担负较高的管理成本。面对以上问题，各国积极构建风险分担和补偿机制，使农村金融机构的发展得到了有效保障。具体措施包括以下几个方面。第一，建立信用担保制度。例如，印度通过建立联保机制的方式提升成员的信用水平，并采用这样的方法让广大农户从正规金融机构获得贷款支持，同时减少正规金融机构的交易成本。第二，完善存款保险制度。在确保存款人权益不受侵害的同时，使社会公众能够强化对农村金融体系建设的信心。例如，德国各级银行采用自愿投保方式加入全国性的存款保险体系中，有效保护了支付安全。第三，扶持政策法制化。农村金融机构有着弱质性的特点，对政府扶持政策的支持有着较大的需求，以便更好地分担外部风险。我国在推动农村地区的金融立法时，要做到取其精华，弃其糟粕，实施存款保险制度，提高对信用风险的应对能力，强化公众的信心。

第二节 结合国内农村金融制度立法问题的创新思考

一、以农民金融发展权为根基完善市场准入和退出法律制度

农村金融市场的准入及退出制度是金融法律制度的首要内容。在制定市场准入制度时，要把握的关键内容是合理地设置准入条件和程序，切实维护农村金融市场的稳定。

（一）农村金融市场准入法律制度

农村金融市场发展的普遍情况就是金融资源不足，供给和需求之间存在明显不平衡。无论是农民还是农村的金融机构都普遍面对着资金缺乏的困境，要想获得更大的发展机会，困难重重。要解决当前资源分布及供给不平衡的问题，就要牢牢把握金融公平目标，并将这一价值追求作为立法思想和指导，适当放宽农村金融机构的准入制度，降低进入农村金融市场的门槛。有了这个支持，各类主体会更加乐意投入农村金融市场，建立为广大农民服务的金融机构，解决城市和农村金融发展之间严重不平衡的问题。在农村金融准入制度的建设方面，需要着重注意的问题要合理地设置发起人及市场准入的条件限制，而且在限制方面必须做到灵活、合理，最终在法律制度方面将其确定。

一是发起人限制法定化。农村金融法律制度中要给出发起人的范围和资格，并将给出的标准和限制体现在法律制度中。首先，发起人的范围。建议取消发起人可以是内外金融机构的规定，提出这一建议的主要目的是考虑到金融机构营利性和非营利性的目标存在对立。其次，发起人的资格。建议对发起人给出下面几项限制。①地域限制：农村金融机构的发起人如果是自然人，那么就要求其在所在地拥有住所，其他发起人注册地选择要设立农村金融机构的地点。②资金限制：入股资金属于自有资金且资金来源合法。③信用限制：发起人有着良好的纳税和诚信记录，如果是法人发起人，那么最近两个会计年度需要连续盈利。④行为能力限制：自然人发起人必须属于完全民事行为能力人，其他发起人必须经过相关部门的注册登记认定。

二是准入条件灵活化。农村金融机构主要关心和影响的是弱势融资群体，社员手中缺乏剩余资金，而且社员基本上属于金融需求者，受到一定的地域限制，实际筹资范围狭小，加之不同地区的农村经济发展水平有着较大的差异，因此在立法上需要做到灵活，尤其在注册资本的立法限制方面更要有灵活性。作为新型农村金融机构的农村资金互助社就是必须注意的一个问题，因为农民对农村资金互助社的了解及农村资金互助社自身的发展仍然需要一定的时间。例如，关于农村资金互助社的建立，如果是在乡镇地区设立，那么注册资本不能低于30万元人民币；如果是在行政村建立，那么注册资本不能低于10万元人民币，其中提到的注册资本必须是实缴资本。给定的注册资本规定在很多乡镇和村级都能实现，但在我国中部和西部的一些极为贫困的地区实现起来还是有很大的难度的。中部和西部的贫困地区对金融资源的需求量极大，但是它们往往是被忽略的地域，在资金方面也得不到支持，农民的生产生活在缺乏保障的情况下愈加贫困，加剧了资源配置不平衡的问题。目前，有效解决中西部地区资源支持力度不足的问题是当务之急，放低市场准入的标准则是有效解决这个问题的一个重要办法。只有这样，才能够为中部和西部的贫困地区建立属于它们的金融机构，并从中获得金融资金的支持。对此，农村金融市场准入制度的构建要进行调整，提出允许中国银行保险监督管理委员会根据区域经济发展状况和金融需求情况，适当降低注册资本的限制。给出这样的法律制度支持，会有更多的农村金融机构在中部及西部地区建立，让原本得不到资源和资金扶持的农民和中小型企业从中获益。为了提高准入条件的灵活化，还要根据实际需求去掉部分限制条件。例如，有关农村金融组织管理人员资格的限制，现行相关法律法规中要求管理人员要具备中专以上的学历水平，同时要具备相关从业经验。提出这样的规定，在我国农村地区来说是不切实际的，实现上更是难上加难，而且就农村机构目前的业务发展而言，乡镇和村级的农村金融机构在业务上涉及的是十分简单的存款和贷款金融业务，服务的是农村地区的农民和一部分的小型乡镇企业，出现金融风险的可能性极低。在这一方面的立法上，可以对高级管理人员的基本任职资格进行笼统规定，同时明确指出禁止条件。另外，其他具体要求可以由机构组织社员自主判断和提出。又如，相关法律要求"建立农村金融机构需要有符合要求的营业场所、安全防范措施和与业务有关的其他设施"，假如依据立法规定进行实施，要建设符合规范的场所和配套设施需要投入近 10 万元的资金，而农村金融机构的注册资本只有几十万元。因此，在立法上可以考虑将这一条款进行适当的修改和调整，改为"建立农村金融机构需要拥有固定的经营场所，并且配备必要的办公条件"。这样的准入条件设置更加灵活，而且能够体现出对农村金融机构的支持，能够有效地推动我国农村金融事业的发展。

（二）农村金融市场退出制度

稳定的金融市场要处在一个和谐的竞争环境中，而且无论是进入市场还是退出市场，都要遵守秩序和规范。除了要完善市场准入制度以外，还需要进一步探讨市场退出应该遵守哪些法律制度及规范，以便真正做到进退有序，还金融市场一个安全和谐的环境。关于金融机构的破产，我国在法律制度当中给出了相关规定，如《中华人民共和国企业破产法》《中华人民共和国银行业监督管理法》。受理论和实践条件的限制，关于金融机构市场退出的相关规定还有很多不完善的方面，如在法律安排方面过于简单，缺乏可操作性，需要自负盈亏。在具体的实践当中，如果不能有效制定合理恰当的市场退出程序，将无法保障农村金融机构的稳定性，农村金融市场的安全性也得不到有效的保护。

农村金融机构要退出金融市场，而且做到有秩序退出，必须建立退出制度，且在建立制度的过程中必须牢牢把握住重点及突破口。具体应将以下内容作为根本突破口，牢牢把握住退出制度建设的方向。第一，金融机构要想退出市场需要遵照哪些原则，在符合退出条件后，应该怎样启动相应的退出程序，这部分内容实际上是对退出制度应该适用于怎样的情况的明确阐述。第二，金融机构在完成市场退出的程序之后，债务清偿工作应该如何展开，在清偿债务时需要依照怎样的顺序。探讨这一问题的目的是要保障债权人的切身利益不受损害，维护整个金融市场的稳定。

将《中华人民共和国商业银行法》的相关规定作为比照，在对农村金融机构进行终止时可以采用解散、被撤销、被宣告破产等形式。解散属于相对主动的一种市场退出方式，不会对社会造成较大冲击。解散多适用于以下情况：①出现章程规定解散事由；②因合并、分立需解散；③社员大会决议解散。撤销属于一种被动的市场退出形式，采用的是行政干预的方式。撤销事由主要包括以下几个方面：①金融机构存在严重的违法经营问题，并且带来了巨大的损失；②金融机构在实际经营中由于经营不善导致债权人的权益得不到保障，且情节严重；③如果不撤销金融机构会严重影响金融秩序的稳定性，甚至损害社会公共利益。立法上对以上事由的规定还十分模糊，在具体的实施当中往往无法界定。未来，还需要针对撤销的适用条件及条款内容进行进一步明确，做到法律条款内容的丰富与完善。首先，细化撤销条件，主要的方式是量化指标，严格按照相关指标执行，并依据撤销预警机制规范性地处理各项撤销事宜。其次，撤销属于一种强制性的市场退出形式，而且是行政主导之下的行为，在实施当中需要赋予金融机构抗辩权。再次，将求助作为撤销的前提条件。最后，立法方面要对撤销之后的善后工作进行规范，明确各个部门的职责和分工。宣告破产同样是一种被动性的市场退出形式，具体实施需要法院主持。从当前现状看，农村金融机构在撤销之后主要是走非破产清算程序，是一种非制度化和非市场化的市场退出方式。在金融制度的建设过程中，为了保障各项退出程序的规范及稳定，可以应用司法破产程序，并对相关条款进行补充，对各项关系和内容进行界定。

债务清偿会涉及多方利益，包括存款人、债权人、社员三方的权益，且在债务清偿方面存在共性问题和个性问题。在农村金融机构市场退出后，如果不能恰当地处理债务清偿的问题，那么金融机构的退出也难以得到落实。《金融机构撤销条例》[1]当中对被撤销金融机构的债务清偿顺序进行了明确的规定，但是这些规定都属于原则性内容，只适用于清算财产有能力支付债务的情况，对无法达到兑付额度应该如何处理没有给出法律支持和要求。在实际工作中，政府为了维护农村金融市场秩序，保持和谐社会的良好局面，必须出面保证个人储蓄存款本息的兑付。从大量的案例当中可以看到，实际问题的处理基本属于摸石头过河的状态，没有可以援引的法律法规。在这样的情况下，运用破产清算手段会冲击整个金融市场秩序，甚至对社会秩序的稳定带来不利影响。为此，在开展破产清算的工作时，必须要综合考虑，使每一个存款人的权益都能够得到维护，使社员的股金得到保护，从而维护社会秩序的稳定。

二、以农民金融发展权为基础创新农村金融产权法律制度

在现有活动的实施和信贷关系当中，产权起着决定性的作用，而且在农村金融法律制度的构建和完善当中确定明晰的产权关系是核心和关键所在。从法学角度看，处理农村金融组织产权问题的前置条件是要正确区分所有权和产权。《中华人民共和国民法通则》规定："所有权是指所有权人依法对自己的财产享有的占有、使用、收益和处分权利。"所有权是确定最终财产归属的一项权利，指出了在一个财产关系当中需要具备怎样的物质属性。而产权是一个权利综合体，其核心内容是所有权，这也是财产关系的社会属性。因此，所有权和产权有着明显的区别，产权分解了所有权的几项权能，并将这些权利分配给不同主体，由此出现了不同的产权主体，产生了复杂的产权关系。在全面推动农村金融产权制度的创新改革过程中，将金融发展权作为基础内容，一方面必须要承认农村金融组织具有独立法人地位，并且正确区分农村金融组织的产权主体身份，另一方面要切实保障农户产权的主体地位，对内部的产权结构进行优化和调整，彰显互助平等的理念，真正实现权责统一。

（一）明确农村金融合作社法人属性

根据《中华人民共和国民法通则》第 36 条和第 37 条的规定，我国立法对法人的核心法律要素规定：依法成立、财产独立、组织独立和责任独立。1997 年中国人民银行颁布的《农村信用社管理规定》第 2 条和《农村资金互助社暂行管理规定》第 4 条

---

[1] 胡艳香,汤凌霄.我国银行业金融机构市场退出法律制度研究[J].湖南商学院学报,2011,18(1): 99-105,119.

将农信社和农村资金互助社界定为"独立的企业法人"。然而，现行立法存在如下问题：一是对农村金融组织法人性质的定位不准确。按照我国《中华人民共和国民法》的规定，企业法人以追求盈利为目的，这与金融组织的"非营利性"原则和"互助"的合作制宗旨相悖；如果将农村金融组织界定为企业法人，其股权转让、法人治理结构和盈余分配等规定与现行《中华人民共和国公司法》相冲突。二是非营利性。农村合作金融组织作为弱势融资群体的信用联合，其法人设立目的在于通过所从事的业务最大限度地为社员提供服务。从国际组织和其他国家的立法来看，均强调合作社的非营利性，强调合作社对社员不赚取利润。这与积极追求股东利益最大化的营利性的企业法人相区别。三是非公益性。社法人属于"利己性"法人组织，服务于特定的对象——社员，允许农村金融组织遵从市场经济规律从事营利性的经营活动以求得自我发展，通过追求特定群体的利益来间接实现社会公共利益。这与既不以营利为目的，又不允许从事营利性活动、服务于不特定多数人、直接追求社会公共利益的公益性法人相区别。四是人合性。社员是社法人构成的基础要素和核心要素，对社员资格有法律上严格的限制，对社员利益有特殊的照顾，社员参与法人事务决策时整体上遵循"人头主义"，社员身份和社员利益始终在农村金融组织中居于基础地位。

综上所述，农村合作金融组织作为农民专业合作社的一种特殊类型，立法应当承认其独立的"合作社法人"性质。合作社法人性质的明确，目的是通过明确农村合作金融组织的独立法人地位，排除外界的非法干预；通过明确农村合作金融组织的非营利性，限制其营利性冲动和扩张；通过明确农村金融组织的自治性，倡导私法自治和金融公法的限缩；通过明确农村合作金融组织的非公益性，防止其沦为国家扶贫救济的工具；通过明确农村合作金融组织的人合性，强调社员身份和社员利益的基础地位和核心价值。

（二）农村金融产权主体权利区分法律制度

"在法律上，任何法人都应当有自己独立的财产，只不过因为法人的性质不同，对独立财产的具体要求不同，但不妨碍法人财产的独立性。"农村金融机构产权结构需要做出清楚的说明，这样才能让产权主体的权利得到有效划分，起到规范的作用。具体可以从下面几个方面进行分析：

第一，农村金融机构有着合作社法人的性质，在法律地位上也是独立的。农村金融机构依法享有自主权和自决权，同时对外承担责任。各个主体都必须切实尊重农村金融组织拥有的法人财产权，不得干涉其对财产的各项处置权利。

第二，政府需要退出金融产权领域。政府是社会服务主体，也是公共管理主体。

考虑到维护社会公平及更好地扶持和发展弱势群体，政府在农村金融组织发展的初期或者试点阶段给予资金支持是必要的。这一形式的资金支持在法律上可以被定性为政府为其提供的借款。当金融机构通过积极开展各项金融业务得到有效发展之后，可以将政府的资金还清，变为真正意义的独立金融机构。还可以在法律上将其定性为国家的赠予，而且赠予的这部分资金属于机构内社员所有。总之，对农村金融产权主体进行分析，政府不应该介入其中，并且在今后的制度建设中要将"没有地方政府财政资金入股"作为农村金融组织设立的条件之一。

第三，社员享有社员权的前提条件是要失去财产所有权，而且社员以及社员的股金都会在机构当中以社员积累为限承担责任，可以说社员属于终级所有人。当前，很多金融组织机构为了满足自身实力扩大的需求，确保资金来源渠道的多元化，往往在设立社员资格股的基础上设置投资股，拥有控资股的社员不能参与机构的民主管理，也不对机构运营产生的收益具有请求分配权。

第四，农村金融机构的经营管理层对法人财产享有独立经营权，在立法方面应该给予具体权利和义务的规定，同时建立明确的责任及约束机制，避免短期行为及道德风险的发生。当然，农村金融组织的经营管理层在展开独立经营时必须接受广大社员的监督。如果其经营权受到侵害或者经营权的应用影响到其他社员的利益时，社员有权提出质疑或采用诉讼的方式追究责任。

（三）农村金融产权结构优化法律制度

在农村金融法律制度的建设当中，不仅要在制度当中将产权主体的相关内容融合到法律条款当中，以立法的形式确立起来，还要在实践活动中予以实施，以具体的法律来约束结构问题，调节产权主体之间的权利关系，引导其展开有效的制衡和监督，让每一个产权主体都能够在市场当中发挥自身应有的职能和权利。

第一，放开发起人持股限制。现有的立法方式及法律规定存在以下几个方面的问题：①没有突出农民专业社发起人所处的主体地位；②在发起人持股限制的规定上，农村信用社及农村资金互助社没有统一性的标准；③对持股比例方面的限制和现实农村金融存在一定的差距。为此，农村金融法律制度建设的过程中必须明确并且鼓励农民专业社能以发起人角色进入农村金融机构，同时对农村当中占有极大的比重和发挥最大作用的金融组织在发起人中的持股进行最高持股比例的限制。采用这样的方法能够有效减少股离散度，同时引导资金充裕的社员积极投资入股，不断壮大农村金融组织的实力。另外，还可以适当将法人股、个人股及职工股的最低限额进行提高，但在起点金额的设置上可以按照农村金融组织的特定需求及经济状况自行决定。

第二，通过立法区分投资股和资格股不同的权利和义务，并对投资股给出权利限制，对资格股从法律上确立地位。资格股是社员获得社员资格缴纳的股金，实际上进行的是身份的投入。持有资格股的广大社员能够在金融机构的运营当中获得优惠，享有良好的金融服务，同时可以对金融机构进行民主管理和监督。在享有权利的同时，社员必须承担对应的风险，为机构债务负责。从这个层面看，持有资格股的社员和享有固定收益的债权人有着明显的分别。反观投资股则是非社员为了获得固定收益而投入的资本，和资格股有着明显的区别。关于农村金融机构行政许可方面的法律法规没有明令禁止非社员入股到农村金融组织当中，在权利和义务方面也没有明确区分。立法建议一：对资格股及投资股的概念进行明确区分，分别设定投资股和资格股的股权，并对其进行区别对待和管理。立法建议二：对投资股的概念及所属的性质进行明确规定。在相关法律的制定中，可以从国外事例当中获得经验和借鉴，同时综合考虑农村发展现状，明确指出投资股的含义是非社员投入资本。立法建议三：农村金融法律制度当中需要明确界定资格股和投资股，并对权利属性和权利行使给出限制：①股权由投资股股东享有，和资格股股东的股权和社员权利有着显著分别；②投资股股东没有社员资格，其权利仅限于获得股金收益，并没有民主管理权。资格股股东具备社员资格，享有民主管理的权利和其他的社员独享权利；③资格股股东拥有表决权和附加表决权。立法建议四：恰当平衡两者的利益分配。立法方面，需要对双方利益的先后顺序进行界定，并且强调投资股股东也不能优先甚至凌驾于资格股股东之上，严禁不平衡分配。立法建议五：实现权责统一，对两种股金类型的退出给出不同的安排。在对农村金融机构的不同股金退出标准进行安排时，可以对照《中华人民共和国公司法》当中的相关规定，除了从中借鉴以外，还要与农村金融组织的现实发展情况进行整合，规定投资股股东可以把自己的股份转让、继承或赠予，但是不能退股。相反的，社员资格股退股是被允许的，但是必须要满足相应的标准和条件：①社员主动提出；②资格股持满三年；③理事会或经理同意退股申请。办理资格股退股的时间也需要做出说明和一定的安排，原则上的时间应该是退股当年年底并且当年已经完成了全部的财务决算。另外，农村金融机构赖以生存的核心资本必须要有稳定性的保障，如果出现大范围或者集中性的社员退股情况，会极大地冲击稳定性资本，带来资金流动风险。

三、基于农民金融发展权的农村金融监管法律制度的完善

我国农村金融监管法律制度是保障农民金融发展权得到落实的根本性保证,更是避免农村金融风险,为农村金融可持续发展提供动力的支撑。在完善我国农村金融监管法律制度的过程中,把农民金融发展权作为根本基础,需要将《中华人民共和国金融法》及其他具体金融监管法律法规和细则作为有效依据,建立系统化的监管法律制度,将行政化监管转化成专业法制化监管,而监管主体也要逐步实现多元化。

(一)确立银保监会为基础的金融政府监管

整体上看,农村信用社的监管主体较多,所以在监管权的分配方面不免存在一定的交叉和模糊的问题,在监管目标及职能方面也会存在一定程度的冲突,很大程度上弱化了监管的效能。因此,我国农村金融监管法律制度的创新和改革工作需要清楚政府监管体系,对监管职责进行合理化的分工。立法建议一:《中华人民共和国金融法》中指出中国银行保险监督管理委员会、中央机关及其派出机构负责从整体上对农村金融机构进行监管,在立法上确保其监管的优先性和权威性。立法建议二:对中国银行保险监督管理委员会及其派出机构的监管职能和监管范围进行明确的规定,其中必须突出指出对于农民金融发展权的保护,加强对与农民金融发展权相关领域的监管。立法建议三:对商业性金融机构的监管进行差别化处理,根据农村金融机构监管需求,恰当地降低监管目标,让农村的金融机构能够充分发挥自身的选择权和自治权。立法建议四:由于我国农村地区的金融机构有着点多面广的特征,同时监管资源方面较为缺乏,所以中国银行保险监督管理委员会及其派出机构选用的监管方法需要坚持将非现场监测作为主要内容,并且发挥现场监管的辅助作用。采用这样的监管方法能切实解决在基层监管过程中存在监管力量不足的问题,合理地进行监管资源的优化配置,发挥监管效能。立法建议五:中国银行保险监督管理委员会在行使金融监管职能时,必须依照属地监管原则,同时恰当地下放监管权限,强化基层监管工作的范围和力度,有效提升基层监管水平,扩大监管的覆盖面积,提高监管的全面性和有效性。立法建议六:对其中的一些行政审批手续进行简化,设置能够由农村金融组织章程自主决定的事项,切实满足广大农户的金融服务需求,有效控制金融监管的风险。立法建议七:对我国农村金融机构实施监管时,考虑到我国监管资源十分有限,而且农村金融的监管有着特殊性,可以将一部分监管职责委托给第三方,强化金融监管的力度,扩大监管范围,增强监管力量。

总而言之，政府监管和金融存在内生性的冲突问题，而且金融自治性的特点又决定了政府监管存在局限性。由于需要对农民的金融发展权进行有效的保护，切实维护金融的安全和稳定，我国必须明确确立中国银行保险监督管理委员会的监管主体地位，同时将其对农村金融机构的监管职能进行适当缩减，彻底改变传统的金融监管方法和原则，满足农村金融监管创新改革的现实要求。

（二）重塑金融行业自律监管，将省联社作为监管核心

关于省级政府负责金融监管并没有十分明确的法律授权，而且和中国银行保险监督管理委员会的金融管理职能存在很多方面的交叉，应该将其废除。为了避免政府用公共管理的名义或者其他任何方式干涉金融组织内部的各项事务，可以将政府肩负的对农村金融的促进和管理功能进行区分。除了要废除省级政府金融监管权以外，还需要对省级联社的身份及职能进行重新定位，使其能够回归到行业监管当中。立法建议一：明确指出，省联社是省内农村金融组织通过自愿入股的方式加入并购潮的省级联合组织，而且省联社内部实行民主管理，其工作宗旨是为广大社员提供金融服务，促进社员权益的实现，充分履行行业自律管理及相关的服务职能。需要注意的是，省联社履行行业自律监管职能的过程中，要注重为基层农村金融组织提供指导和帮助，避免命令式和控制式的管理方式，切实处理好发挥基层农村金融组织自主权及强化行业自律监管水平之间的关系。立法建议二：我国农村地区的金融组织有着多样性及分散性的突出特点，这直接决定了行业自律监管存在的必要性。除了发挥以省联社为中心的行业自律监管功能外，还需要社会中坚力量建立自律性行业协会，彼此密切配合。这样的方式能够极大地减轻政府在监管方面的负担，有效弥补政府监管力量不足的问题，同时使农村金融机构的自主性和自主权得到发挥和保护。行业自律有着专业性及中立性的特征，能够和监管机构形成密切的配合，从而极大地提高监管效能，推动金融的整体发展。

（三）突出社员和监事会为主体的金融内部监管

我国农村金融一直是一个崇尚自制的金融机构，因此在关于农村金融监管法律制度的创新和改革中必须突出体现内部监管的作用，注重发挥农村金融组织中监事会的监督职能及社员的监管职能。立法建议一：实施强制性的信息披露，严格规定农村金融机构理事会定期向广大社员披露金融相关信息，同时保障披露信息的真实性和完整性。针对农村金融机构当中的年度报告和关于重大事项的报告必须通过内部审计及表决，并且为广大社员公开。对于没有履行义务或者存在其他形式的违法违规现象的行为，要根据实际情况及情节来追究相关责任。立法建议二：在立法方

面确立农民金融发展权，为农民金融发展权的保护提供立法保障，并且赋予社员社员权，有效激励和引导社员利用司法力量来切实维护自身权益，同时允许广大社员对农村金融机构中经营管理的相关行为提出质疑，全面提高内部监管力量，增强内部监管的权威性和执行力。

四、农民金融发展权下农村金融组织管理法制的完善

农村金融组织管理制度是在制度上面对机构、层级设计等方面给出规定，而当前对农村金融组织管理制度的立法存在一定的问题，主要体现在：第一，立法上只在原则层面规定农村金融组织在建立的过程中要按照"三会一层"的结构，缺乏制度规范，也没有责任制度进行约束，最终使这样的法人治理结构难以发挥真正的作用。第二，立法上虽然确立了基层社和上级社的服务组织结构，但是在现实发展当中却被异化成上下级的控制关系和行政干预的关系。鉴于此，我国要积极推进农村金融管理制度的创新和改革工作，坚持将社员权利的维护作为根本出发点，建立健全"三会一层"组织制度的架构，并且设置合理化的职权和议事规则。

（一）农村金融民主管理法律制度安排

首先，社员大会享有农村金融重大事项的决策权。《农村信用社管理规定》《农村资金互助社管理暂行规定》对社员大会的表决机制以及职权范围进行了明确规定，但在表决机制的规定方面存在立法不一致及相关的立法缺陷。立法建议一：对社员大会合法出席人数的比例进行规定。在农村金融机构的现实运行和发展当中，社员或者社员代表参加社员大会所占的比例极低，缺席现象十分普遍和严重。因此，在立法方面，要对出席人数的比例进行合理限制，使广大社员能够积极主动地进行民主参与，确保重大决策的民主参与广泛性。比如，规定在农村金融机构召开社员大会时，整体出席人数需要达到社员总数的2/3以上，让广大社员能够充分行使民主参与的权利。立法建议二：针对农村金融组织当中社员在金融知识的掌握水平、金融意识、民主管理和参与能力等方面存在差距的现实状况，应允许社员授权其他社员代表其参加社员大会，有效行使民主管理的权利。立法建议三：对社员大会表决机制进行修正。当前的立法对社员大会决议通过的条件采用的是传统的"一人一票"的表决机制，依照全体代表比例展开相关决策的表决。但是，现实中我国农村金融组织存在着附加表决权，而且社员有缺席的现象，因此在实际的表决当中应该将实际出席的社员表决权总数作为基础。

其次在立法当中明确将理事会作为社员和广大股东的代理人，由农村金融组织

机构当中的社员选举产生代理人并且为社员负责，强化社员对理事会的监督及有效约束。立法建议一：对农村金融组织中的监事会的职权进行明确时，可选用立法列举的方法，完善职权规定的内容，同时对罢免权进行明确规定：①对违反法律、行政法规、章程或者社员大会决议的理事、高级管理人员，可以向社员大会提出罢免建议；②如果理事及高级管理人员的运营行为直接损害到农村金融组织，或者对农村金融组织当中的社员利益产生威胁，必须要求其予以纠正；③在特定情形下，对高级管理人员损害金融机构以及内部社员利益的行为，可以提起法律诉讼。立法建议二：对监事会的成员构成进行合理安排和设置。监事会负责对农村金融机构内的各个事项进行日常监督，确保经营活动和社员利益及监督金融组织的运营需求相符合，并且能够落实相关的法律制度。在监事会成员的设置当中，人数上应该不少于3人，在组成方面要包括社员、投资股股东和职工。

（二）农村金融组织体系法律制度安排

民主社会坚持的一个非常重要的原则是有限政府原则。❶对我国农村金融组织的管理制度进行合理安排和设计是为了能够维持金融组织的独立性，推动农村金融组织的体系化发展。创新和改革我国农村金融组织管理体系方面的法律制度需要从以下两个方面着手：第一，采用立法的方式优化农村金融体系的整体层级结构；第二，采用立法的方式对每一个层级的关系进行重置。

1. 优化层级结构

当前，农村金融体系层级主要划分成三个层次，分别是基层农村信用社、县联社和省联社。但是，在以上三个层次的基础之上，我国农村金融组织体系在层级结构方面发生了某些异化，如把信用社和县联社改变为统一的法人，将农村信用社以及县联社作为基础成立农村商业银行及农村银行。这种异化取消了基层农村信用社的独立法人地位，造成了我国农村金融组织体系的层级减少；让原本已经发展较为成熟的农村金融组织向着商业性金融机构发展，违背了我国农村金融发展的初衷和宗旨。

用立法的方式对层级结构进行优化，必须要考虑到以下问题：第一，是否需要将县联社及基层的农村信用社进行统一法人的改造。第二，随着农村金融机构的成熟和规模的扩大，是否应该将其转型为商业性金融机构。第三，是否需要在农村金融市场当中建立全国性农村金融机构。

---

❶ 高松元.社会管理创新与有限政府的权力规制[J].天水行政学院学报，2014, 15(1): 33-36.

首先，在我国整个农村金融体系当中，基层的农村金融组织处在核心位置，是保障农民金融发展权实现的关键。立法应明确我国的三级层次结构，使基层农村金融组织的独立法人地位和享有的主体资格得到确认和法律保障，而且不应因为基层农村金融组织的规模、业务、地域等存在的限制而将其改造成统一法人，要切实保障"一乡一社"的结构设置，确保金融组织之间的信息对称，有效节约运营和发展的成本。

其次，除了要确立基层农村金融机构的独立法人和主体资格以外，还可以建立上一级联合组织，为基层金融组织的发展提供多元化支持，如教育培训、业务指导、信息咨询等，使金融组织整体优势得到最大化的发挥。

再次，为了形成对我国农村金融组织的协调和有效领导，可以根据农村金融组织的发展现状及现实需求建立全国性的农村金融机构。我国在构建农村金融组织全国性机构时有两种方式，一种方式是通过省联社入股的方式组建全国性农村金融机构，另外一种方式是将其划归中华全国供销合作总社领导。通过两者的对比，将其划归为中华全国供销合作总社的领导相对来说可行性更强。从历史角度看，信用社曾经属于中华全国供销合作总社系统，而且供销社在实际发展中不断探索推动农村金融发展的新型经济思路。从现实发展趋势看，各类金融机构发展速度极快，对其进行统一规范管理，并构建全国性经济联合组织尤为必要。

2. 重置层级关系

农村金融体系不同的层级之间有着非常复杂的关系，在立法的层面要求下级入股上级，而上级是为下级提供服务的股权人及法人。在法理层面，每一个层级都是独立法人，彼此之间不存在隶属关系。但由于行政级别上移，管理权限开始逐步递减，层级之间也出现被领导和领导的关系。《农村信用社县级联合社管理规定》对县联社的组成进行说明，同时对县联社的法律性质进行明确，但其中提及的县联社对农村信用社的管理和服务职能并没有将管理的性质进行说明，难以清楚地区分属于行政管理还是行业管理，而在接下来的条款当中又在立法上赋予县联社指导权和管理权，将管理权变成了行政管理权。《农村信用社省（自治区、直辖市）联合社管理暂行规定》对省联社的组成部分、法律性质、具体职能等进行明确说明，并且将省联社的管理职能划定为行业自律管理的范畴，强调淡化管理。但是，上面提及的这些权利在法理角度上分析应该来自社员社授权，而立法将权力归于政府，也就是省政府授权省联社，使原本的管理权有了行政的特征，服务的对象也从原来的社员异化为省级政府，这并不符合"制"的基本精神。

要想健全和完善我国农村金融组织管理体系的法律制度，需要将保持金融组织的自治和独立作为根本基础，明确金融组织上下级之间法人和股权人的关系。当然，法人和股权人关系具有特殊性：①股权人入股的目的并不是为了实现盈利的最大化，实质上是要获得组织及服务方面的支持；②股权人寻求的服务有着准公共品的属性，因此为了有效避免"搭便车"行为的发生，立法方面必须明确要求想要接受服务的金融组织采用入股的方法组建上一级金融联合组织，从而有效分担服务成本；③上一级金融组织应该是下一级金融组织的联合组织，需要将服务好下级金融组织作为根本责任。

五、基于农民金融发展权的社员权益保障法律制度的构建

社员权[1]指的是投资创办或者加入某个社团法人，基于社员地位或者资格在团体内部拥有的权利的总称。就当前农村金融法律制度的相关规定而言，普遍存在社员权的规定过于原则化、社员权的相关规定不清晰、缺乏社员权受到侵犯时的救济制度保护和责任制度等问题。为了在农村金融组织法律制度的建设当中突出对社员权的保护，并将其作为法律制度的核心内容，必须明确社员权的具体内容及相关法律制度安排。

社员权有着综合性的特征，主要体现在既包括人身性权利，又包括财产性权利；既包括经济性权利，又包括社会性权利。《农村信用社章程（范本）》《关于规范向农村合作金融机构入股的若干意见》《农村资金互助社管理暂行规定》都规定了农村金融机构社员权的相关内容，并且指出社员权主要包括以下几种权利：①民主管理权；②盈余分配权；③股份处置权；④监督权；⑤获得本社金融服务的优先权和优惠权。下面将逐一分析每一种权利在未来的具体安排。

（一）社员民主管理权法律制度安排

社员权当中的民主管理权包括选举权与被选举权、表决权。之所以将民主管理权赋予每一位社员，是为了更好地鼓励社员积极地参与我国农村金融机构事务的管理环节、参与金融组织的运营，降低运营成本，保障农村金融组织的目标和宗旨得到充分践行。社员享有的民主管理权法律制度的安排应该将核心放在对社员民主权资格的行使和限制层面。从法理的角度看，农村金融组织中的每一位社员都应该平

---

[1] 王杨.新型农村合作金融组织社员权的法律保障——以农村资金互助社为研究视角[J].中国农村观察，2019(1)：115-128.

等享受民主管理权，但是社员的民主管理权有一定的决策和经济意义，会直接影响到社员权益的实现，也会对金融组织的运营产生直接性的影响，所以一些国家和地区在金融立法中对社员民主管理权的行使资格及限制给出了特定的条件。在我国未来的农村金融法律制度的立法当中，必须区分社员和股东、社员权和股东权、附加表决权与一人一票权，确保社员的民主管理权利真正落到实处。

民主管理权是社员通过出资获得社员身份，并基于这一身份享有的权利，但是在农村金融组织中，并不是所有的出资者都可以拥有社员身份，也不是所有出资者都能够享有民主管理权利。享有民主管理权的社员，不仅要具备社员资格，还需要投资入股到农村金融组织当中。非社员出资者被称为股东，享有股份收益的权利，但不能参与决策及管理。社员行使民主管理权一般是依照"一人一票"原则展开，但现在的金融组织为了确保风险和收益及权利和义务之间有效对称，让出资较多的社员拥有附加表决权。在我国未来关于农村金融的立法中应将投资股和资格股概念进行区分，准确划分这两种身份，明确指出非社员投资股股东没有社员的身份，也不享有民主管理权，但是可以享受股金收益权；社员依法享有民主管理权，而为了更好地激发社员入股的主动性和积极性，在立法方面可以按照相应的入股份额，让部分社员享有附加表决权。需要注意的是，附加表决权的条件限制等也需要进行明确规定，并利用章程方法对其进行规范。这样，既能够正向激励社员投资入股，又能够避免资本对社员民主管理权的蚕食。

（二）社员盈余分配权法律制度安排

农村金融机构属于合作性金融组织，不以营利为目的，但是必须依据社员出资给予必要回报。社员享有的盈余分配权及股东享有的分红权有着明显差异，社员的盈余分配当中包括资金和劳动的回报、股金分红和其他形式的利益分配，而且社员盈余分配的时间、顺序等需要得到法律法规的限制。首先，农村金融的相关立法需要将社员盈余分配权的顺序进行明确规定，立法应规定在农村金融机构存续期间，社员盈余分配权应该在提取准备金、贷款损失准备金和特殊准备金等之后才可以按照社员大会决议或者章程当中的规定提取。这样的方式能够有效防止社员遭受不公平待遇的问题，提高分红管理水平。其次，农村金融在立法方面要将资格股分红按照按劳分配原则进行恰当比例的分配，而对投资者的分红需要依据按资分配的原则确定相应比例分配。这样，不仅能够避免股金异化，让不同筹资水平的社员都分享到劳动收益，还可以加强社员和金融组织之间在金融交易和利益方面的互动。

（三）社员股份处置权法律制度安排

农村金融组织存续期间，社员能够将自身持有的股金进行转让、赠予或者退出。农村金融社员股份处置权具体法律制度安排主要是为了维系农村金融组织的资金安全和稳健运行。

1.社员股份转让的立法限制

首先，农村金融组织具有封闭性及人合性的特点。为了避免农村金融组织的共同纽带不落空，实际的金融立法中就要明确指出农村金融组织中的社员在进行股份转让时，只能在农村金融组织中的社员之间进行。

其次，社员在转让自身股份时，需要按照特定程序进行。社员转让股份，会涉及受让者和转让者在股权以及社员权方面的变化，因此在程序的安排上必须要经过经理、理事会的批准才能生效。

再次，股份转让的形式能让受让的社员在持股数额上出现明显增多，但是在我国农村金融组织中对单个社员持有股份有着最高限额限制，即在股份转让完成之后，受让社员的持股总额不能超过立法上的最高限额。

2.社员股份继承与赠予的立法限制

社员能够对自身的股份进行继承和赠予。社员持有股份和社员的一般性财产有着明显的不同，和股东股份也有着极大差异。因此，社员股份的继承和赠予就必须在立法方面给出特殊的规定：第一，规定受益人的范围可以是社员亲属，也可以是其他人员；第二，受益人可以是一人或者多人，但是必须明确指出每一个受益人应该继受的份额；第三，受益人继承的只能是社员股份中的财产性权利，不能是身份性权利。

3.社员退股的立法限制

国际社联盟在确立的原则当中明确将入社自愿和退社自由作为十大原则之一，但是这样的原则并不意味着社员可以随意和不加限制地退出金融组织，否则会严重威胁农村金融组织的资金稳定和金融安全。从这样的角度进行考虑，各个国家在农村金融的相关立法当中都对社员的退社权做出了限制。投资股可以转让、继承及赠予，但是不能退股。社员资格股可以实现退股，但是必须满足下面的条件：①社员向农村金融机构提出退股申请；②社员的资格股持满三年；③理事会或经理同意社员提出的退股申请。社员资格股的退股按照原则应该在当年年底财务决算之后进行办理，如果之前办理则当年股金红利将不予支付。同时，为了保障农村金融组织核心资本的相对稳定，立法可以授权农村金融组织的章程规定，农村金融机构资本充足率未达到规定要求或退股后达不到规定要求的,资格股不得办理退股。

(四)社员监督权法律制度安排

监督权是社员享有的基本权利,但是当前立法在社员监督权实现方法和具体操作当中没有明确的要求,这直接导致监督权的实效性难以实现。因此,社员监督权法律制度的安排必须把握住监督权的几个核心内容。下面笔者将重点就监督权的核心内容制度安排进行论述。

1. 农村金融社员知情权法律制度安排

社员享有知情权这一基础权利,这是保障社员能够行使自身监督权和民主管理权的前提条件。社员能否有效地行使自身的知情权,直接关系到其权益的实现,同时关系到农村金融的规范化发展。知情权包括的主要内容是农村金融机构的财务状况、经营情况、重大事项等,具体涉及以下三个方面的问题。第一,社员有权获知社员大会年度会议、临时会议召开的相关情况及其中涉及的重要决议。农村金融立法应明确规定在年度会议召开之前,必须将与此次会议相关的内容至少提前七天告知社员,确保社员获得充足的信息。第二,管理人员必须承担法定信息披露义务和责任。除了关于社员大会会议召开及内容方面的信息以外,对农村金融组织当中的重大决策和事项也需要进行充分的信息披露,保障社员的知情权,引导社员充分发挥管理权,使其理性客观地参与其中。第三,广义上的社员知情权包括查阅权。立法方面应对社员的查阅权的具体形式进行规定:第一,在社员大会的年度会议或者临时会议当中依法行使查阅权。第二,在金融组织的日常运营发展中利用监事会或者社员联合行使查阅权。这样的社员查阅权行使方式,不仅保障了社员权益的实现,还能对经营管理层形成约束,保障农村金融组织经营管理活动的有序开展。

2. 社员对管理层罢免权的具体法律制度安排

从法理层面看,农村金融组织机构当中的高级管理人员是社员民主选举产生的,因此需要在实际经营当中为社员负责,接受社员的广泛监督。与此同时,社员可以罢免严重违规或者失职的高级管理人员,从而保护社员的民主管理权利及监督权利的实现。但是,当前农村金融立法当中没有细致地对社员的罢免权进行规定,并且缺乏相应的罢免程序,让社员罢免权的行使陷入困境。因此,立法方面可以把社员对农村金融机构中管理人员的罢免权纳入和社员权相关的法律法规及章程当中,并且制定具体的罢免程序。

3. 农村金融社员决议撤销请求权的法律制度安排

社员的决议撤销请求权指的是如果社员大会、理事会的相关决议违反法律法规及农村金融组织的章程，并且直接侵害社员的合法权益时，社员有权请求人民法院撤销决议。

新《中华人民共和国公司法》在股东决议撤销权中具备较为详细的立法，但是在农村金融法律法规当中却没有涉及，这也使社员在合法权益受到侵害时，难以从法律救济中获得保护。第一，一般情况下，社员选举代表组成社员大会，对农村金融组织当中的重要事项进行决策。但是，现行社员代表的产生及选举都缺乏具体法律的规范，无法保证社员代表是通过民主选举的方式选举且代表社员利益的。第二，存在一些社员通过行使附加表决权的行为影响到金融组织重大决策的情况。第三，我国农村金融组织当中的管理人员在素质方面有待提升，一旦监督不到位，很可能导致社员大会以及理事会的决议当中出现违背法律法规和章程的情况。因此，农村金融立法中需要对社员行使决议撤销请求权给予明确的规定，使他们的权益得到保护。

（五）社员金融服务优先和优惠权的法律制度安排

农村金融组织属于弱势的融资群体，社员在获得金融服务时拥有一定的优先和优惠权，这也是一项核心权利和基本权利。《关于规范向农村合作金融机构入股的若干意见》当中最早出现关于社员金融服务优先和优惠权的表述，但是对其中涉及的具体内容却没有进行详细的描述，导致制度设计的初衷无法有效实现。下面将对此进行具体的分析和研究。

1.社员贷款优先和优惠权的法律制度安排

农村金融组织在制度和市场基础等方面都有着一定优势，主要体现在社员如果需要从中获得贷款的条件比从商业性金融组织获得贷款的条件更为优先、更为优惠、更为便捷。正是这种优先性和优惠性，要求社员获得贷款时要受到一系列条件的约束。这些约束条件实质上是为了保障真正有信贷需求的社员能够获得贷款，并使尽可能多的社员享受到信贷支持。

（1）贷款目的的立法限制。农村金融组织对社员的贷款服务并不是一项慈善事业或政府行为，而是一项理性的金融活动。对此，不少国家及地区在积极开展金融立法时会明确规定社员的贷款目的。爱尔兰《信用合作社法》第35(1)条和美国《联邦信用合作社法》第1752（1）条都规定了信用社对社员的贷款应当基于援助或生产的目的。对于社员贷款，除了生产性贷款，是否包括生活性贷款，上述国家或地区的立法并没有予以明确规定。立法建议：结合我国农民的贷款实际需求情况，农村金融组织发放的社员贷款应当以涉农生产性贷款为主，还应包括社员的生活性贷款，如求学、就医、婚丧嫁娶等生活性贷款，以保障社员家庭生产和基本生活需要。但同时需要明确农村金融组织社员贷款的非救济性、非扶贫性和非政策性。

（2）贷款利率的立法限制。社员金融服务的优惠权主要体现在农村金融组织对社员的贷款利率要具有竞争力，这是农村金融组织巩固其社员基础及实现可持续发展的必要条件，也是农村金融组织的制度优势和竞争力所在。金融立法对贷款利率的限制可以通过两种方式实现：一是可以对社员贷款利率的上限做出特殊的规定；二是比照基准贷款利率优惠一定的比例。笔者认为，农村金融组织社员贷款利率上限的确定需要综合考虑很多因素，包括当地的农村金融市场环境状况、金融机构的数量和竞争情况、金融需求情况、农村金融组织的资金实力等，不能单一衡量同等条件下社员从商业银行获得贷款的利率或者同等条件下社员通过民间借贷获得贷款的利率。立法建议：立法对全国范围内的金融社员贷款利率上限做出统一的规定比较困难，考虑比照基准利率确定对社员的贷款利率，可以在基准利率基础上优惠10%。

（3）社员贷款比例的立法限制。农村金融组织基于风险管控的考虑，需要通过立法的方式规定社员贷款比例。一种方式是控制社员贷款总量，另一种方式是控制单个社员信贷量。立法建议：立法应当明确社员贷款在整个金融机构信贷总额的最低比例，可以考虑金融组织的社员贷款不得低于金融组织贷款总额的50%，以确保金融组织以服务社员为主。对于单个社员贷款的最高额，立法可以考虑限制在信贷总额的10%以内。至于农村金融组织是否具备向非社员贷款的能力或者金融组织向非社员发放贷款有怎样的比例限制，金融立法可以授权理事会根据农村金融的章程具体决定。

（4）管理人员贷款权的立法限制。农村金融组织的管理人员可以基于其社员身份拥有贷款优先和优惠权，但管理人员基于其管理者的身份，可能在农村金融组织中拥有实际的控制权，会自觉或不自觉地利用其管理身份和职务便利获得相对普通社员更为优先和优惠的信贷服务。为了避免管理人员在信贷发放上的内部人控制，解决管理人员金融服务权与普通社员金融服务权之间的冲突，立法应当对理事、高级管理人员、监事会成员的贷款优先和优惠权进行更为严格的限制。立法建议：第一，指出农村金融组织中无论是普通社员还是其中的管理人员都一样享有贷款优先和优惠权；第二，在规定中明确指出单个管理人员能够获得贷款的最高限额。

2. 农村金融社员金融教育权❶的具体法律制度安排

按照坎普森和韦利提出的金融排斥的六个维度，弱势群体之所以会不可避免地

---

❶ 陈宾．数字金融发展下我国金融消费者教育研究[J]．浙江金融，2018(12)：75-80．

面对金融排斥的问题，是因为存在地理排斥、营销排斥、条件排斥、价格排斥、自我排斥等。自我排斥是指农民因缺乏信用的意识和能力而远离金融市场和金融机构。"没有教育就没有信用社"曾经是信用事业的开创者所信守的原则。现代金融的社会化和社会的金融化迫切要求将社员金融教育权作为社员的一项基本权利。我国现行农村金融相关规范性文件中尚没有对社员金融教育权的明确规定，也缺乏有关组织机构、资金来源等方面的保障措施，现实中也鲜有农村金融组织为社员提供金融教育服务的实例。立法建议一：明确规定社员享有金融教育权，为社员提供金融教育是农村金融组织的法定义务之一。新西兰《互助协会和信用合作社法》第101条和爱尔兰《信用合作社法》第6(2)条(d)项均规定了信用社对社员提供培训和教育的义务。立法建议二：农村金融组织在理事会下面应当设置专门的机构——金融教育委员会，对社员进行专门的金融教育。农村金融组织的理事会有权从每一年获得的净收益中提取不超过5%的资金，将这些资金用来设立专门社员金融教育基金，以便更好地为社员金融教育权提供资金上的保障。

本部分在金融立法现状、存在的问题及出现问题的原因分析和对比的基础上，依据当前农村金融特点及我国农村金融现行立法，把农民金融发展权作为根本基础，将金融公平价值目标追求作为导向，就我国农村地区金融法律制度的核心内容安排和设计提出相关立法建议，具体如下：

第一，建议在建立健全我国农村金融市场准入和市场退出制度时，要将农民金融发展权作为根本基础。关于市场准入法律制度构建内容必须强调要实现准入条件灵活性、发起人资格确定法定化，真正明确发起人的范围，对发起人的资格予以立法限制，灵活注册资本的立法限制并且尽量剔除不必要的准入条件。市场退出法律制度部分包括明确农村金融市场退出的三种方式：解散、被撤销（或关闭）和被宣告破产。

第二，建议在推进农村金融产权法律制度的创新改革时，将农民金融发展权作为根本基础。①明确农村金融组织具有独立合作社法人属性和定位。②区分农村金融产权主体：农村金融组织可以依法享有和行使法人的财产权；社员可以依法享有社员权；投资股股东享有股份收益权；经营管理层享有独立的经营权。③放松立法对发起人的持股限制，对自然人股、法人股和职工股进行整体持股比例的合理分配，使农村金融组织股权分布均匀并相互平衡。④通过立法的方式使资格股和投资股的不同权利和义务区分开来。

第三，建议在健全农村金融组织管理的法律制度时将农民金融发展权作为根本基础。在积极构建农村金融民主管理法律制度时需要采用立法的形式，推动组织架构的完善和健全，并且对其中的职权及议事规则进行明确和科学化的设置。①运用立法修改表决机制，限制社员大会"合法出席人数比例"、社员代表权，为社员在重大事项方面的决策权的实施提供保障。②改变目前农村金融机构高级管理人员的产生机制，使高级管理人员真正由社员大会（社员代表大会）选举、监督和考核。③明确监事会为必设机构，强化监事会的职权。农村金融组织体系的法律制度包括采用明确立法的方法确定农村金融体系的三级结构，同时考虑设置全国性农村金融机构；自下而上建立持股、服务的农村金融组织层级关系，切实做到利益相关和风险共担。

第四，建议在完善农村金融监管法律制度的过程中将农民金融发展权作为根本依据。①在金融监管法律制度当中明确银监会的主体地位，确认银监会的权威性与优先性；按照属地监管原则，适当下放监管权限；确立有别于商业性金融机构的监管原则、方法。②省级政府不再享有金融监管权，对行业自律监管法律制度进行重新构建，发挥省联社的核心作用。③充分发挥社会中坚力量，构建科学化和专业化的行业自律协会，利用其专业性和客观性配合监管。④突出农村金融组织的内部和自我监管。

第五，在建立健全农村金融社员权益方面的保障法律制度时，将农民金融发展权作为根本基础。社员权包括民主管理权、盈余分配权、股份处置权、监督权、金融服务优先和优惠权等多个方面的权利。关于社员享有的民主管理权，立法要求只有社员才能够享受民主管理权；肯定社员"一人一票"的表决权，并在此基础上规范附加表决权的行使。关于社员享有的盈余分配权，立法要求就社员在使用盈余分配权的时间、原则、条件、顺序等方面给出明确规定。关于社员享有的股份处置权，立法要求明确股份处置权涉及的内容及需要受到的限制。关于社员享有的监督权，立法上要求明确社员知情权涉及的范围及实现的途径。关于社员享有的金融服务优先权和优惠权，立法要明确指出贷款目的、比例、利率等相关立法规定，确保社员的贷款优先和优惠权的实现。同时，明确社员享有金融教育权，并设置专门的机构和基金，用以保障社员金融教育权的充分享有和实现，为他们提供组织机构及资金方面的保护和支持。

参考文献

[1] 游碧蓉, 吴东阳. 刚性治理与柔性治理：农村合作金融的选择[J]. 福建农林大学学报(哲学社会科学版), 2018, 21(6): 35-40.

[2] 王杨. 新型农村合作金融的异化及法律规制[J]. 农村经济, 2018(10): 72-77.

[3] 刘松涛, 罗炜琳, 王林萍, 等. 日本农村金融改革发展的经验及启示[J]. 亚太经济, 2018(04): 56-65.

[4] 杨肖婷. 我国农村合作金融法律制度完善研究[D]. 吉首：吉首大学, 2018.

[5] 陈晓君. 基于乡村振兴战略的农村金融创新[J]. 珠江论丛, 2018(2): 55-64.

[6] 邵磊. 农村资金互助社法律制度研究[D]. 秦皇岛：河北科技师范学院, 2018.

[7] 孙富博. 基于金融发展权的农业科技金融法律问题研究[D]. 武汉：华中农业大学, 2018.

[8] 任朝彬. 农村资金互助社法律问题研究[D]. 保定：河北大学, 2018.

[9] 姚佩伦. 我国农村金融服务发展问题研究[D]. 河洛阳：南科技大学, 2018.

[10] 黄金花. 浅析我国农村合作金融的创新与发展[J]. 时代金融, 2018(11): 55, 58.

[11] 董怡杞. 我国农村金融机构合作模式研究[D]. 哈尔滨：黑龙江大学, 2018.

[12] 李长健, 孙富博. 国外金融发展权制度实践及评价启示[J]. 金融与经济, 2018(2): 83-86.

[13] 钟欣. 农村合作金融的发展之路[J]. 时代金融, 2018(3): 14, 20.

[14] 邓冰聪, 王育民. 我国农村合作金融法律制度现状与创新路径[J]. 理论观察, 2017(11): 115-118.

[15] 谭正航, 邓冰聪. 普惠金融体系建设背景下的我国农村合作金融法律制度创新路径[J]. 南昌师范学院学报, 2017, 38(5): 21-24.

[16] 李元. 我国农村合作金融问题研究[D]. 北京：中共中央党校, 2017.

[17] 万宣辰. 中国农村金融发展研究[D]. 长春：吉林大学, 2017.

[18] 苏建国. 新型农村金融机构的监管问题研究[D]. 呼和浩特：内蒙古农业大学, 2017.

[19] 赵海涛. 我国农村金融改革法律制度创新研究 [D]. 长春：吉林财经大学, 2017.

[20] 廖丹, 左平良. 论农民金融发展权保障中的国家义务 [J]. 青岛农业大学学报 (社会科学版), 2016, 28(2): 51–55.

[21] 廖丹, 左平良. 论农民金融发展权：属性、内涵及国家义务 [J]. 行政与法, 2016(4): 89–95.

[22] 廖丹. 论农民金融发展权及其制度构建 [J]. 商业时代, 2014(20): 102–104.

[23] 廖丹. 论农民金融发展权的制度构建 [J]. 中南林业科技大学学报 (社会科学版), 2014, 8(3): 111–116.

[24] 廖丹. 论农民金融发展权及其国家保障义务 [J]. 理论界, 2014(05): 65–68.

[25] 李长健, 罗洁. 基于金融发展权的农村合作金融立法初探 [J]. 经济法论丛, 2013, 24(1): 224–251.

[26] 李长健, 毛丹丹. 我国农村社区银行的监管制度探讨 [J]. 海南金融, 2013(2): 68–70.

[27] 潘施琴. 农民金融发展权立法：一个分析框架 [J]. 理论月刊, 2012(7): 114–117.

[28] 李娟, 杭丹维. 实现农民金融发展权面临的障碍与制度完善 [J]. 重庆科技学院学报 (社会科学版), 2012(11): 37–41.

[29] 罗洁. 基于金融发展权的农村合作金融法律问题研究 [D]. 武汉：华中农业大学, 2011.

[30] 王莹丽. 农民金融发展权的法律保障机制 [J]. 经济研究参考, 2010(60): 24.

[31] 曹俊. 村镇银行法律问题研究 [D]. 武汉：华中农业大学, 2009.